大学采购

UNIVERSITY PROCUREMENT

王林军 王瑞 主编

上海大学出版社

图书在版编目(CIP)数据

大学采购 / 王林军,王瑞主编. —上海:上海大学出版社,2022.11
ISBN 978-7-5671-4597-9

Ⅰ.①大… Ⅱ.①王…②王… Ⅲ.①高等学校—采购管理—研究—中国 Ⅳ.①G647

中国版本图书馆CIP数据核字(2022)第216813号

责任编辑　邹亚楠
封面设计　汪　超
技术编辑　金　鑫　钱宇坤

大学采购

王林军　王　瑞　主编

上海大学出版社出版发行
(上海市上大路99号　邮政编码200444)
(https://www.shupress.cn　发行热线021-66135112)
出版人　戴骏豪

*

南京展望文化发展有限公司排版
上海东亚彩印有限公司印刷　各地新华书店经销
开本710mm×1000mm　1/16　印张15　字数253千
2022年12月第1版　2022年12月第1次印刷
ISBN 978-7-5671-4597-9/G·3475　定价　60.00元

版权所有　侵权必究
如发现本书有印装质量问题请与印刷厂质量科联系
联系电话: 021-34536788

主　编　王林军　王　瑞
副主编　花永盛　于海阳　刘海宁　张月璐　谢金印
　　　　　金　磊　董雪婷
参　编　徐　舟　戴咏梅　于　青

序　言

　　大学采购作为政府采购的延伸,具备政府采购的一般特点。但是,大学无论在社会属性、组织架构还是工作职能等方面都不同于政府部门及其他类型采购主体。相较于国家政府机关,大学承担了人才培养、科学研究和社会服务等任务,大学实施政府采购有着明显的特殊性。21世纪以来,随着国家对高等教育投入的不断加大,大学办学规模随之扩大,软硬件设施得到改善。大学高质量的内涵建设和创新人才培养对教学科研设备、基础设施建设、后勤保障服务等需求日益增强。采购需求多样化、专业化,采购数量庞大,经费来源灵活,所以大学采购无论是在制度体系、采购程序、风险管控还是管理队伍方面都存在着一定的痛点和难点。如何公开、公平、公正,依法依规地组织采购,满足大学快速发展的需求,是大学采购治理面临的严峻挑战。

　　本书全面阐述了大学采购理论基础、体系建设和管理思路,包括大学采购管理组织与制度体系,采购风险管理分析与措施,采购与资产、财务一体化管理现状及思路,采购信息化建设发展历程及对策,大学采购中常见案例分析,大学采购管理机制的探索与实践,并提出了大学采购管理的发展趋势与方向,以期在提升大学采购能力和治理水平的可行性路径上作出进一步的探索。本书可作为大学采购管理部门和相关学科研究与实践的参考书,也可作为相关专业的参考教材。

　　全书共分7章。第一章大学采购概述、第二章大学采购组织与制度体系、第三章大学采购风险管理、第四章大学采购一体化建设、第五章大学采购信息化建设、第六章大学采购前沿实践、第七章大学采购的未来。

　　本书由上海大学采购与招标管理办公室策划,王林军、王瑞担任主编,花永盛、于海阳、刘海宁、张月璐、谢金印、金磊、董雪婷担任副主编。本书的编写还得到了政府和高校采购管理专家的鼎力支持,上海市财政局徐舟编写了第一章"推进政府采购法律统一,建设全国统一大市场"和第六章"框架协议采购方式在大学采购中的应用"等内容,南京大学戴咏梅编写了第五章"大学采购信息化研究述评"等内容,大连理工大学于青编写了第二章"大学采购'放管服'改革的现实诉求与实践路径"等内容,在此表示衷心的感谢!

  本书在编写过程中参阅、借鉴和引用了国内外采购管理领域的著作、文献、案例等,由于篇幅所限,只列出了主要参考文献,在此对相关的专家、作者表示诚挚的谢意!由于编者的水平有限,对大学采购的创新管理也在孜孜探索和实践中,加之时间仓促,书中难免存在错漏和不当之处,敬请专家、读者批评指正。希望业内专家、同仁多提建议,为促进大学采购事业的健康、稳步发展共同努力!

  同时感谢上海大学出版社的大力支持,使本书得以顺利出版。

  最后,特别感谢上海大学党委常委、总会计师苟燕楠教授的关心和指导,为本书的编写提出了重要思路和建议。

编 者
2022 年 11 月

目 录

第一章 大学采购概述 …………………………………………… 1

 第一节 政府采购 …………………………………………… 1

  一、政府采购的概念 ……………………………………… 1

  二、发达国家政府采购概况 ……………………………… 8

  三、我国政府采购制度发展历程与存在的问题 ………… 10

  四、推进政府采购法律统一,建设全国统一大市场 …… 17

 第二节 大学采购 …………………………………………… 25

  一、大学采购概况 ………………………………………… 25

  二、大学采购与政府采购的关系 ………………………… 31

  三、大学采购的特殊性 …………………………………… 34

第二章 大学采购组织与制度体系 ……………………………… 39

 第一节 大学采购管理模式与组织架构 …………………… 39

  一、大学采购管理模式 …………………………………… 39

  二、大学采购组织架构 …………………………………… 40

  三、大学采购功能新定位 ………………………………… 42

  四、大学采购人员新角色 ………………………………… 43

 第二节 大学采购管理制度 ………………………………… 44

  一、大学采购管理制度建设的现状 ……………………… 44

  二、大学采购管理制度建设的特点 ……………………… 46

  三、大学采购管理制度建设面临的新形势 ……………… 47

  四、大学采购管理制度制定的建议 ……………………… 51

 第三节 大学采购"放管服"改革的现实诉求与实践路径 … 56

  一、大学采购"放管服"改革的现实诉求 ………………… 56

  二、大学采购"放管服"改革的实践路径 ………………… 60

第三章 大学采购风险管理 ... 64
第一节 大学采购风险管理分析 ... 64
一、风险管理概述 ... 64
二、大学采购风险管理目标 ... 66
三、大学采购风险表现形式 ... 68
四、大学采购风险成因分析 ... 71
第二节 大学采购风险管理措施 ... 72
一、完善大学采购管理机制建设 ... 72
二、建设信息化采购管理平台 ... 87
三、注重采购人才队伍建设 ... 89
第三节 大学采购风险管理实践案例 ... 89
一、系统健全的内控治理架构：实现全方位 ... 90
二、简明完善的制度体系：实现全覆盖 ... 91
三、高效规范的业务流程：实现全过程 ... 91
四、实用有效的风险应对机制：重大风险应对与防控 ... 91
五、可持续的评估和改进机制：可持续保障 ... 91

第四章 大学采购一体化建设 ... 93
第一节 大学采购一体化管理概述 ... 93
一、大学采购、资产、财务全生命周期管理 ... 93
二、大学采购对资产、财务一体化管理的作用 ... 95
第二节 大学采购与财务管理 ... 96
一、大学采购与财务管理现状及问题 ... 96
二、大学采购与财务一体化管理思路 ... 98
第三节 大学采购与资产管理 ... 99
一、大学采购与资产管理现状及问题 ... 99
二、大学采购与资产一体化管理思路 ... 100

第五章 大学采购信息化建设 ... 103
第一节 采购信息化的概念及特点 ... 103
一、采购信息化的概念 ... 103
二、采购信息化的特点 ... 103

第二节　大学采购信息化研究述评 ········· 104
一、研究对象和方法 ········· 105
二、文献计量分析 ········· 106
三、主要研究内容综述 ········· 110
四、分析和展望 ········· 113

第三节　大学采购信息化发展历程与现状 ········· 115
一、采购信息化发展历程 ········· 115
二、大学采购信息化建设现状 ········· 117

第四节　大学采购信息化建设所面临的问题、原因及对策 ········· 122
一、面临的问题 ········· 122
二、问题的原因分析 ········· 125
三、对策与建议 ········· 128

第五节　大学采购信息化建设案例 ········· 132
一、全流程采购信息管理平台 ········· 132
二、电子化快速采购平台 ········· 133
三、零星采购综合智能竞价平台 ········· 134
四、采购大数据监管平台 ········· 135
五、采购知识图谱 ········· 135

第六章　大学采购前沿实践 ········· 137

第一节　大学国产货物服务采购 ········· 137
一、大学国产货物服务采购难点问题 ········· 138
二、大学国产货物服务采购案例分析 ········· 142

第二节　大学进口仪器设备采购 ········· 154
一、大学进口仪器设备采购难点问题 ········· 154
二、大学进口仪器设备采购案例分析 ········· 157

第三节　大学工程采购 ········· 161
一、大学工程采购难点问题 ········· 163
二、大学工程采购案例分析 ········· 167

第四节　大学采购存在的问题 ········· 170
一、采购程序倒置 ········· 170
二、随意更改采购名称 ········· 171

三、规避政府集中采购 …………………………………………… 172
　　四、采购项目拆单 ………………………………………………… 173
　　五、仓促突击采购 ………………………………………………… 173
　　六、国产进口界定错误 …………………………………………… 175
　　七、降低批复金额以规避采购方式 ……………………………… 176
　　八、滥用单一来源 ………………………………………………… 177
　　九、设定排他性条款 ……………………………………………… 178
　　十、随意委派评标代表 …………………………………………… 179
　第五节　框架协议采购方式在大学采购中的应用 ………………… 180
　　一、什么是框架协议 ……………………………………………… 180
　　二、对政府采购框架协议采购方式的理解 ……………………… 183
　　三、大学能否进行框架协议采购 ………………………………… 198
　　四、大学如何实施框架协议采购 ………………………………… 200

第七章　大学采购的未来 …………………………………………… 208

　第一节　采购智能化 ………………………………………………… 208
　　一、采购数字化转型 ……………………………………………… 209
　　二、采购数据智能化应用 ………………………………………… 210
　　三、AI采购管家 …………………………………………………… 212
　第二节　采购一体化 ………………………………………………… 214
　　一、采购管理上下游一体化 ……………………………………… 214
　　二、区域采购管理一体化 ………………………………………… 215
　第三节　采购防火墙 ………………………………………………… 219
　　一、智慧监管模式 ………………………………………………… 220
　　二、区块链监督 …………………………………………………… 221
　　三、风险可视化 …………………………………………………… 221

附图 …………………………………………………………………… 223

第一章 大学采购概述

第一节 政 府 采 购

一、政府采购的概念

根据《中华人民共和国政府采购法》的规定,政府采购是指"各级国家机关、事业单位和团体组织,使用财政性资金采购依法制定的集中采购目录以内的或者采购限额标准以上的货物、工程和服务的行为"。政府采购除了包括特定的采购过程或行为外,还包括与采购相关的政策、程序、流程和管理等。

高校被列入公益二类事业单位,使用财政资金采购必要的商品、项目和服务,采购范围在集中采购目录以内或采购配额标准以上。未纳入集中采购目录且低于标准采购限额的,必须按照采购单位的内控管理制度执行。

我国政府采购制度是依托于社会主义市场经济环境,借鉴欧美发达国家的实践经验制定和实施的。从政府采购的定义可以看出,政府采购制度不单由政府部门实施,即采购方不仅是政府,还包括其他国家机关和所有实施预算管理的单位与组织。其中"财政性资金"这一概念被强调,也就是说只要买方在采购行为中使用的资金是财政性资金,无论是否属于预算内的,都必须纳入相关政府采购制度的管理范围。除此之外,与传统的采购行为相比,政府采购是具有监管制度的政府行为,不再只是由政府和各采购单位自己出资进行采购,而是在政府部门统一监管下按照国家有关制度和程序进行综合采购。

有关政府采购的概念和内涵,国内外专家学者对此有不同的论述,以下作简要介绍。

(一)国外关于政府采购概念的论述

1. 政府采购的内涵与扩展

政府采购虽然由欧美国家在18世纪后期提出,已有300多年的发展历程,但时至今日也并未形成统一而权威的定义。资金来源与采购方式是目前许多国家和地区的政府在采购相关的法律制度基础之上对政府采购范围进行描述及限制的两大方面。Russel Forbes 是最早定义"政府采购"[①]概念的国外学者,在他的理论中,政府采购是一种存货储蓄的经济行为,其目的是降低采购成本,提高工作效率,规范招标过程。Wi Baumol 总结了 Russel Forbes 的观点,并进一步指出政府作为采购主体,从政策的角度出发,在不同经济形式下运用多样化的手段来有效干预市场经济[②]。P. Baily 将政府采购称为"公共领域采购,即公共服务部门为了提供公共服务给社会公众而进行的采购"[③]。Harry 通过深入研究政府采购与私人采购之间的区别,详细阐述了采购资金的性质、采购目的、采购动机、采购监督以及采购对市场的影响,最后得出结论,即"政府采购使用的是公共资金,要严格按照规定的程序来开展采购,目的不是用于制造或转售,而是为社会大众提供公共服务。政府采购不以赢利为目的,且有时会左右市场"[④]。

2006 年,美国采购学者 Henry Chi 在《采购原则与应用》一书中将采购的范围延伸至整个交易过程,其中不仅包括了产品计划的制定,还包括了可靠货源的寻找以及交易完成后的合同处理等。同年,英国采购学者 Baily 在《采购与供应管理》一书中提出采购人应首先确定想要买的商品或服务的需求情况,然后对市场上类似企业或货源条件进行比较分析,最终按照与供应商达成协议、签订合同、货到付款这一完整流程达成订单。Ann Arbor 认为,除了为经济活动、社会活动和政治活动提供法律框架外,政府主要参与 3 种类型的行为:收入分配、生产商品与服务、购买物品与服务[⑤]。此外,Arie Reich 认为,政府采购不仅是一种从公众利益出发、为公众服务的行之有效的政策,而且是一种不依赖于外部市场就能与公众达成自由融资协议的经济工具[⑥]。

---

① Russell Forbes. Governmental Purchasing[M]. New York: Happer & Brothers Publishers, 1929: 46-75.
② W-J-Baumol. Notes on the Theory of Government Procurement[J]. Economic Journal, 1947(14): 1-18.
③ P. J. H Baily. Purchasing and Supply Management[M]. Chapman and Hall Ltd., 1978: 6.
④ Harry Robert Page. Public Purchasing and Material Management[M]. Mass D. C. Health & Company, 1980: 31-32.
⑤ Ann Arbor. The WTO Agreement on Government Procurement[J]. University of Michigan, 2013(1): 7.
⑥ Arie Reich. International Public Procurement Law the Evolution of International Regimes on Public Purchasing[J]. The Hague Kluwer International, 2013(12): 16-17.

2. 政府采购机制

Nikolaos A. Panayiotou 等人基于希腊政府采购的实例展开研究,根据新时代的电子采购模式,通过分析新时代电子采购模式的运行机制,设计了能够适应和激发电子系统良好状态的新的采购流程①。Swanson Mary 等人首次将"绿色采购"②的概念引入学术界,并根据政府采购数据和系统评级将采购数量和质量等潜在因素剥离出来。

此外,Islam Md. Sadiqul 等人对政府采购分类中存在的电子系统安全问题展开研究。针对电子系统如何进行存储、响应和数据管理,总结出了相关的注意事项与理论方法③。Concha Gaston 等人开发了一种新的政府采购行为电子模型④,Jose Alvarez 等人则阐释了一个泛欧电子政府采购信息平台⑤。Woolcock Steve 在对政府采购以及双边自由贸易协定问题进行分析的基础上,对自由采购制度和政策传播的原因进行了清晰的解释⑥。

Rajesh K. Shakya 详细阐述了有关电子采购的概念,并将其与传统的采购方式进行比较,认为在传统的纸质采购环境或基于特设技术的采购系统中,很难确保所有政府采购组织始终努力遵守政府政策、采购法律、法规和指南,对其合规性和采购绩效进行有效监督,更是几乎不可能实现。传统采购环境倾向于让立法、程序、操作和道德行为方面在整个采购生命周期内做出许多妥协,以应对传统采购环境面临的挑战,而实施电子采购被认为是最有前途和最具有可行性的选择之一,其有利于政府在公共部门实现对货物、工作和服务的

---

① Nikolaos A. Panayiotou, Sotiris P. Gayialis, I. P. Ilias P. Tatsiopoulos. An E-procurement System for Governmental Purchasing[J]. International Journal of Production Economics, 2004, 90(1): 79-102.

② Swanson Mary, Weissman Arthur, Davis Gary, et al. Developing Priorities for Greener State Government Purchasing: A California Case Study[J]. Journal of Cleaner Production, 2005, 13(7): 669-677.

③ Islam, Md. Sadiqul, Dey Sanjoy. Rement System[C]. Proceedings of ICECE2008 - 5th International Conference on Electrical and Computer Engineering, 2008: 659-664.

④ Concha G, Porrúa M, Pimenta C. E-government Procurement Observatory Model, Design and Pilot Testing[C]. International Conference on Theory and Practice of Electronic Governance. 2010: 195-201.

⑤ Jose Mar Alvarez, Francisco Cifuentes, et al. Towards a Pan-European E-Procurement Platform to Aggregate, Publish and Search Public Procurement Notices Powered by Linked Open Data: the Moldeas Approach[J]. International Journal of Software Engineering & Knowledge Engineering, 2012, 22(3): 365-383.

⑥ Woolcock, Steve. Policy Diffusion in Public Procurement: The Role of Free Trade Agreements [J]. International Negotiation, 2013, 18(1): 153-173.

有效采购①。

3. 政府采购的监督

Russel Forbes 早在20世纪30年代就从立法的角度提出了严格选拔和建立具有专业能力的采购团队、建立法定的薪酬制度的观点。Donald Donbler 认为了解市场运作、熟悉政府范围内物资等材料的使用与分配以及能够使用必要的采购技能来处理所遇到的问题是对采购人员的业务要求。法律、法规是所有与政府采购相关制度的基础②。在美国政府采购发展的过程中,随着相关法律的制定,采购制度不断完善,采购监管机制也在不断完备。联邦会计总署和行政管理预算局的成立标志着美国政府采购监督制度基本完善。

James Buchanan 认为关键流程是需要严格管理的,可以通过系统化相关制度来遏制采购过程中的腐败,通过公开招标投标等行为确定需要的采购资金,同时使政府采购的完整过程暴露在公众之下并接受公共监督③。除此之外,从组织管理的角度来看,Premchand 认为缺乏严格的内部控制与监管会导致政府采购腐败,而解决这个问题的关键在于提高政府决策的公开性与透明性④。与 Premchand 观点不谋而合的是,Jerome Mckinney 也将腐败的根源与利益冲突联系起来。内部控制对于遏制采购人员和供应商员工利益不匹配情况的进一步扩大是必要的⑤。

4. 政府采购的绩效评价

20世纪80年代末,经济学家 Levitt 和 Joyce 对包括美国、英国等经济发达国家在内的政府支出变化展开研究,其中重点论述了政府对于购买支出的问题以及购买支出的绩效⑥,通过对财政支出绩效理论进行深入、全面的分析,进一步巩固了当时方兴未艾的"新公共管理"(NPM)理念。其研究内容记

---

① Rajesh K. Shakya. E-Procurement for Good Governance in Public Procurement[M]. Scholars' Press. 2015:58-109.
② Donald W. Donbler. Purchasing and Supply Management[M]. New York:McGraw-Hill,1986:63.
③ 詹姆斯·布坎南.民主财政论[M].北京:商务印书馆,1993:132-166.
④ 普雷姆詹德.公共支出管理[M].北京:中国金融出版社,1995:73-104.
⑤ Jose Mar Alvarez, Francisco Cifuentes, et al. Towards a Pan-European E-Procurement Platform to Aggregate, Publish and Search Public Procurement Notices Powered by Linked Open Data: the Moldeas Approach[J]. International Journal of Software Engineering & Knowledge Engineering, 2012,22(3):365-383.
⑥ Levitt M S, Joyce M A S. The Growth and Efficiency of Public Spending[J]. Economic Journal,1987:98.

载在1989年剑桥大学出版社出版的 *The Growth and Efficiency of Public Spending* 一书中。

20世纪90年代后，NPM概念被进一步推广。学界对于政府采购绩效这一领域展开了广泛的研究，其中包括采购的方式与制度设计、绿色采购、社会监督等方面。然而当时政府内部存在一种现象，即由于规章制度的繁杂，许多政府公职人员积极性不高。1993年，美国政府在《国家绩效评论》中指出，必须要减轻公职人员所负担的冗杂繁重的条例与规章制度，以调动公职人员的工作积极性；对政府公职人员提出了新的要求，即将他们从过去的只对政府行为产生的结果负责转变为对政府行为的整个过程与产生的结果共同负责。这种责任机制的改革同样体现在采购绩效评价机制中。许多国家通过建立规范化、系统化的政府采购绩效评价机制，使得政府采购评价经历了从以政府采购为中心到以服务对象为中心的转变，与之相对应的是，社会民众取代公共组织逐渐扩展并成为新的评价主体。

此外，美国政府还以法律法规和制度的形式要求联邦政府履行相应职责。通过将评价结果作为价值导向，将采购绩效评价纳入政府整体绩效考核，从而构建更加先进的政府公共责任机制。

（二）国内关于政府采购概念的论述

1. 政府采购的概念

学界对于"政府采购"一词有着不同的界定方式，其中的主流观点认为可以从采购资金的来源入手进行定义；有的学者认为常规的法定采购的方式、方法以及程序可以作为政府采购的定义标准；还有学者认为政府采购其实是采购人通过合法、真实的途径采购相关货物与服务的行为，可以看作是在财政监督之下政府进行日常工作的必要行为；也有学者提出公共职能部门将货物、工程以及服务购买回来的这种行为可作为政府采购的定义。肖北庚将政府采购定义为：公共资金支配者为了公共利益的需要，使用公共资金购买货物、服务或工程的行为[①]。本书所称的政府采购的概念是《中华人民共和国政府采购法》第一章第二条所规定，即政府采购是指各级国家机关、事业单位和团体组织，使用财政性资金采购依法制定的集中采购目录以内的或者采购限额标准以上的货物、工程和服务的行为。

---

① 肖北庚.政府采购的概念分析[J].河北法学,2004,22(7):13-15.

2. 政府采购的功能

《中华人民共和国政府采购法》第九条明确指出：政府采购应当有助于实现国家的经济和社会发展政策目标，包括保护环境，扶持不发达地区和少数民族地区，促进中小企业发展等。目前学者对于政府采购的功能的研究主要集中在经济和政策两方面。其中对于经济方面，于安、马海涛等学者从宏观经济角度进行分析，认为政府采购可以对社会结构进行调整，并可调节整个社会的宏观经济总量，提高资金的使用效益[1],[2]。周挺认为在市场经济体制下，政府采购除了要发挥宏观调控的作用之外，还要能够对市场失灵起到矫正的作用[3]。魏茜认为通过提高政府采购过程的透明度，可有效防止社会腐败，提高人民的生活质量，从而使得公共利益得到保障[4]。对于政策方面，苏明认为当前社会所面临的一大任务是可持续发展，而政府在其中具有特殊的作用，通过完善政府采购政策可提高节能创新能力，有助于实现节能减排的社会需求[5]。白彦锋等人认为在扶持本土创新产业方面政府采购发挥着重要作用，建议政府采购时优先选择本土自主创新产品，同时完善相关的法律体系，使得政府采购能够对创新激励带来正向效应[6]。许鑫等人基于博弈视角，通过相关的技术创新博弈理论以对政府采购所带来的具体导向作用展开分析，研究表明政府对于企业创新过程中信息弥补、合作形成以及市场创造等各个环节都起着间接引导的作用[7]。

3. 政府采购的监督

在我国政府采购的环境下，针对采购监督的研究集中在监督机制、监督形式、监督过程、监督机构等方面。对于监督机制，张晓红等人认为政府采购监督机制是由各种监督主体实施的、对政府采购活动全过程进行监督规范的各种法律规定、方式方法的总和[8]，其中也包括了与政府采购活动相关的法律制度以及政府采购的操作程序。如果政府在采购过程中不能做到准确、透明，那

---

[1] 于安. 论提高政府采购的公共政策功能[J]. 中国政府采购, 2005(10): 8-11.
[2] 马海涛. 政府采购政策功能探析[J]. 中国政府采购, 2006(1): 16-19.
[3] 周挺. 深化政府采购改革的对策思考[D]. 北京: 财政部财政科学研究所, 2013.
[4] 魏茜. 中国加入《政府采购协定》的制度研究[D]. 沈阳: 沈阳师范大学, 2021.
[5] 苏明. 关于运用财税政策支持节能事业发展的思路[J]. 财政与发展, 2009, 25(6): 27-31.
[6] 白彦锋, 徐晟. 中国政府采购促进自主创新的角色分析[J]. 首都经济贸易大学学报, 2012, 14(2): 18-23.
[7] 许鑫, 丁云龙. 博弈视角下政府采购的创新导向作用分析[J]. 科技管理研究, 2014, 34(10): 17-21.
[8] 张晓红, 朱文言. 论政府采购监督机制的构建[J]. 财政监督, 2006(23): 26-28.

么即便民众具有监督意识也同样不起作用。对于监督形式,王丛虎认为可将我国政府采购监督划分为内部监督与外部监督两个方面,通过健全与完善相关制度法规以及创新监督机制,减少政府采购腐败的滋生[①]。对于监督过程,由于在政府采购过程中存在着职能部门与供应商之间关系密切的情况,因此张晓红等人明确指出在采购过程中需要明确各主体之间的关系。对于监督机构,包军在对我国台湾地区采购制度进行分析的基础上,指出大陆地区在采购监督机制上存在的缺陷。由于审计与监察机关未能起到应有的监督作用以及相关职能部门对于公众的投诉与举报持模糊不清的态度,阻塞了公众实现监管的途径,导致监督工作无法形成有效的机制[②]。

而对于如何完善政府采购监督机制这一问题,学界许多学者进行了大量的研究。有学者认为,要把统筹思想、全局意识以及协调理念落实到具体的政府采购工作中。也有学者认为,完善政府采购监督法律制度体系非常重要。要加强社会监督,重视社会舆论监督,依法依规开展公开招投标,提高采购过程的严密性与透明度,减少腐败现象的发生。同时为了加强监管,需要引进与培养专业人士,从多方面对政府采购行为进行审查与监督。

4. 政府采购的绩效评价

学界对于政府采购的绩效评价这一领域的研究,从 20 世纪 90 年代市场经济体制建立后才起步,因此相对于发达国家,我国在该领域的理论研究起步较晚。在此之前,国际上有关财政效益的概念已经被提出,我国学者在国际先进理念的基础上也展开了大量研究。何振一结合我国国情,系统性、创造性地研究了财政运行的一般规律以及不同历史阶段的财政特性,他认为资源配置经济效益和消费效益应该成为我国财政支出效益的两种组成方式[③];冯秀华在《公共支出》一书中提出,对于经济、社会和环境三个方面效益的综合考虑应该融入对公共支出绩效的分析研究中[④];丛树海在《财政支出学》一书中对政府采购的规模以及组成进行了研究[⑤],其中虽然涉及在政府采购过程中的支出绩效问题,但是浅尝辄止且缺乏较为完整的体系。

当前我国的政府采购制度处于一种不完善与创新共存的阶段,如何让政

---

① 王丛虎. 创新政府采购监督机制,强化政府采购监督力度[J]. 财政监督,2011(25):7-8.
② 包军. 完善政府采购监督机制探析:借鉴台湾地区政府采购法[J]. 中国科技信息,2010(17):283-285.
③ 何振一. 理论财政学[M]. 北京:中国财政经济出版社,1987.
④ 冯秀华. 公共支出[M]. 北京:中国财政经济出版社,2000.
⑤ 丛树海. 财政支出学[M]. 北京:中国人民大学出版社,2002.

府采购绩效适应中国现阶段的发展状况是很多学者与专家正在考虑的问题。钟明在《中国政府采购实务操作全书》①中提出，政府应将利润最大化作为政府采购的根本目标，在采购过程中控制支出金额，同时对财政加以监督管理，通过将采购行为高效化从而降低采购成本。王治等人在对我国政府采购支出绩效管理的分析基础上，构建了从社会、经济和环境三方面对政府采购绩效进行综合评价的指标体系与实现方法②，为政府采购评价体系的研究提供了参考。张素琴认为高校采用政府采购绩效评估体系具有现实意义，其针对高校创造性地提出"成本—效益分析"理念③，对构建高校政府采购绩效评价指标体系具有一定的指导意义。

近年来，研究绩效考核体系的专家逐渐增多。王晓红等人在西方发达国家经验的基础上，结合"3E"原则，即经济性、效率性和有效性原则，提出了包括"3E"原则在内的"4E"原则④，其中公平性原则作为提高政府在采购过程中透明度以及公众满意程度的原则被加入。肖艾林对高校政府采购进行了颇具独特的分析，重点从价值取向、定位模式、主体结构、人员安排、内容约定等方面，对高校政府采购绩效指标体系进行了深入、真实、有效的概念分析，并以北京某高校政府采购绩效指标相关数据为例，对高校政府采购绩效评估指标体系进行优化⑤，为高校政府采购绩效水平的提高以及制度体系的完善提供了参考。

二、发达国家政府采购概况

世界各国政府采购的政策特点各不相同。以欧美发达国家的政府采购为例，比较而言，美国的政府采购规模大、工作效率高，采购方式以适当分散为主，监督机制完善；英国政府采购的核心原则是"物有所值"，政府采购以其核心原则为基础，建立制度框架；德国政府采购范围大、预算精确、采购人员专业技术水平高。在亚洲，韩国政府采购的优势则主要体现在政府采购的电子化

---

① 钟明. 中国政府采购实务操作全书[M]. 北京：中国时代经济出版社，2001.
② 王治，王宗军. 我国政府采购支出绩效评价体系的构建[J]. 财会通讯（学术版），2006(2)：59-63.
③ 张素琴. 高校政府采购绩效评价的创新研究[J]. 中国政府采购，2009(3)：70-72.
④ 王晓红，张宝生，潘志刚. 我国政府采购绩效评价指标体系的构建[J]. 中国政府采购，2010(3)：75-77.
⑤ 肖艾林. 高校政府采购绩效评估的指标体系优化：以北京 A 高校的实践为例[J]. 东岳论丛，2013,34(11)：162-165.

应用方面。

美国在政府采购的实际执行过程中,充分放权,"美国在政府采购模式方面采取适度集中、分散为主的采购形式"①,将采购的主动权最大限度地交给采购人,采购人根据实际情况决定采购的内容,拥有更大的自由度,特别是对于有特殊采购需求的部门和特殊商品,如交通部门、大学以及小型公共机构等均执行分散采购政策。此外,美国政府采购公开招标的下限设置较高,《联邦政府采购法》明确规定,分散采购的公开招标下限高达 35.5 万美元。②

英国政府采购的核心原则是"物有所值"。它通常的含义是指投入与产出的比率。这里的投入不是指所购商品的现价,而是指商品的生命周期成本,即所采购商品在有效使用期内发生的所有费用再减去残值。"英国是世界上最早诞生政府采购机制的国家,从 1782 年成立国家文物公用局起,经二百多年的发展,英国渐渐确立了以'物有所值'为核心原则的政府采购制度框架。2007 年,英国财政部在《改革政府采购报告》中指出:政府采购应考虑采购标的的全生命周期成本以最大限度地实现采购物有所值;好的采购过程应在有限的时间和预算内高效完成,采购结果要实现纳税人资金利用价值最大化,既对社会与纳税人有利,又对供应商有利。"③如今,"物有所值"的理念在西方主要发达经济体内逐渐成为共识。

德国的政府采购历史悠久,政府采购的范围比其他国家范围更广。除使用财政资金的政府部门外,还包括供水、能源、交通、邮政等国有或私营公用事业企业。德国政府采购的特点主要体现在严谨、科学的预算管理制度,采购人员的专业化队伍建设和鼓励小企业等方面,其中预算制度最具特色。

韩国政府采购管理手段的先进性主要体现在电子招标上,这是韩国政府采购的典型特点。"2002 年,韩国正式建立了韩国在线电子采购系统(KONEPS),成为获得联合国和世界银行好评的政府采购电子化系统模板"④。韩国的政府采购业务是通过互联网处理的,所有的信息都在互联网上发布,其物资采购也是通过互联网进行的。韩国的信息化采购不仅在提高透明度、提高采购效率、降低采购成本等方面取得了显著成效,还建立了完整的

---

① 赵谦.美国政府采购制度的启示与思考[J].财政研究,2011(3):72-75.
② 赵书,胡江云.国外政府采购的特点与走势[J].经贸实务,2004(5):51-52.
③ 李心宁,魏杰.英国某大学的采购管理制度对国内高校的启示[J].中国物流与采购,2020(23):134-135.
④ 艾冰.日韩政府采购促进自主创新特色研究[J].湖南科技大学学报(社会科学版),2012,15(1):94-98.

政府采购供需数据库,该数据库包括需求信息、招标公告、中标厂商和产品的详细信息。

三、我国政府采购制度发展历程与存在的问题

中华文明的源远流长、博大精深体现在方方面面,在采购招标领域同样如此。中国其实早就有了政府采购方面的制度,除了古已有之的宫廷采买制度,起源于唐朝、成熟并盛行于宋朝的"买扑"制度,更是足以媲美今时之招标投标制度。据《宋会要辑稿》《续资治通鉴长编》等相关文献记载和国内有关学者研究,"买扑"也称为"扑买",扑,乃博弈、竞争之意,"买扑"意为竞价买卖。宋朝时"买扑"制度广泛应用于官营的酒、盐、墟市、渡口等经营权转让,官田宅出让和采购等领域,其"于要闹处出榜,召人承买,限两月日,并令实封投状,置历拘管。限满,据所投状开验,着价最高者方得承买,如着价同,并与先下状人"①的流程,与现代招投标制度中的招标、投标、开标和评标等程序几乎完全相同。就连提前对买扑标的物进行估价并设置底价,参与买扑者须提供抵押物或有担保人,拆封时必须有多名官员在场并允许公众观看,确定承买者后须"于榜内晓示百姓知委"②等,与现在招标投标中的设定标底、收取投标保证金、公开开标、中标结果公告等,有异曲同工之妙。

遗憾的是,宋亡之后,"买扑"制度不但没有继续演进,反而逐渐消失了,导致我国今天的采购招标制度成了师承西方的"舶来品"。

现代意义上的政府采购制度起源于 18 世纪末 19 世纪初的西方国家。1782 年,英国在政府内设立了国家文具公用局,负责政府部门办公用品的采购工作,拉开了政府采购法治化的序幕。美国也是实行政府采购制度较早的国家之一,美国国会于 1808 年发布了《政府合同法》,要求在政府采购中进行竞争。1861 年,国会又通过了《民用综合拨款法》,规定一定采购金额以上的政府采购项目必须通过密封投标方式进行,且必须有三个及三个以上的投标人。经过 200 多年的实践与发展,西方发达国家的政府采购制度日渐成熟,形成了较为完善的法律制度体系。

政府采购是市场经济的产物,我国在从计划经济到市场经济改革过程中,

---

① 李焘.续资治通鉴长编[M].北京:中华书局,1980.
② 李焘.续资治通鉴长编[M].北京:中华书局,1980.

开始接触政府采购制度。在这一过程中,我们对政府采购的认识是由点及面、逐步加深的。首先认识的是招标投标。20 世纪 80 年代开始招标投标试点,1980 年,国务院在《关于开展和保护社会主义竞争的暂行规定》中首次提出,为了改革经济管理体制,进一步开展社会主义竞争,对一些适于承包的生产建设项目和经营项目,可以试行招标投标的办法。1981 年,吉林市和深圳特区率先试行工程招标投标,取得了良好效果,拉开了我国建设工程招标投标的序幕。1984 年,国务院颁发《关于改革建筑业和基本建设管理体制若干问题的暂行规定》,把推行招标投标作为投资建设领域的重要改革举措,提出"大力推行工程招标承包制""要改变单纯用行政手段分配建设任务的老办法,实行招标投标"。同年,在世界银行贷款项目鲁布革水电站建设中,首次成功运用国际招标方式发包,极大地推动了招标投标在我国的发展。此后,随着改革开放形势的发展和市场机制的不断完善,在机械成套设备、进口机电设备、科技项目等许多政府投资领域,都开始推行招标投标制度;随着招标投标活动的广泛开展,亟需法律进行规范,1997 年颁布的《中华人民共和国建筑法》首次在法律层面上明确了对建筑工程实行招标方式发包,1999 年《中华人民共和国招标投标法》随之出台。20 世纪 90 年代中后期,我国在财政支出体制改革以及申请加入世界贸易组织(WTO)的推动下,才开始接触政府采购概念。1995 年,财政部将政府采购制度作为一项重大课题进行研究。1996 年,在深圳和上海开展政府采购试点。1998 年,试点范围迅速扩大。1999 年,财政部印发《政府采购管理暂行办法》,在全国推广实施政府采购制度。同年,全国人大财经委启动政府采购立法工作。2001 年,政府采购改革工作试点全面铺开。2003 年,《中华人民共和国政府采购法》的制定与实施标志着我国的政府采购制度体系开始完善。2014 年 8 月 31 日,第十二届全国人民代表大会常务委员会对《中华人民共和国政府采购法》部分条款进行了修订[以下简称《政府采购法》,下文所提及的《政府采购法》,如无特别说明皆指《中华人民共和国政府采购法》(2014 年修订)],该次修订,删除了政府采购代理机构资格认定及相关法律责任的规定,意味着国家取消了对采购代理机构资格认定,这一方面是国家简政放权的表现,另一方面是政府放开采购代理机构参与政府采购业务,使招标代理走向市场化竞争并逐步走向成熟。2015 年 3 月 1 日,依据《政府采购法》制定的《中华人民共和国政府采购法实施条例》(以下简称《政府采购法实施条例》)正式施行。该条例作为一部行政法规,上承《政府采购法》,下接部门规章,其施行完善了政府采购法律体系。《政府采购法实施条例》在遵照

《政府采购法》的要义的基础上,补充了社会和时代环境对采购制度的发展要求,细化和完善了政府采购制度,增加了政府采购的可操作性,让政府采购更加有法可依。

在我国市场经济的发展过程中,对政府采购的认识逐步深化,了解到政府采购是实行市场经济的国家普遍采用的规范公共支出管理的一项重要制度,招标是政府采购的一种采购方式,除了招标外,政府采购还有竞争性谈判、询价等多种采购方式。招标作为一种程序性规范,世界主要经济体都将其纳入政府采购的完整体系加以规范。

对于政府采购的这种渐进式认识和实践,对我国政府采购制度的构建产生了极其深远的影响。其一是历史性地形成了《中华人民共和国招标投标法》(以下简称《招标投标法》)与《政府采购法》两法分立的局面,一个领域、两套体系、多头监管的状况延续至今。其二是《招标投标法》从立法理念、制度实施到社会认识方面,都深刻影响了《政府采购法》。主要表现在:

(一)强调程序规制,系统化治理理念未能真正确立

观察世界主要经济体的政府采购法和联合国国际贸易法委员会《公共采购示范法》、世界银行《投资项目贷款借款人采购规则》等国际采购规则,普遍都重视制度体系的完整性、系统性。这种完整性和系统性不仅表现为制度范围涵盖货物、工程和服务,而且管理链条包括采购需求管理、采购政策管理、采购方式管理、合同履约管理、权利救济管理等,并注重采购活动与财政预算、绩效管理的衔接。除了采购方式、采购程序等交易制度,前端的采购需求管理和后端的履约验收管理更是制度的重头戏,并重视采购人的主体责任和在采购人内部形成监督制约关系。而我国《招标投标法》与《政府采购法》"并驾齐驱""分庭抗礼",货物、服务与工程分别适用不同法律,割裂了政府采购制度和市场的完整性。两法各成体系却又叠床架屋,"你中有我,我中有你",实践中在法律适用和执行上使人产生困惑,影响了市场主体营商环境体验,增加了制度性交易成本,统一的政府采购市场被一分为二,占政府采购近"半壁江山"的工程市场游离于政府采购统一大市场之外,削弱了政策功能效应[①]。另外,无论是《招标投标法》还是《政府采购法》,制度聚焦的都是从发标到签约的合同订

---

① 关于两法分立所产生的问题,可参见徐舟.以全面深化改革和高水平开放为契机,构建统一的政府采购法治体系[J].中国政府采购,2020(12):35-38.本书不再赘述。

立过程,注重的是对采购过程中各环节的程序控制,强调采购代理机构、评审专家等第三方对采购人的分工制约。《政府采购法》虽然借鉴国际经验,建立了相对完整的管理链条,但囿于当时的认识,在具体制度设计和实际执行中,同样存在首尾两头管理薄弱、"重程序轻绩效"的现象。这些年来,从招标采购行政法规到规章、规范性文件,从中央到省市县,层层加码,不断强化开标、评标等采购环节的程序控制和外部监管,但并未达到预期效果,反而出现了程序僵化、效率低下等问题,项目要"走一下采购招标程序"成了不少人对采购招标制度的基本认识,形式合规掩盖了采购绩效不高等一系列实际问题。实践表明,试图以"程序立法"解决采购管理的"实体问题",显得有些力不从心。

(二)交易制度"一刀切",公平竞争机制未能完全形成

公平竞争是政府采购制度的灵魂。公平竞争的内在机理不外乎三个方面:首先是明确采购需求,让所有供应商有共同的竞争和比较的基础;其次是进行价格和质量竞争,通过客观公正的评审规则评出最具优势者中标;最后是强化合同约束,确保竞标结果得以严格履行,不给供应商投机取巧的机会。这三个方面是承前启后、环环相扣的,任何一个环节出问题,都会直接影响竞争的公平性。采购项目千差万别,为保障公平竞争、提升项目绩效,采购项目特点不同,相应的采购方案也不同,这是采购制度中设计不同采购方式、评审方法、合同定价方式等的逻辑起点。从国际经验看,只有在采购需求客观明确的前提下,才采用招标、询价这样不与供应商交流、供应商直接按照采购需求进行密封报价的方式,并在符合需求情况下选择价低者中标、成交;对需求不够明确的项目则不进行招标或询价,而是采用谈判、对话征求建议书等与供应商接触的方式,向供应商寻求解决方案,并通过综合性评审方法确定最优者成交。这是因为,在需求不明确的情况下,就通过招标或询价这样的方式让供应商直接进行报价和竞争,往往容易出现不合规的行为。在实际工作中,我们的采购招标制度在公平竞争机理的这三个方面,或多或少都出现了一定偏差,具体来讲有三类。

第一,需求管理缺位,采购方式"一招鲜吃遍天"。我们的制度就是以公开招标为导向的制度,《招标投标法》与《政府采购法》都规定达到一定金额以上的项目必须进行公开招标。在这种导向熏陶下,"公开招标最规范""招过标了就没有责任",几乎成了一种社会共识,采购人又纷纷"自我加压"主动要求招标。许多本来不需要、不适合、不应该招标的项目,统统"被招标",如金额较小

的项目"小标大招",需求不明的项目"糊涂招标",本可分类细化的项目打包起来"囫囵招标",等等。笔者就曾看过一个巡察反馈意见,指出某村委会对一个五万多元的农田水利建设项目没有进行公开招标。公开招标好不好?公开招标当然好,程序严谨、透明度高、竞争充分,但是,公开招标并不能"包治百病",在适用上也有它的局限性。放眼国际,招标所占比例并不高,欧盟在30%左右,美国甚至还不到10%,美国早就取消了邀请供应商密封投标(相当于国内的公开招标方式)应作为政府优先选择的采购方式的规定,转而注重竞争性谈判等多样化采购方式的合理运用。而我国公开招标占比将近80%(根据财政部2020年政府采购统计数据,公开招标占比79.3%,另外,邀请招标占比1.1%)。不问青红皂白"一招了之",不仅周期长、流标废标率高、虚耗社会资源,更是加剧了低价恶性竞争、高价采购、操纵招标等乱象。有的学者提出,联合国国际贸易法委员会《公共采购示范法》(Model Law)和世界贸易组织《政府采购协定》(GPA)等具有代表性的政府采购国际规则,也都强调公开招标,对其他任何一种采购方式都限定了特定的适用情形,唯独对公开招标没有限定任何适用情形,相当于是将公开招标作为政府采购的首选和"默认"采购方式。需要指出的是,由于语言的差异,Model Law 和 GPA 等国际规则中所称的"公开招标"并不能等同于我国法律法规中的公开招标。我国法律法规中的公开招标是一种特定的采购方式,其核心特征是采购人以公告方式向不特定的供应商发出投标邀请,供应商根据招标文件直接进行密封投标,投标截止后供应商不得修改或撤销投标,确定中标人之前采购人与供应商不得进行协商谈判。而 Model Law 和 GPA 中所称的"招标",在大多数语境下,如果意译的话,其含义更接近于国内所称的"采购"。相应的,"公开招标"更多是指"公开性的采购方式",也就是以发布公告方式邀请所有感兴趣的供应商参与竞标。GPA 将采购方式分为公开招标、选择性招标和限制性招标,实际上是"三大类"而不是"三种"采购方式,其内涵更接近于《政府采购法修订草案(征求意见稿)》中的"竞争范围"。即公开招标是指实行公开竞争的采购方式(发布采购公告,所有感兴趣的供应商均可参与竞标);选择性招标是指实行有限竞争的采购方式(采购实体通过公开的资格预审程序确定符合参加条件的供应商,只有符合参加条件并经采购实体邀请的供应商才可以参加竞标,采购实体在邀请参加竞标的供应商时,要保障所有符合参加条件的供应商机会公平);限制性招标是指竞争受到限制的采购方式(采购实体直接邀请一个或一个以上特定供应商实施采购,也就是由采购实体直接"点人头",指定供应商,因而没有竞争或者竞争极其受限）。

第二，评审制度刚性不足，结果好不好有赖于评审专家个人意见和职业操守。综合评分法运用多，评审因素设置随意性大，评审主观性强、结果弹性大，这是公平竞争的最大隐患，也是以往采购招标领域最为突出的问题。制度层面，《招标投标法》和《政府采购法》对评审制度规范的力度都不够。《招标投标法》及其实施条例对于最低评标价法和综合评分法两种评标方法的选用没有强制性要求，《政府采购法实施条例》虽然规定技术、服务等标准统一的货物和服务招标项目应当采用最低评标价法，但这个偏原则性的规定在实践中也形同"牛栏关猫"。实施层面，采购人、采购代理机构、评审专家甚至供应商都普遍喜欢综合评分法，厌恶最低评标价法，最低评标价法一度被妖魔化。竞争性谈判和询价采购由于强制采用低价成交原则，而招标可以采用综合评分法，进一步助长了对不同招标方式的偏好。通过在需求管理上下功夫来达到采购目标，既需要较高的专业素养，又费时费力。所以更简单直接的方式被采用得更多，一般是通过设置一些资格条件和主观性评审因素，以便在评审时"一锤定音"。这种主观性强的评审方法，赋予评审委员会成员极大的自由裁量权，实践中引发了大量的评审操控。如网上曝光的某地评标专家操控招标案例，甲专家在得知自己要去某地参加某工程项目评标后，主动在相关专家微信群内用暗语发布信息。丙专家看到信息后心领神会，拜托其"关照"某两家投标人（该两家投标人背后的控制人实际上是同一个人）。后来在甲专家的积极"运作"下，丙专家请托的两家投标人中的一家顺利中标，甲专家由此获得 100 万元的丰厚"回报"。据了解，该工程项目投资额不过才 600 万元。此案例中如此小的项目，评标专家居然能拿到巨额的"好处费"，违法违规的行为令人震惊。不仅最低评标价法被弃用，有些综合性评审方法，价格分评分也不是低价优先，而是以投标人平均报价为评标基准价，并且价格低于平均价的还要倒扣分；有些干脆通过抽签摇号确定中标人。总之，就是害怕投标人进行价格竞争。在这种评标机制之下，市场之手完全失灵，投标人竞争的不是价格和质量，而是运气和"人脉"，完全背离了国际通行的"需求明确基础上竞争报价、符合需求情况下低价优先"的公平竞争原则。实践中，投标人为了影响平均报价并让自己的投标价尽可能接近平均价，便拉着尽可能多的"陪跑"投标人一起投标，由此引发了大面积的围标串标。政府采购货物服务采购项目，一个项目一般只有几个到二十多个投标人，而工程招标项目动辄一两百家投标人。据笔者了解，重庆市在将工程招标项目的评标基准价由投标人平均报价改为最低有效投标报价后,单个项目的投标人由以往的一两百家一下子锐减为十多家。试想一下,如果我们的采购评审像高考评分那样客观刚性,"拼人头"式围标串标和评标操控即使无法根除,至少也会有很显著的好转。这虽然是理想状态,实践中难以达到这样的程度,但至少应该树立这样的制度导向。

第三,合同管理环节制度薄弱,"最后一公里"频频失守。制度规范的重点都集中在采购招标环节,似乎确定了中标成交供应商后就完事了。"床垮垮"等履约质量问题和低价中标高价结算现象屡屡发生。《政府采购法》规定合同履行期间追加采购最多不得超过原合同金额的10%,《招标投标法》没有此类规定,且多采用固定单价、成本补偿等"开口"的合同定价方式,"老鼠拖葫芦,大头在后面"的现象更为突出。合同履行与采购环节脱节,履约验收把关不严,供应商竞标时"花好稻好"的各种承诺往往并不兑现。有些项目招标环节需求本就含糊不清,中标价格自然约束力不强,合同履行过程中供应商动辄要求增加合同费用;有些项目合同定价方式与需求特点不匹配,本应是"闭口合同"却被做成"开口合同";有些项目对合同风险分担没有约定,最终都由采购人也就是国家来"托底"。供应商即使低价中标最终一般也能通过变更甚至偷工减料等各种手段赢利,反过来又刺激了企业竞标时肆意许诺和低价抢标的冲动。如此恶性循环,进一步扰乱了公平竞争机制。从国际上看,采购实体在明晰需求和质量标准等合同边界条件,确认投标人具有履约能力后,实行低价中标,然后设置高额履约担保和严苛违约责任,并严格依照合同办事。中标人在严格的合同价格和违约责任约束下,即便亏本也要咬着牙保质保量完成项目。形成规矩以后,鲜有企业敢低价冒险以身试法。

(三)权责不匹配,采购绩效责任未能有效落实

现行采购招标制度引入了第三方专家评审和专业机构代理机制,本意是为了防范廉政风险,促进专业化采购。但实践表明,采购代理机构在拥有执行操作权特别是评审专家掌握采购决策权后,其第三方原有的独立性、公正性受到极大考验。这些年来,我们在评审专家管理上采取了电脑随机抽取、异地抽取、严格保密、评标全过程隔离等各种措施,有些重大项目甚至对评审专家从头到尾实行"人盯人"监管,不可谓不用心不尽力,但"专家不专"特别是"专家不公"等问题始终无法解决。与此同时,采购执行和决策权被分解后,采购人的主动性大为下降,权责不匹配弱化了采购人应有的责任。由于评审专家只是以个人身份且按照采购文件确定的评审规则进行评审,所以也难以让评审

专家对采购结果负责。最终的局面是，采购人、评审专家和采购代理机构只要各自按法定程序执行，各方都可免责，对采购结果的好坏无人负责也无法追责。这是采购结果满意度和采购绩效不高的制度根源。

在我国市场化改革中，招标投标和政府采购制度发挥了不可替代的作用，成为社会主义市场经济体制的重要制度。制度施行以来，在提升公共机构乃至全社会依法采购意识、提高采购透明度、促进公平竞争、发挥政策功能等方面，成绩有目共睹。不过，经过30多年实践，今天再来回顾，我们也不难发现，当年学习国际经验，主要学到了采购招标的那一套程序，还有一些深层次的东西我们没有学全，深化政府采购制度改革正当其时。

四、推进政府采购法律统一，建设全国统一大市场

在《政府采购法》颁布20周年之际，财政部就《政府采购法修订草案（征求意见稿）》（以下简称《征求意见稿》）再次向社会公开征求意见。相对现行《政府采购法》，《征求意见稿》可说是发生了脱胎换骨的变化，通篇充满了新理念、新概念、新机制、新提法。如政府采购统一大市场、维护国家安全、其他采购实体、政府采购参加人、分类分包采购、创新采购、最优质量法等。另外，绩效一词前后竟出现18次之多。在耳目一新甚至略感惊艳之余，这种"大破大立"式修法，其背后的逻辑更值得我们探讨。坚持问题导向、回应社会关切是本次修法的重要遵循。

以问题为导向系统性重构政府采购制度。从《征求意见稿》看，政府采购监管部门对政府采购发展历程中遇到的问题已有深刻认识，并围绕这些问题系统规划了制度解决方案。

（一）着力构建完整统一的政府采购管理体系

从《征求意见稿》可以看出，跳出程序立法思维、健全管理体系是这次修法的重中之重。2021年财政部推出了《政府采购需求管理办法》（财库〔2021〕22号），在宣介时曾评说它是下一步政府采购制度改革的先行者。现在看，《政府采购需求管理办法》所展现的以强化采购人主体责任为核心的采购全流程管理、体系化治理理念和探索，在经过进一步思考和沉淀后，大都被吸纳到《征求意见稿》中。健全和统一管理体系主要体现在以下方面：

第一，规范政府采购范围。《政府采购法》立法时，考虑到政府采购从自由

采购一下子转到严格管理，需要一个适应过程，因此在界定纳入法律规范的政府采购范围时，遵循了"抓大放小"、逐步规范的原则，仅仅将国家机关、事业单位和团体组织使用财政性资金，采购列入集中采购目录以内或者未列入集中采购目录但达到政府采购限额标准以上的货物、工程和服务的行为，界定为政府采购。这是我国政府采购规模占GDP的比重和占财政支出的比重不高的重要原因之一。国际上，政府采购规模占GDP的比重一般在10%～15%，部分国家达到20%，占财政支出的比重通常在30%～50%。但从国内情况看，近几年来，我国政府采购规模占全国GDP和财政支出的比重始终徘徊在10.5%和3.5%左右，难以进一步提高。规模上的瓶颈制约了政府采购政策工具的宏观效应。在《政府采购法》实施近20年，社会各方面规范采购的意识都已牢固树立后，将原本属于政府采购性质但尚未纳入政府采购法规范范围的采购纳入政府采购的法治化渠道加以统一规范，已经水到渠成。同时，从推动我国政府采购市场高水平开放要求看，调整政府采购范围也势在必行。按照习近平总书记"加快加入世界贸易组织《政府采购协定》进程"的指示精神，我国正积极推进加入GPA谈判。我国加入GPA谈判的最新出价，已经突破了我国现行的政府采购范围，部分公益性国企已经被列入了出价清单。

　　综合上述情况，《征求意见稿》从几个维度扩展了政府采购范围。一是在采购主体上，增列了其他采购实体，也就是将从事公用事业、运营公共基础设施或者公共服务网络的部分公益性国有企业纳入了政府采购主体范围。需要说明的是，《征求意见稿》并不是将所有国企采购都纳入了政府采购范围，而仅仅是部分公益性国企。GPA界定的政府采购是指"为了政府目的而进行的采购"，不包括商业性采购，即"以商业销售或转售为目的而进行的采购，以及为生产、提供用于商业销售或转售的货物或服务而进行的采购"。不同于西方发达经济体，我国是社会主义市场经济国家，国有企业数量庞大，且绝大多数国企都是竞争性的市场主体。《征求意见稿》明确其他采购实体仅仅是提供公共产品和公共服务的公益性国企，这意味着排除了所有竞争性市场主体所进行的商业性采购。"适用本法的其他采购实体及其采购项目范围，由国务院确定。"《征求意见稿》这一规定表明，对其他采购实体将实行清单式管理，最终哪些公益性国企会纳入政府采购主体范围，将由国务院根据我国加入GPA最终出价等情况确定。并且，即使是列入清单的公益性国企，也并不意味着它们所进行的所有采购都属于政府采购，公益性国企受政府采购法规制的具体采购项目范围，将由国务院在确定其他采购实体范围时一并确定。也就是说，只有被国务院列入其他采购实体清单且其实施采购的项目也属于国务院确定的采购项目范围(项目清单)的，才须要执行政府采购制度规定。二是在采购资金上，除财政性资金外，还纳入了"其他国有资产"(主要是与其他采购实体相配套)。三是在采购范围上，将集中采购目录以外且未达到采购限额标准的项目也纳入了政府采购范围，并明确政府和社会资本合作属于政府采购。

第二，强化政府采购政策功能。政府采购因其规模巨大，对经济和社会发展具有举足轻重的作用。从国际上看，政府采购已发展成为与税收优惠、财政补贴等并重的财政政策工具，在促进创新、支持绿色低碳发展、扶持弱势群体等方面扮演重要角色。但从国内看，由于现行法律对政府采购的范围界定过窄，导致我国政府采购市场规模受到限制，再加上法规制度不统一带来的市场分割，弱化了政府采购应有的政策工具作用。在政策执行方面，以往主要局限于在采购招标环节落实采购政策，政策落地效果也不太理想。为了破解政府采购政策作用发挥不充分的问题，《征求意见稿》首先将政府采购政策单独成章，以进一步突显政府采购政策在整个政府采购制度体系中的重要性。另外，在调整政府采购范围，扩充质量、做大规模的同时，《征求意见稿》还从丰富政策目标、细化政策执行措施、强化政策执行要求等多个方面，进一步充实、完善了政府采购政策规定。包括：新增了维护国家安全、支持科技创新、维护弱势群体利益等政策目标；区分本国货物、工程、服务与中国境内生产产品，分别采用强制采购和评审优惠的不同扶持政策，将支持本国产业政策落实落细，既实实在在加大了对国货的支持力度，又符合国际惯例，彰显我国高水平开放的国际形象；强调政策统一性要求，明确政府采购政策应当由国务院政府采购监督管理部门会同国务院有关部门统一制定，货物、工程和服务一体化执行政府采购政策，防止政出多门，维护全国统一大市场和公平竞争，实现政策全覆盖，提升政策效能；细化政策执行措施，要求将落实政府采购政策纳入项目绩效目标，并将落实政策功能的重点从目前的交易环节扩展到采购全过程，在预算编制、需求确定、采购方式和竞争范围选择、项目评审、合同履约管理等各环节加以落实，确保政策落地。

第三，强化采购需求管理。《征求意见稿》专门增加了需求管理一章，并且运用11个条款的较大篇幅补上政府采购源头管理薄弱的制度短板。《政府采购法》既是市场交易制度，也是财政支出管理制度。需求管理的制度目标主要有三个层次：一是将采购需求与预算管理衔接，强调采购需求首先要实现项目绩效目标，构建起"讲求绩效"的制度基础。二是将采购需求与采购活动衔接，确立起以采购需求为引领、根据需求特点确定采购方式、竞争范围、评审规则、合同定价方式的制度导向。通过需求的完整性与客观量化等要求，保障竞争的公平性和采购需求与合同价格之间的强对应关系。三是将采购需求与内控管理衔接，规范采购需求的形成过程，将采购需求的形成和实现过程纳入采购人内控管理体系，更好发挥采购人的主观能动性，防范需求不完善、实施计划与需求特点不匹配，少数人操控需求进而操纵采购等采购风险。

第四，强化合同管理。相对于《政府采购法》的8个条款，《征求意见稿》共用了16个条款规范采购合同管理，对"最后一公里"的重视程度可见一斑。值得一提的是有关合同定价方式的规定。关于合同定价方式，以往《招标投标法》和《政府采购法》对此都没有任何约束，全看采购人、采购代理机构是否专业和敬业。针对低价中标高价结算等老大难问题，《征求意见稿》第七十二条确立了政府采购合同定价"固定价格为一般、非固定价格（成本补偿）为例外"的原则；对于固定价格合同，只有合同订立时采购数量无法确定的，才采用固定单价，否则应当采用"闭口"的固定总价；对于成本补偿合同，要求实行固定酬金，不得按照成本比例支付酬金，防止供应商有意做大成本从而获得更多酬金，并且要求设定合同最高限价，防止因成本可以按实结算而导致成本无限扩张。此外，《征求意见稿》还完善了追加采购、合同变更等条款，堵住合同价"敞口"的风险。增加了3条关于合同验收的规定，明确验收主体、验收小组组成、验收报告等要求，压实采购人履约验收的主体责任。

第五，统一体系、统一市场。《征求意见稿》不再对政府采购货物、服务与工程分别进行规范，而是实行一体化管理，从采购政策落实、采购需求管理、采购方式和评审方法适用、采购合同管理等，全方位地将工程纳入政府采购统一管理体系。例如，关于招标、竞争性谈判和询价等采购方式的规定，不再是仅适用于货物和服务，也包括工程。同时，《征求意见稿》提出要建设涵盖货物、工程和服务的政府采购全国统一大市场，打破市场分割，保障供应商自由进入统一大市场。《征求意见稿》暂时在附则中保留了政府采购工程招标适用《招标投标法》的条款，许多关心政府采购工作的朋友对此非常失望。其实大可不必。从《政府采购法》修订第一次公开征求意见反馈情况看，不论是采购人、采购代理机构等业界人士，还是专家学者、市场主体、社会公众，都对《招标投标法》和《政府采购法》合并呼声强烈。《征求意见稿》已经在立法技术层面做好了相关准备。政府采购法治统一,最终有待于后续修法程序中国家层面的科学决策,我们且拭目以待。

(二)着力完善公平竞争的采购交易制度

第一,树立采购方式运用新导向。一是改革单纯根据金额大小确定招标与否的规定,强调由采购人根据需求特点和绩效目标自主确定采购方式。《征求意见稿》创设了创新采购这一新的采购方式,并且将框架协议采购方式上升到法律层面进行规范,进一步丰富采购方式种类,建立起多元化、适应不同需求特点的采购交易制度。明确招标、询价适用于需求客观明确的项目,其中,询价是招标的简化版,适用于金额不大的项目;谈判、创新采购适用于需求不明确或者很复杂、需要与供应商一起商量需求内容、解决方案的项目,其中,创新采购是谈判的"专业版",适用于供应商自身也不是胸有成竹的研发项目;框架协议适用于需要频繁重复采购的小额零星项目;单一来源采购适用于需求缺乏竞争条件的项目。同时,由于需求特点不同,规范这些采购方式的重点也有差别。如招标、询价重在需求管理和评审方法的客观性;竞争性谈判、创新采购重在采购过程管理;框架协议采购重在竞争机制管理;单一来源重在适用恰当性管理和成本管理等。二是改革强调公开招标的规定,转为强调公开竞争。与 GPA 等国际规则接轨,将竞争范围这个概念从采购方式管理中剥离出来。不仅招标要公开竞争,除了单一来源采购这一非竞争性采购方式外,谈判、询价等其他各种竞争性采购方式,非因法定情形,都要实行公开竞争,切实保障供应商机会公平。

第二,强化评审规则客观公正性。一是规范评审方法的运用。强调根据需求特点和绩效目标选用相应评审方法,避免综合评分法"一统江湖"。明确通用货物、服务、简单工程等"够用就好"的项目,采用最低评标价法;技术复杂、专业性强或者多专业多种类混合型采购,需要综合评价性价比的项目,采用综合评分法。为落实《深化政府采购制度改革方案》提出的"优质优价"采购要求,《征求意见稿》还明确,综合评分法可以实行先评方案再评价格、"优质基础上优价"的两阶段评审方法,并且新增了最优质量法这一评审方法,对于执行政府定价或者对质量有特殊要求的项目,可以采用最优质量法,在确定价格的前提下,供应商仅就质量进行竞争,确保"优质"。二是规范综合评分法的评审因素及分值设置。包括规范评审因素设置范围:评审因素应当与采购标的直接相关,主要包括价格或者成本、质量、供应商履约能力、商务条件以及采购政策要求等。防止"量身定做"、随意设置"控标"条款,连供应商行政级别等这样与采购标的无关的因素也拿来做评审因素。明确评审因素客观性要求:评审因素必须是量化指标,并且可评判、可验证,分值设置应当与评审因素的量化指标相对应。诚如此,政府采购评审真就几近于高考评分了。从反馈情况看,对于这一要求,实操部门反映的问题比较多,认为影响质量的因素并不都是量化指标,实践中难以做到。不过,正如前文所述,评审不客观、不公正,易于被操控的问题,亟需解决。如果评审规则还是主观性强、弹性大,换谁来评审都难保不出问题。当然,如何将供应商响应方案、技术路线等非量化、需主观判断的因素,转换为可评判、可验证的量化指标,具体方法还可再进一步研究。通过市场调查、与供应商谈判等,能够将方案性主观因素转化为客观指标的,应当转化为客观指标;确实不能直接转化为客观指标的,比如雕塑等艺术品设计方案,笔者建议今后能允许采用间接转化方式,如由评审委员会对不同方案进行排序或者评定等次等。

第三,强化合同履约管理。强调必须按照采购结果签订合同(即必须按照采购文件的所有实质性要求以及供应商的竞标文件签订政府采购合同或者框架协议,不得对采购文件确定的事项和供应商的竞标文件作实质性修改;并且中标、成交、入围通知书发出后,采购人不得违法改变中标、成交、入围结果,中标、成交、入围供应商无正当理由也不得放弃中标、成交、入围,否则须依法承担法律责任),通过书面合同进一步确认和固定竞标结果,防止采购人与中标、成交、入围供应商以"合同谈判"等为名,实质性改变采购竞标结果。同时,要求严格按照合同履行,不得随意调整、变更合同。意在促使供应商切实按照竞标承诺全面履行,并堵住利用合同变更导致合同"敞口"的风险,实现采购全过程的闭环管理,维护竞争公平。

(三)着力健全采购人对采购结果负责的机制

从强调分权制衡转向注重权责对等,全面压实采购人主体责任。一是压实采购人在采购全链条中的法人主体责任。通览《征求意见稿》,在项目绩效管理、需求管理、政策执行、采购交易、合同管理、质疑答复等方面,义务主体都是采购人。并且,《征求意见稿》明确要求采购人将政府采购纳入其内控管理体系,从而将项目经办人员在采购活动中的各项履职行为落实为采购单位的法人职责。采购人都是国家公权力机构,在全面从严治党新形势下,都建立有一套严密的内部控制管理体系。发挥采购人的主观能动性和自我管理优势,与外部监管有机结合,有利于提高监管效能。新近出台的《政府采购框架协议采购方式管理暂行办法》《政府采购需求管理办法》等,都开始注重发挥主管预算单位对下属预算单位的采购管理作用,其背后的逻辑也在于此。二是理顺采购人与评审专家、采购代理机构等相关主体的权责关系。采购代理机构在政府采购活动中的角色定位改为"政府采购参加人",而不再是与采购人"平起平坐"的"政府采购当事人";评审专家的角色定位从评审决策者逐渐过渡为参与决策者和决策咨询人员,突出采购人的采购主体地位。三是赋予采购人完整的采购决策权。包括确定采购需求和采购实施计划的"游戏规则"制定权,确定采购代理机构的"队友选择"权等,特别是让评审决策权重新回归采购人。《征求意见稿》放开了评审委员会中专家比例的限制,除竞争性谈判和创新采购的谈判小组,应当由采购人代表和政府采购评审专家共同组成外,招标、询价等评审委员会可以全部由采购人代表组成。从征求意见反馈情况看,放开专家比例限制,是广受关注的一个焦点议题。有不少市场主体和社会公众对此表示担忧,担心又回到政府采购制度改革前"一切由采购人说了算"的局面。但应认识到,改革专家评审制度的初衷是贯彻权责一致原则,"谁决策谁负责",确保采购人对采购结果全面负责。评审委员会由采购人代表和评审专家共同组成,专家组成比例由采购人自行确定,这就意味着评审决策的主体是采购人,专家主要是提供专业意见,帮助采购人作出科学决策。因此,采购人责无旁贷,必须对采购结果负责。为对冲风险,《征求意见稿》放权的前提是提高评审方法和评审标准的客观性。评审规则客观了,谁来评不重要,就像机器也可以阅卷;评审规则不客观,同一项目由不同的评委来评审,结果往往不一样,滋生寻租空间。可见,谁来评不重要,评审规则是否客观才是关键。有人会说,有些复杂项目评审标准难以做到绝对客观,怎么办?对此也不用担心,《征求意见稿》已有规定,竞争性谈判和创新采购的谈判小组,应当由采购人代表和评审专家共同组成。至于专家的具体比例,就由采购单位内控制度进行规范。如果评审标准不够客观,评审专家还占少数,采购人不仅要对采购结果负责,还会承担道德压力。

（四）着力引导专业化采购

当前政府采购实践中的种种问题,固然有制度层面和社会大环境方面的原因,但执行操作层面专业化发展不平衡、不充分,不能满足政府采购高质量发展需要,无疑也是原因之一。相当一部分采购代理机构还是立足于采购程序代理，在如何根据项目绩效目标帮助采购人拟定采购需求、策划采购实施计划、开展合同管理、组织履约验收，以实现项目绩效目标等专业化采购方面，还只是浅尝辄止，甚至未曾涉足。不少采购人还没有专门负责采购的人员，有些虽然有专职采购人员，但因廉政风险防控或者领导重视不够等原因，人员经常更换，难以形成稳定的专业人才队伍。有鉴于此，《征求意见稿》在培育、引导专业化采购方面可谓不遗余力。

第一，法律本身就是对社会的指引[①]。《政府采购法》作为政府采购领域的基本法律、规范政府采购行为的管理性法律，按理应以强制性规范为主，但《征求意见稿》中却出现了大量任意性规范。这些任意性规范主要是面向采购人，告诉采购人可以在法律规定范围内自主确定一些事项，具有很强的指导意味。比如，鼓励采购人开展联合采购，告知采购人确定采购需求的方法，引导采购人如何根据需求特点选用采购方式、评审方法、合同类型、合同定价方式等。另外，有些条款虽然是义务性规范，但谆谆告诫、专业化指导的意味也非常浓厚。比如，分类分包采购、创新采购、信息化采购、政府和社会资本合作采购等。

第二，法律自身的高度专业性将倒逼采购专业化。对于《征求意见稿》，笔者有一个判断：如果没有一定的政府采购专业知识，可能难以全部读懂《政府采购法》。实际上，为了便于大家理解修法思路，《征求意见稿》已经有意识地在一些重点改革领域写得比较细，今后正式出台的时候，有些条款应该不会那么细化。其实这并不奇怪，政府采购本来就是一项专业性强的工作，《政府采购法》从以往主要规范采购程序、大家一看就能够上手的法律，蜕变为政府采购全流程管理、绩效导向的专业性法律，政府采购将不再是简单"走程序"，而是必须通过全流程专业化管理和操作，以实现项目绩效目标的专业性工作。

第三，法律对采购人员的专业性要求将提升采购专业化水平。从国际上看，为了有利于专业化、职业化采购，实现"绩效最优"，不少国家按照责权利统一的原则配置采购决策权，实行政府采购合同官（采购官）这样的制度。根据法律规定和采购实体的行政长官授权，政府采购合同官一般拥有选择采购方式、审查供应商的履约能力、评审与定标、订立、执行、终止采购合同等广泛的

[①] 法律对社会的指引作用主要通过授权性规范、禁止性规范和义务性规范三种规范形式实现，授权性规范告诉人们可以做什么或者有权做什么；禁止性规范告诉人们不得做什么；义务性规范告诉人们应当或者必须做什么。其中授权性规范属于任意性规范，禁止性规范和义务性规范属于强制性规范。

职权,并且在采购活动中有较大的自由裁量权,但同时也要对采购结果全面负责。鉴于我国的公务员和行政管理体制特点,我国没有推行政府采购合同官制度。不过,与现行《政府采购法》相比,《征求意见稿》在这方面还是有所进步的,主要体现在两方面:一是如前文所述,《征求意见稿》让采购决策权回归了采购人。只不过不是由"合同官"或"采购人代表"等个体负责采购决策,而是让政府采购活动纳入采购人内控管理体系,由采购单位进行集体决策。二是《征求意见稿》对采购人负责采购工作的人员提出了专业化要求。现行《政府采购法》仅仅对集中采购机构的采购人员提出了专业性要求,而《征求意见稿》除集中采购机构外,还专门对采购人的采购人员职业素质、专业技能以及教育培训等提出了明确要求。这既是专业化采购的现实需要,也是落实采购人主体责任的必然要求。对于社会代理机构从业人员,《征求意见稿》虽然没有直接提出专业方面的要求,但由于采购人要对采购结果全面负责,如果选择的采购代理机构不专业,引起的后果将由采购人承担。实际上是通过市场选择,倒逼社会代理机构逐步实现从采购程序代理到全过程采购咨询的转型升级,提升专业化服务水平。

第二节 大 学 采 购

一、大学采购概况

进入 21 世纪以来,随着国家对高等教育投入的不断加大,我国高等教育事业蓬勃发展,高校办学规模随之扩大,软硬件设施得到改善。大学是高等教育的重要组成部分,大学高质量的内涵建设和拔尖创新人才培养对教学科研设备、基础设施建设、后勤保障服务等需求日益增强。如何公开、公平、公正,依法依规地组织采购,满足大学快速发展的需求,是大学采购面临的严峻挑战。根据 2014 年修订的《政府采购法》关于政府采购的定义,大学采购从属于政府采购,大学采购是政府采购的特殊领域。大学作为主要资金来源为财政拨款的事业单位,其采购行为应纳入政府采购的管理范围。

(一)我国大学采购管理概况

随着《政府采购法》的颁布与实施,为了依法规范教育部直属高校、直属事业单位的采购行为,2003年8月,教育部颁发了《教育部政府采购管理暂行办法》。各省市教育主管部门相继配套制定了相应的省(市)属院校的采购管理制度。一些大学设立了专门的采购管理部门,制定了相应的大学采购制度。政府采购在大学实施以后,为了全面加强廉政风险防控,落实采购人廉洁自律责任,教育部于2006年9月出台了《教育部政府采购领域治理商业贿赂专项工作实施方案》等规定。此外,为了推进国家治理体系和治理能力现代化,不断完善政府采购管理,2014年初,教育部在《教育部关于进一步做好政府采购工作的通知》中,明确规定全国大学的采购"要认真执行法律法规,做到依法采购",在依法采购的前提下,最大化服务教育需求。

随着国家对教育事业的投入和经费扶持力度的加大,全国高等院校所涉及的建设工程、教学和科研设备以及办学所需的货物和服务的采购规模庞大,高校的采购管理已经成为政府与大学管理制度不可或缺的一环。鉴于2000年1月1日《招标投标法》、2003年《政府采购法》、2015年3月1日《政府采购法实施条例》的相继颁布实施,大学的采购制度也随之修订完善,目前全国高等院校大多已实施政府采购,部分大学还设置了专门的政府采购机构。

组织机构的保障和有效监督是管理制度建立健全和实施的重要前提,成立专门的采购机构和监督机构是顺利完成大学采购的机制保障。就大学的隶属关系而言,高等院校根据建制隶属于国家部委或者地方政府,针对不同隶属主体,大学建有不同的采购组织机构。政府主管部门即教育部、厅、局将其所管辖大学的大额采购纳入其政府采购当中,同时学校成立专职采购机构,给予学校一定的自主权。但针对主管部门与大学不在同一个城市的情况,则会制定主要政策,要求大学自行组织实施政府采购。然而,简单笼统地把大学集中采购工作列入上级主管部门的集中采购计划中,虽然有利于实现采购的规模效应,但具体实践手续烦琐、效率低下,不符合高速发展的社会现实。因此,完全由上级政府采购部门承担大学所有采购项目的可行性较低,难以实现。就我国目前的高等学校管理体制和采购制度而言,解决大学采购问题的有效途径就是在大学内部设立直属学校的采购机构和监督机构,制定完善的内控制度,并与政府采购机构协调配合。

采用何种采购方式,大学的采购部门应严格遵守《政府采购法》的相关规定,根据项目的预算、特点和需求,科学采取公开招标、竞争性谈判、询价、单一来源采购以及政府和法律规定的其他采购方式完成采购工作。政府采购方式多样,不同采购方式的针对性和适用性不尽相同。因此,只有熟悉和掌握不同采购方式的特点,根据项目特性,有针对性地选用恰当的政府采购方式,才能发挥政府采购的优越性,高效使用教育经费,降低采购成本,提高大学资金使用水平,保护合同双方合法权益,促进廉政建设。但是,采购方式的选择并不是一个简单套用法律法规的过程,它取决于诸多因素,需要大学的政府采购人员结合实际情况,在政策法规的框架内进行科学选取。

近年来,中国特色社会主义市场经济蓬勃发展,为进一步激发市场活力,我国政府大力推行"放管服"(即简政放权、放管结合、优化服务)政策,使改革不断向纵深推进。与此同时,全面贯彻和完善中国特色现代大学制度,不断扩大大学自主权,在经费预算、政府采购、资产管理等方面,大学也应进行全面深化改革。一方面要扩大大学项目资金统筹使用权和资产使用与处置权限;另一方面要优化大学办学所需的货物、服务、工程等招标采购流程,形成用制度管理人、权、事。然而,大学在实际开展政府采购的过程中,经常存在以下问题:预算不细致、采购需求表述不清;技术参数老旧、低配;产品指标设置存在倾向性;质疑和答复过多,致采购周期变长;采购方式选择单一,出现"凡采必招"的误区。

(二)国外大学采购管理概况

1. 美国耶鲁大学采购管理体系①

耶鲁大学实施分层管理的采购架构:由采购部门代表整个大学或个别院系通过谈判与供应商达成长期合同采购,享受协议价格和相关折扣;学校规定采购限额以下的商品与服务(限制物品除外)由各单位直接向供应商订购;由学校采购办公室负责购买和支付,采购办公室下设采购部、供应商审核部、账款支付部、电子商务部。同时,施行严格的职责分离制度,即岗位不相容,将购买、验收和授权支付的权责分配给两个或更多的人,如果因为人员限制,需要由一人负责所有职能的,则必须由一名主管负责监督和核查交易。

耶鲁大学的一般性采购由学校采购办公室负责,采购负责人为采购执行主任。采购办公室是支持一个或多个部门业务的职能部门,配备负责采购职能方面的受过专业培训的专业人员。耶鲁大学的采购办公室负责整个大学的采购活动,采购办公室的采购范围涵盖了耶鲁大学采购的所有商品和服务的

---

① 本书中有关耶鲁大学的采购体系和采购政策来源于网络和耶鲁大学网站(https://www.yale.edu)。

全过程。大学所有物品和服务的采购都必须遵循学校的相关采购政策,包括供应商选择、合同签约、购买限制性、物品或服务的验收、一般支付政策。采购办公室除了采购业务外,还包括采购程序申请、采购代理认证、采购审批人和客户满意度报告等,但是不包括投资管理服务、特殊限制性项目、咨询服务、保险、员工差旅和休闲娱乐消费、法律服务、员工福利项目、建筑合同和房地产。

耶鲁大学的采购方式,根据采购物品和服务的种类和规模分为7种:协议采购、订单采购、信用卡支付采购、内部协议服务商采购、直接向供应商订购符合条件的商品和服务、小额现金采购、核定需求或根据员工报销要求采购。耶鲁大学根据采购金额标准实行二次授权,按照规定,一般超过2 000美元的采购应履行协议采购或作为定期采购订单的申请;采购金额大于等于10万美元需由财务副总监或赞助项目的财务总监负责支付拨款或合同签订;采购金额在2.5万美元到25万美元之间的采购订单必须由采购副总监批准;所有25万美元以上的采购订单必须经采购执行主任批准。制定该政策的宗旨是建立一个高效完整的采购过程,符合美国联邦和州法律以及良好的商业惯例,该政策可以最大限度地提高大学的购买力,并使大学能够从供应商那里获得有竞争力的价格和更好的服务。

耶鲁大学的采购政策要求被授权代表大学采购商品和服务的员工应该选择价格、质量和服务的最佳组合,以满足项目的特定需求。以最低价采购的商品和服务,必须保障质量和服务标准,以满足所需的特殊需求。获得授权采购商品和服务的个人必须遵守联邦采购法规和学校采购政策的相关要求。耶鲁大学的采购部门负责监督大学的采购过程,以确保所需商品和服务的最优价格、质量和服务,基于大学的采购需求并敦促遵守大学政策以及联邦和州的法律。大学采购部门在一定程度上是通过协调和建立战略供应商,借助合同或协议来处理大量交易。特殊商品和服务只能由采购部门按照分管部门来购买,比如用于科研的酒精只能由颁发许可证的交通和仓储部门购买,动物和动物笼子等限制物品只能由耶鲁动物研究中心购买,建筑和工程服务只能由基础设施部门采购等。而食堂所需的食品和食品服务、燃料(石油和天然气)、家具、地毯和窗帘、电信服务和设备、有害物质(放射性物品)等均由协议供货商采购。

2. 英国剑桥大学采购管理体系

英国剑桥大学每年在一系列货物、工程和服务上的支出超过6亿英镑,其中包括但不限于:实验室设备及用品、专业服务、IT设备和服务、设备支持服务、维修和小型工程、零件等①。

剑桥大学的采购管理架构是设立专门的采购工作组,该工作组是财务部门的一部分,负责在有限的预算和资源下协助各部门实现"物有所值"的采购,采购政策完全围绕着"物有所值"而制定并严格执行。同时,该部门还负有监督和完善校内采购规范的职责,以应对来自校内外相关机构的监督与检查,以及确保合理地使用公共资金。剑桥大学的采购由各院系或部门自行负责,而采购工作组本质上是一个管理部门。采购工作组负责制定采购程序和政策,这些政策被纳入大学的财务条例,院系及各部门在采购活动中需要严格执行,采购工作组负责向采购相关人员提供指导与培训。采购工作组下设各类商品采购小组,一些特定类别的商品和服务采购会由相应的商品采购小组负责监督管理,如IT采购组、科研仪器设备采购组、设施服务采购组等各司其职。这些小组负责收集和讨论校内采购相关人员提出的问题与建议,并组织评选协议供货供应商和确定相关合同。

剑桥大学的采购制度在英国大学中十分具有代表性,与我国大学采购制度设计有很大的不同。简单总结其采购制度的特点是:一是权责清晰,分散程度高。其校内采购机构并不负责采购项目的具体执行,采购权、责最大化地下放至实际使用部门,校内采购机构的主要任务是制定规则并予以监督和指导。二是防范风险,重视制度设计。由使用部门直接组织采购,对于采购实际执行人员的专业素质以及制度设计的完善度具有很高的要求。剑桥大学的采购制度设计从采购需求的提出到合同的履约都有极其细致明确的规定。三是提高效率,力推协议供货。剑桥大学大量采用协议供货方式进行采购,以提高时间和资金两方面的效率。为了准确把握需求,提升公开透明度,拓宽信息发布通道,剑桥大学创新技术手段,开发电子采购系统,实施供应商分级制度管理等措施推行协议供货采购方式。

3. 澳大利亚的大学采购管理体系

澳大利亚的大学由所在州政府管辖,行政体系略有差别,但基本相似,澳大利亚的大学采购机制体制大体相同。澳大利亚的大学采购制度依据其特殊的法律体系。澳大利亚属于联邦制国家,虽然没有全国统一的政府采购法,但联邦政府与各州政府、地方政府都设有各自的采购立法、政策和程序,这些制

---

① 李心宁,魏杰. 英国某大学的采购管理制度对国内高校的启示[J]. 中国物流与采购,2020(23):134-135.

度构成了严密的政府采购法律体系。根据其法律效力的不同,澳大利亚的政府采购法律体系主要分为 4 个层次。第一个层次是法律、政策和相关国际性条例;第二个层次是财务与资源管理法律体系;第三个层次是政府采购工作的框架性指导规则,规定了采购程序中应遵循的原则;第四个层次是政府对采购工作作出的具体要求和指导。①"物有所值"理念贯穿采购工作始终。由于澳大利亚的大学经费很大程度来源于校友捐赠、社会服务收入、科学研究等渠道,所以经济有效性是其遵循的首要原则。因此,采购过程中竞争性手段使用充分,特别是采用多轮谈判方式有效降低成本,确保使用效益最大化。

采购制度方面,澳大利亚各个大学具有较高的自主权,其学校校规是采购工作的主要依据。采购部门遵循的是本校采购工作流程。工作流程每隔一段时间会根据学校工作具体情况进行调整,制度一经订立必须严格执行,所有采购工作需按照流程严格执行。采购实施的前端和后端遵循的采购核心原则是"物有所值",它是一个对财产和服务采购全过程进行评估的概念,这一原则在大学采购工作的前后端体现非常明显。采购前期的论证工作非常重要,论证工作需要需求部门、财务部门、校园管理部门以及专家共同参与,论证不充分则采购工作不启动。采购的实施,按照金额等级一般采用分级分类的方式实施采购。

以悉尼大学为例,悉尼大学设立了专门的采购服务部门,致力于优化采购流程和节约采购成本。"悉尼大学每年花费大约 3 亿美元用于除工资以外的非资本类商品和服务采购,包括消耗品性质的办公用品、办公室设施、教学和研究设备、设施管理与建设服务、信息和通信技术、承包商和顾问服务,以及机动车等类别。"②悉尼大学采购政策与原则依据的相关文件有《采购政策》《采购订单程序》《招标程序》《行为守则》等。其中《采购政策》适用于大学所有商品与服务的采购,包括但不限于办公耗材、办公室、教学和研究设备、设施管理和建设、信息和通信技术、承包商和顾问咨询、机动车、旅行等,是悉尼大学所有采购活动必须遵守的规定。其采购原则有 7 条,包括物有所值、质量与效率、诚信与公平、公开透明、有效竞争、环境与可持续性、其他风险管理因素;《采购订单程序》是对大学采购政策的补充,即从大学外部供应商购买商品和

---

① 潘骄杨. 澳大利亚高校采购制度:典型特征及启示[J]. 湖北经济学院学报(人文社会科学版),2020(5):60-62.
② 相关信息可参考悉尼大学网站(http://sydney.edu.au/procurement services/about/FAQ/faq.shtml)。

服务时需要完成采购订单。采购人(大学工作人员)采购合同总值超过20万澳元(含税价)的货物或服务时,需要依据《招标程序》进行招标采购。在悉尼大学,采购组织形式除了使用大学公司卡或图书馆管理系统采购的商品外,采购额达到1万澳元及以上的所有采购项目都需要签订由系统生成的大学采购订单。要签订大学采购订单,必须满足学校的报价或投标要求。根据采购金额的不同,报价或投标要求不同。悉尼大学的采购方式一般有3种,根据采购金额大小和采购品目的不同可分别使用大学采购订单、大学公司卡或图书馆信息系统进行采购。小额零星采购可使用大学公司卡,用于购买单笔最高价值为5 000澳元的商品或服务。图书馆信息资源采购(书籍、连续出版物等)需由大学图书馆使用综合图书馆管理系统进行订购。其他采购项目,达到1万澳元则需使用大学采购订单进行采购。此外,该校还特别设立首选供应商制度,由采购服务部门为特定商品和服务设立首选供应商,通过招标程序或其他正式的批准程序遴选一批供应商作为首选供应商。[①]

二、大学采购与政府采购的关系

伴随《政府采购法》《政府采购法实施条例》《政府采购非招标采购方式管理办法》《政府采购货物和服务招标投标管理办法》等采购法律、法规的颁布,各省(市)政府采购的一系列法律法规也陆续出台,相关隶属高校在执行和实施政府采购时均已有法可依、有据可循,高校的政府采购取得显著成效。就大学采购与政府采购的关系而言,大学采购与政府采购同根同源,大学采购从属于政府采购,大学采购是政府采购的特殊领域。在政府采购的范畴内,大学的政府采购具有独特性。

(一)政府采购的特点

第一,采购资金的公共性。资金的来源决定了采购行为是否属于政府采购。政府采购行为所使用的资金主要来源于公民的纳税、公共事业服务以及其他公共收入,所以资金的使用均须按照严格的预算与审计程序完成。

第二,采购对象的公共性。政府采购的货物、服务和工程是为了向全社会

---

① 潘骄杨.澳大利亚高校采购制度:典型特征及启示[J].湖北经济学院学报(人文社会科学版),2020(5):60-62.

提供服务,而非为个人实现私利,因而只能由政府来主导提供。因此,国家实行政府采购制度的目的之一就是为社会公众提供公共产品。

第三,法制性和强制性。法制性管理是其最主要的特征,国家制定了政府采购法,采购行为必须依法执行,凡是属于政府采购范围内的采购项目,就必须要按照相关的采购流程执行,同时接受有关部门的监督。

第四,政策性。政府采购的使命是维护国家和社会公共利益,促进社会经济协调发展。政府采购政策对于平衡社会供需、推动经济产业结构调整升级、保护和扶持民族产业、促进地区经济发展、支持环境生态保护和节约能源等发挥显著的促进作用。

第五,非营利性和经济性。政府采购与私人采购的目标不同,政府采购不是为了追求利益最大化,而是要顾及整个社会的公共利益,对整个社会的经济影响巨大。

(二)大学采购的特点

大学采购作为政府采购的延续,具备政府采购的上述特点,即采购主体的特定性、采购资金的公共性、采购程序的法定性、采购目的的公益性。但是,大学无论是在社会属性、组织架构还是在工作职能等方面都不同于政府部门及其他类型采购主体。大学采购的特点别具一格。

第一,需求多样化,采购数量庞大。大学以立德树人为根本任务,以培养拔尖创新人才为使命,涉及的教学、科研、实验、产业、基建等采购项目,需求多种多样,年度采购数量非常庞大。大学内部组织架构复杂,除了教学单位、专任教师和学生群体之外,还有庞大的后勤保障部门和行政管理机关,每个独立编制预算的二级单位,它们的采购需求都是多层次、复杂多样的,因此大学每年采购项目数量庞大。大学采购经费按照年度预算下拨到具体的二级单位,二级单位根据院系发展规划以及教师和人才培养需求,将经费按照教学、科研、行政业务等科目立项,并基于此提出采购需求。大学采购按照需求内容可以划分为:校舍等装修及新建、改建、扩建类工程类项目;餐饮、安保、物业等服务类项目;教学设备、高精尖科研仪器、大型进口仪器设备等货物类项目。单项采购预算金额方面,从十几元的办公用品到成百上千万元的大型设备,大、小订单不断,品目繁多。

第二,经费来源广。和传统政府采购主体相比,大学经费来源途径不限于财政资金。根据大学的办学性质,经费来源主要有财政拨款、事业性收入和其他收入等途径。财政拨款,即公共预算拨款,是大学经费主要来源。拨款比例一般由政府视大学性质及收支情况来定。事业性收入,包含了教师及科研人员申请到的科研经费、学生学杂费。其他收入,包含了自办企业创取收入以及附属单位上缴收入,社会及校友捐资办学经费,学校利用硬件资源、技术资源、智力资源、无形资源等对外开展有偿服务的收入等①。

第三,需求专业化程度高。大学是培养国家高端人才的摇篮、科学研究的基础阵地,大学采购要求有别于一般的政府采购。大学由于研究领域广泛,其采购项目对技术要求复杂,采购项目一般要具有创新性和前瞻性。尤其是小众或原创性的研究领域,科研仪器设备采购有时会呈现出"高、精、尖"和小众化的特点。

(三)大学采购与政府采购的相同点

第一,大学采购的体制结构与政府采购相同。作为政府采购的组成部分,大学采购的体制是由政府采购的体制内化而成。大学采购的规范性按照政府采购管理的要求,要求采购主体、采购政策、采购限额和范围、采购程序和采购过程等方面均和政府采购保持一致。

第二,大学采购的政策制度从属于政府采购制度。《政府采购法》颁布后,国家教育主管部门发布《教育部政府采购管理暂行办法》,明确大学采购纳入政府采购范畴。大部分地方教育主管部门也专门制定了相应地方院校的政府采购管理办法,以规范各省内大学的采购行为。各大学根据法律法规的要求制定能够适应自身特点的政府采购管理办法,同时,也按照上级要求设置了相应的政府采购职能机构,如招投标办公室、采购中心等机构。各大学的制度建设的主要依据是政府采购法及其配套法律法规,如大学内部的采购管理办法要符合《政府采购法》的相关要求、采购评审专家的管理方法要符合《政府采购评审专家管理办法》的条款规定。

第三,大学采购的资金属性和主要来源都属于事业费。政府采购使用的资金来源属性具有共性,主要来自公民的纳税和公共服务收入,受政府预算制度和审计制度的管理监督。大学作为事业单位,其采购活动使用的经费主要来自国家教育事业经费,同样属于财政性资金,应该受到政府采购制度的约束和监督。

---

① 冯时.高校产学研协同创新绩效评价体系研究[D].大连:东北财经大学,2018.

三、大学采购的特殊性

相较于国家政府机关,大学承担了人才培养、科学研究和社会服务三大任务,大学实施政府采购有着明显的特殊性。大学采购的经费来源灵活多样,采购设备专业技术性强,大学采购具有其特殊的核心价值,大学采购的核心价值与绩效管理相辅相成。当然,大学采购无论是在制度层面还是预算管理方面都存在着一定的痛点和难点。

首先,大学的经费来源不仅是政府拨款,还包括大学事业性收费、社会捐赠、科研经费等。其中,各级各类科研经费、学科建设专项经费以及社会捐赠的资金呈逐年递增趋势。

大学采购的物资中,设备占了极大比重,而这些设备不同于普通办公设备,它们大多属于精密仪器,设备的生产技术指标要求高,专业技术性较强。这对采购人员的综合素质和专业性提出了更高的要求。以上海大学为例,2021年货物、服务采购数量近9 200项,采购金额10.87亿元。其中设备3 640项,涉及金额6.11亿元,采购金额占全年采购金额的一半以上,这些设备大多服务于教学科研一线,具有很高的技术含量,很多是从国外进口的精密仪器。

其次,大学采购的价值除了一般政府采购的"物有所值"外,还具有特殊的核心价值。大学采购的核心价值应服务于国家的人才培养战略和科学研究需求,大学采购应始终以立德树人为根本任务,做到便捷、高效、温暖。大学采购在实现核心价值的同时也要注重绩效管理,大学采购招标绩效管理是采购制度建设的重要内容,两者相辅相成。通过实施政府采购绩效评价,不仅可以提高大学财政预算资金使用效率,而且可以及时发现大学采购活动中的不足,不断优化大学采购工作,切实提高大学采购绩效。

第一,提高政治站位,明确大学采购工作的目标定位。时刻以党建为引领,在统一思想认识的基础上,在大学采购的实践中逐步构建党建与业务融合的工作体系。大学的采购工作要明确围绕中心、服务大局、促进发展的目标定位,依法依规、公开透明、守正创新、提质增效,防范风险。大学采购的绩效评价以充分满足师生多样化采购需求,明显提升师生获得感和满意度为指引,让教师有更多精力投入到教学科研工作中,采购变得有速度、有智慧、更有温度。

第二,聚焦国家战略,落实政府采购政策功能。《政府采购法》第九条、第十条,《政府采购法实施条例》第六条,对政府采购的政策功能予以明确。2021年,国务院印发的《关于进一步深化预算管理制度改革的意见》、财政部印发的《政府采购需求管理办法》都明确提出和强调,要落实和拓展政府采购政策功能。政府采购政策功能依托于采购需求管理,而采购需求是采购源头管理的核心内容,是执行政府采购预算、发挥政府采购政策功能、落实公平竞争交易规则的重要抓手,在采购活动全流程中具有承上启下的重要作用。为了落实采购需求管理的精细化水平,大学采购部门应向采购人加大宣传,强化采购人主体责任,科学论证采购需求,鼓励采购人引入社会参与,加强需求论证,明确各方权责,细化各环节的工作任务。坚持将政府采购政策功能纳入采购的全生命周期管理,在确定供应商资格条件、设定评审规则、明确合同条款、细化履约验收方案等环节时嵌入政策要求,落实支持创新、绿色发展、中小企业发展、扶贫采购等政府采购政策功能。

第三,强化运行机制,搭建主体责任框架。贯彻落实国家推进治理体系和治理能力现代化的总体要求,大学在落实科学治校的实践中,应不断提升学校的治理体系和治理能力现代化水平。采购治理是大学治理体系和治理能力现代化建设的重要内容,大学要不断完善招标采购机制,组织架构上应成立招标工作领导小组、设立独立采购招标部门。采购招标落实主体责任,实行分级分层管理,每个采购项目由需求单位、经费主管部门、业务归口部门、采购组织实施部门共同推进完成。

第四,加强内控建设,以廉洁为根本,提高风险防范能力。内部控制建设作为推进党风廉政建设和治理腐败的重要举措,也是提高大学治理水平的关键和核心。大学采购作为廉政风险防控的重点领域之一,构建"不敢腐、不能腐、不想腐"的体制机制至关重要。大学采购部门要严格落实内部控制建设要求,守住底线,时刻警惕风险,在制度执行、管理流程、重要风险环节管控等方面健全风险防范措施,不断提高风险防范能力。通过明确部门职责、创新采购方式、优化采购流程、推进信息化建设等手段,形成相克相济的内控机制,构筑起坚不可摧的政府采购"防火墙"。

第五,奉行"放管服"采购理念,创新采购环境,强化采购工作绩效管理。"放管服"政策对大学的政府采购绩效评价赋予了新的要求,大学的政府采购既要按照文件要求"放得开",也要结合实际,做到"管得住"。这就要求大学在政府采购中应加强内控监管,做好全流程控制,确保资金使用规范高效,强化资金使用绩效评价。建立全流域采购管理运行机制,以采购"全生命周期"为线条,建立从项目的预算立项、需求论证、采购执行到合同签订、履约验收、评价处置等全流程全方位管理运行机制。

第六,贯彻新发展理念,协同发力。政府采购制度改革已经进入深水区,采购招标不再是单一的开标、评标活动,采购的内涵和外延均发生了结构性变化。采购活动无论是前置的预算编制、计划制定,还是后期的合同签订、履约验收、资产入账、财务报销、审计决算、巡视巡察,涉及联动学校采购链条的多个部门。大学应贯彻新发展理念,开创大学采购新发展格局,承担改革创新的使命。大学采购应打通信息孤岛,优化资源配置,推动跨部门、跨学科、跨层级联动,形成内外双循环,实现采购"一体化",打造采购协同治理新格局。

大学采购的痛点和难点具体表现在以下几个方面:

第一,在制度层面上,我国政府采购制度还不够完善,并不能满足新形势下政府采购工作的需求,严重影响大学采购工作的开展,影响大学在新形势下的持续快速发展。政府虽已经颁布了采购相关的政策和法律,但基本都是普遍性的,难以做到针对大学采购的特殊性。由于每个大学都有其特殊的定位和特点,在管理和资金运用上有着很大的差别,因此难免会受到这些政策的制约,很多大学为了响应国家政府的号召,并没有深刻地考虑符合自己学校的采购方式,而是一味地将国家的政策照搬过来,没有做到因地制宜。同时,政府采购制度实施的时间并不久,很多涉及采购工作细节的法律条文还未成熟或颁布出来,这也就导致大学的采购存在漏洞和政策适用不清的情况,造成资金浪费。

第二,在预算编制方面,大学采购工作应做到无预算不采购。预算编制是否合理将直接影响到采购工作的开展,只有充分合理编制科学的预算,才能提升资金使用效率,促进学校事业的发展。根据上级预算管理要求,大学的预算要提前一年编制,采购内容和计划也随之制定。然而在实际工作中,由于预算规模较大,学校机构设置复杂,加之资金来源广泛,导致大学采购管理难度较大。与此同时,由于采购的设备专业性强、科技含量高,大学难以在一年内编制合理的采购计划,随着市场的波动,经常存在价格、数量和质量指标的偏差。

第三,在采购需求的调研方面,采购前期准备阶段,采购需求缺乏充分调研。二级单位负责大学采购工作的大多数是一线的教师或科研人员,他们并不了解所有的仪器设备,对仪器设备的专业论证也比较少。多数教师在前期论证调研时不能做到充分论证,调研往往流于形式。调研的缺失,导致采购人员难以提出符合要求的技术指标,造成采购文件编制不充分。由于大学经费执行的特殊性,在缺乏市场调研和询价平台的环境下或者限于长期以来建立的单一来源供应商渠道,导致采购的物资性价比不高,给大学带来一定的损失。

第四,在采购管理方面,大学管理部门设置多,采购流程复杂。大学的采购要经过预算编制、招标采购、合同验收、资产入库、报销付款等一系列环节,几乎每个环节都有不同的部门参与,各环节环环相扣,如果部门间不能相互配合,推诿拖延,必然会导致采购工作难以顺利开展。此外,大学存在重管理、轻服务的现象。有的高校为了廉政建设,不敢放权,采购金额下限制定过低,所购商品只要在限额之上就逢采必招,大大降低了采购效率,徒增了采购成本。也有部分高校放权过度,缺乏严密的配套监管制度,为采购过程中可能存在的廉政风险埋下了隐患。

第五,在采购管理人员方面,大学采购需要一支业务工作能力强、高素质的采购队伍。采购人员不仅需要有专业性,还需要充分了解法律法规和政策制度,掌握市场动态,了解市场上不同产品的价格和性能。实际工作中,部分大学采购人员综合素质参差不齐,缺乏市场敏感度,在一定程度上导致项目拖延,增加大学采购成本,降低采购效率。此外,多数大学采购管理部门专职、专业采购人员数量严重不足,导致其无法完成工作,难以实现精细化管理要求。

【参考文献】

[1] 徐舟.推进政府采购法律统一,建设全国统一大市场:从《政府采购法》修订看政府采购制度改革的内在逻辑(特别约稿).
[2] 何振一.理论财政学[M].北京:中国财政经济出版社,1987.
[3] 詹姆斯·布坎南.民主财政论.北京:商务印书馆,1993.
[4] 普雷姆詹德.公共支出管理.北京:中国金融出版社,1995.
[5] 李秀荦.美国高校的物资采购供应[J].实验室研究与探索,1999(5).
[6] 冯佩莹.D大学采购风险及防控研究[D].广州:暨南大学,2000.
[7] 冯秀华.公共支出[M].北京:中国财政经济出版社,2000.
[8] 钟明.中国政府采购实务操作全书[M].北京:中国时代经济出版社,2001.
[9] 丛树海.财政支出学[M].北京:中国人民大学出版社,2002.
[10] 赵书,胡江云.国外政府采购的特点与走势[J].经贸实务,2004(5).
[11] 于安.论提高政府采购的公共政策功能[J].中国政府采购,2005(10).
[12] 马海涛.政府采购政策功能探析[J].中国政府采购,2006(1).
[13] 张晓红,朱文言.论政府采购监督机制的构建[J].财政监督,2006(23).

[14] 王治,王宗军.我国政府采购支出绩效评价体系的构建[J].财会通讯(学术版),2006(2).

[15] 苏明.关于运用财税政策支持节能事业发展的思路[J].财政与发展,2009,25(6).

[16] 张素琴.高校政府采购绩效评价的创新研究[J].中国政府采购,2009.

[17] 王晓红,张宝生,潘志刚.我国政府采购绩效评价指标体系的构建[J].中国政府采购,2010(3).

[18] 包军.完善政府采购监督机制探析:借鉴台湾地区政府采购法[J].中国科技信息,2010(17).

[19] 王丛虎.创新政府采购监督机制,强化政府采购监督力度[J].财政监督,2011(25).

[20] 赵谦.美国政府采购制度的启示与思考[J].财政研究,2011(3).

[21] 艾冰.日韩政府采购促进自主创新特色研究[J].湖南科技大学学报(社会科学版),2012,15(1).

[22] 白彦锋,徐晟.中国政府采购促进自主创新的角色分析[J].首都经济贸易大学学报,2012,14(2).

[23] 肖艾林.高校政府采购绩效评估的指标体系优化:以北京A高校的实践为例[J].东岳论丛,2013(34).

[24] 周挺.深化政府采购改革的对策思考[D].财政部财政科学研究所,2013.

[25] 邱凤双.当前高校政府采购面临的问题与对策研究[D].天津:天津师范大学,2013.

[26] 许鑫,丁云龙.博弈视角下政府采购的创新导向作用分析[J].科技管理研究,2014,34(10).

[27] 程主亮.S大学政府采购管理研究[D].石河子:石河子大学,2015.

[28] 谷雨.高校采购制度的完善研究:以X大学为例[D].杨凌:西北农林科技大学,2017.

[29] 高梓源.部属高校政府采购内控管理对策研究[D].大连:大连理工大学,2018.

[30] 冯时.高校产学研协同创新绩效评价体系研究[D].大连:东北财经大学,2018.

[31] 秦光宇,张春雷.澳大利亚高校采购管理体制机制借鉴:以西澳大利亚大学为例[J].产业与科技论坛,2020(14).

[32] 潘骄杨.澳大利亚高校采购制度:典型特征及启示[J].湖北经济学院学报(人文社会科学版),2020(5).

[33] 熊子奇.新时代背景下高校政府采购绩效评价体系研究[J].改革与开放,2020(Z2).

[34] 李心宁,魏杰.英国某大学的采购管理制度对国内高校的启示[J].中国物流与采购,2020(23).

[35] 魏茜.中国加入《政府采购协定》的制度研究[D].沈阳:沈阳师范大学,2021.

第二章 大学采购组织与制度体系

第一节 大学采购管理模式与组织架构

在我国,作为事业单位的大学是政府采购的重要主体,大学采购是政府采购的重要组成部分。在政府采购体系的构建和发展过程中,大学采购也经历了从无序到有序、从分散到归口、从弱小到渐强的发展阶段,取得了诸多成效,为高水平大学建设贡献了力量,保障了大学教学科研活动的健康运行。随着深化政府采购改革的推进,大学采购也面临不少困难和挑战,社会各界也饱含对大学采购把握新发展阶段、贯彻新发展理念、构建新发展格局的殷切期望。大学采购管理机构和管理者要紧紧围绕大学立德树人中心工作,站在落实一流大学战略布局、推进大学治理体系和治理能力现代化的高度去定位、思考和谋划,主动嵌入学校发展全局,在更大的范围、更深的层次上,明确管理模式、组织架构和工作目标,以发挥战略职能,体现核心价值。

一、大学采购管理模式

从整体上看,大学采购管理模式既有共同点,又存在较大差异。共同点主要表现在两个方面:一是基本都采用"统一领导、分级负责、分事行权"的管理模式。统一领导是指实现采购归口管理的大学都成立了采购领导机构统一负责采购工作,领导机构的名称不一,如招标工作领导小组、采购工作领导小组等;领导小组由分管校领导、相关职能部门负责人组成,研究和讨论采购工作的重大事项。二是基本按照"学校—职能部门—院系"实现分级分层管理,部分大学还划分了更多层级。以上领导小组、职能部门和院系按照划定的职权分别行使其职责。

采购工作采用"分事行权",即根据工作业务性质,对采购前端、采购过程和采购后端的不同职责主体进行划分,明晰权限,各行其责,这是各大学在采购管理模式上的最大不同点。在职责划分上,各有千秋,有的大学管理范围较广,负责全校所有类别的采购工作,有的只完成学校统一采购或招标采购数额以上的采购事宜。有的将采购的前期论证、需求管理和后续的合同管理、履约验收、绩效评价等环节也纳入管理范围,有的则只负责采购具体实施环节,采购论证、合同管理、履约验收等环节则归属诸如设备处等其他职能部门。有的大学采购管理部门是从其他部门分离而来,零星采购部分就仍归其原部门管理;有的大学实现了管采分离,学校有两个采购管理部门。在管理模式大抵一致的情形下,各大学根据其管理体制和实际情况进行具体的职责划分,这其中的差异既有历史、体制原因,也有现实考量,体现出大学在治理体系构建过程中的不同视角和规划,管理的智慧也在此过程中得以展现。

二、大学采购组织架构

(一) 现行采购组织架构分析

我们了解了我国多所大学现行的采购组织机构模式情况,从设置情况来看,约半数的大学设置了独立的采购管理部门,尚有一些大学特别是地方大学因校情、采购体量等各类原因,其采购工作分散在不同的职能部门,有的内设或挂靠或合署在财务、资产、设备管理等部门。而采购组织机构的名称各异,如采购与招标管理办公室、招投标办公室、政府采购与招投标管理中心、采购与招标管理中心、采购与招标管理处等多达三四十种,名称的差异更多地体现出采购职责的不同。部分大学现行的采购组织机构模式如表 2-1 所示。

表 2-1 部分大学现行的采购组织机构模式　　　(单位:所)

采购组织机构模式	教育部直属	上海市属	浙江省属	广东省属	小　计
挂靠或合署或隶属于资产等管理部门	39	18	19	18	94
成立专门机构专职负责采购管理	36	4	10	13	63
合计	75	22	29	31	157

数据来源:编者根据相关文章整理、统计得出

采购管理部门在组织结构和内部设置上大致有3种模式：第一种是按项目类别分设货物与服务采购科、工程采购科和综合管理科；第二种是以采购组织形式分设诸如政府采购组、自主采购组、综合管理组等；第三种是按照采购流程模块来设置项目管理、招标管理、外贸管理、合同管理等组别。因其设置和职责划分清晰，多数大学采用第一种模式，主要问题是不利于内控管理，"会招设备但不会招工程"，轮岗困难，效率有待提升。后两种也有其特别的优势，如模块化管理效率较高，通过轮岗也有利于采购队伍能力的快速提升。

在人员配置方面，受行政人员编制压缩等因素影响，采购部门普遍面临人手紧、任务急、担子重的困难。工作人员多则十几个，少则不足十人，来源也呈现多元化，有从财务、资产、设备管理、审计等业务关联部门换岗的人员，也有招聘的专业技术人员和其他类型人员。基于廉政建设考虑，采购部门的负责人大多数在一两个任期届满后就会交流换岗，而一线的工作人员，其轮岗的频率相对较低。同时，采购业务涉及供应商管理、供应链管理、外贸管理等，还要对采购对象的技术及市场有所了解，既要懂技术也要善管理，对管理人员具备的综合能力要求也越来越高。

（二）采购组织机构架构建议

上述大学采购组织架构模式不一，说明目前大学采购组织机构设置没有放之四海而皆准的统一范式。机构设置一般来说属于行政管理的范畴，大学可依据自身条件探索设置。但鉴于采购治理是大学治理的重要领域，也是历来政治巡视、各类监督检查和经济责任审计的关注点，因此应以内控规范视角进行专业化的分析，以完善治理体系和治理能力的高度，加强大学采购组织架构顶层设计。建立专门的采购管理机构或明确归口职能部门，统一管理学校的采购活动是必须遵循的基本要求，也将是绝大多数大学的最佳选择。而诸如需要更加细化的采购机构名称、科室设置、人员岗位则要根据各大学的现实情况等因素综合考量，需要以问题为导向，针对内部管理薄弱环节和风险隐患，针对权力运行和关键岗位，合理配置权责，细化权力运行规则，梳理关键控制节点，提高内部控制的针对性和有效性。要加强内部权力制衡、规范内部权力运行，依据业务性质和范畴，科学设置内部机构、管理层级、岗位职责权限和权力运行规则，实行不相容岗位分离并定期轮岗，有效实现分事行权、分岗设权、分级授权，强化内部流程控制，坚持动态优化，设立好与高水平大学建设相匹配的采购治理模式，从而为大学治理注入应有的活力。

三、大学采购功能新定位

采购的专业化需要管理部门的专业化，需要专门研究采购政策、采购市场、采购态势。采购管理部门要变"被动"为"主动"，不能只做"齿轮"，还要做"发动机"，要站在大学发展的高度，确立采购功能新定位。

未来的专业化分工要求采购更具战略性，要求采购能给予学校战略发展高效支撑。鉴于现状，采购管理部门从辅助支持到战略职能的转换预计要走一条很长的道路。大致先后需要经历三个阶段。

第一阶段：被动执行，要买什么就执行，接受使用单位的采购申请去实施采购，主要围绕操作的规范性，但没有进行绩效评价等深度管理，这是少数采购部门的现状。

第二阶段：被迫主动，在考核压力和行政驱使下，被迫制定采购策略，被迫进行制度优化、供应商管理、绩效管理等，开始考虑与财务、资产等关联部门协同，但尚未实现"财—采—资"一体化管理，部分业务处于割裂状态，信息孤岛比较明显，也基本没有谋划功能定位、核心价值与未来发展，这是大部分采购管理部门的现状。

第三阶段：战略支撑，在考虑内外环境的基础上，确立核心价值，主动谋划长远，制定采购战略，紧跟时代步伐，擘画智慧采购图景，构建大数据应用方案，以高效服务支撑一流大学建设与发展。

典型的采购战略，通常包括以下内容：

外部环境分析：分析国内外政策法规、环境、技术、社会等对采购的影响，并提出对策，如信息技术的迭代、营商环境的优化、进口产品的汇率分析、海关免税政策的研判等。

内部环境分析：理解学校发展对采购职能的要求，理解科学研究对采购的前瞻性要求，并提出对策；采购专业能力建设路径及重点课题规划；采购组织发展规划与采购队伍规划；采购绩效分析与目标规划；采购职能未来发展愿景、使命与核心能力。

从第一阶段到第三阶段，"主动"和"价值"是其核心关键词。采购需要从被动执行转向主动作为，需要站在学校发展高度考虑长远问题，采购人脑子里装的除了"执行"，还要及时响应一流大学建设对采购治理的新要求，设法提升高度与站位，考虑采购核心价值，形成大学采购新方案，以达到规范与效率的平衡、目标与绩效的统一，高效支撑高水平大学建设。

四、大学采购人员新角色

大学需要什么样的人做采购，可能的回答是"值得信任的人、有原则的人""懂管理的人"等。我们也经常听到，选择采购人员很重要，一定要选择可信的人。如果我们选择采购人员时只看重忠诚、可信赖，不太考虑采购人员的专业性和技术性，那么一定会落后于这个信息和技术主导的时代。采购人员的诚信重不重要呢？当然重要，实际上，所有岗位都需要诚信、自律，但不能只强调诚信，诚信是底线或者基本素养，大学采购应在看重诚信的基础上更看重专业性。

实现卓越采购，没有捷径，首要的条件就是选用专业的采购人。我们经常听到各种关于"力"的表述，如思考力、洞察力、决策力、组织力、影响力、执行力等，这里笔者提出一个新概念——采购力，即实现卓越采购的能力。面对"互联网+"对各领域的强烈冲击，我们还需要一个数字化采购转型的路径，要想补齐信息时代的短板，亟待专业采购人发挥作用。

采购人员需要具备4大核心能力，我们可称之为"SCAN"专业采购4大核心能力。SCAN是以下4个英文词组的首字母组合：Supplier management（供应商管理）、Cost analysis（成本分析）、Agreement management and compliance management（合同管理与合规管理）、Negotiation skill（谈判技巧）。

所谓"4大核心能力"，也就是要能回答以下4个问题：

（1）为什么这样组织采购？

（2）为什么这家供应商能成交？

（3）如何控制合规风险与合同风险？

（4）如何进行各方满意的谈判？

除了这4大核心能力，采购人员还需要具备以下6项通用能力：

（1）学习能力：包括学习规划、学习心态、学习方法、学习应用等；

（2）冲突管理能力：包括沟通能力、提出建设性方案的能力、合作能力；

（3）变革管理能力：包括变革策略、愿景管理、激励、个性化关怀；

（4）创新能力：包括创新思维、创新特点、创新方式、创新人格；

（5）管理决策能力：包括理性决策、灵活性、创新性、决策方式；

(6)心理资本:包括具有良好的适应性、韧性、专注度、乐观意识。[1]

鉴于前述大学采购的特点,除了专业采购必备的4大核心能力和6项通用能力,熟悉通用科研仪器设备,掌握一定的信息技术,也越来越重要。当然,在采购人力普遍不足的当下,这就要求采购人员多途径持续学习,不断积累,提升个人综合素质,加强整体采购队伍能力互补。在互联互通、相互协同的时代,"我的领域我专业""我的领域我权威"是强调采购应敢于担当,在整体协作、服务大局的前提下,在领域内发挥更大的专业主动性,支撑学校战略发展,实现从辅助职能向战略职能的转变。

第二节 大学采购管理制度

大学治理是国家治理现代化的有机组成部分,是治理体系和治理能力现代化建设的必然要求,也是内涵式高质量发展的客观需要。国家现代化与大学现代化是同频共振的,从"管理"向"治理"的转变是深化教育改革的重要转型,也是大学构建现代治理体系的现实要求。大学治理体系现代化建设,就是要全面梳理各种规章制度,就是要以先进而适宜的制度体系治校,就是对人、财、物进行制度化管理;既要保证各项制度的科学性和时效性,又要保证各项制度之间的兼容和协调性。采购管理制度是大学管理制度体系的重要组成部分,科学制定契合大学发展的采购管理制度是大学高效治理的必然要求。

一、大学采购管理制度建设的现状

孟子曰:"离娄之明,公输子之巧,不以规矩,不能成方圆。"对于大学采购来讲,制度亦是一种特殊的规矩,制度先行可为采购之治提供基本保障,为教学科研活动保驾护航。

当前,很多大学在充分利用国家政策、落实"放管服"要求、解决"宽而有据、放而不乱"、提升采购效益等问题上,不断清除"痛点""堵点",做了有益的探索实践,表现在制度基础不断夯实。经调研,很多大学制定了采购制度文件,同时还制定了配套的流程图、工作指引等,针对各种采购方式、采购流程进

---

[1] 宫迅伟.采购2025数字化时代的采购管理[M].北京:机械工业出版社,2018.

行细化，如校内招标流程、单一来源采购流程、政府采购流程等，以采购实施人员易于理解的方式呈现。显然，随着政府采购深化改革的推进以及制度体系的不断完善，大学也紧跟步伐，愈发重视采购制度体系的构建和更新，这体现出大学采购治理能力在实践中不断得以提升。

从数量上看，采购制度数量超过20个的大学有华中科技大学、武汉大学等，数量较多的还有吉林大学、西安交通大学、大连理工大学、上海大学、陕西师范大学等，而少数大学公开显示的采购制度相对较少，并稍显粗放。

从主题上看，大学制定的采购规章制度涵盖采购的各个方面，从采购机制到采购流程都有涉及，为采购工作的合规、有序、高效实施提供了政策支撑。数量排在第一位的是采购管理办法，超过采购规章制度总数的一半。采购合同不仅是采购实施的结果，也是检验和评价当事人权利、义务、目标和责任的标准，很多大学出台了采购合同管理办法，或者在学校整个合同管理办法下专设采购合同的相关规定。此外，还有很多大学出台了统一采购限额标准、集中采购管理、供应商管理、评审专家管理、进口和外贸管理、招标代理管理等相关制度。限额标准和集采目录因受国家或省市相关更新的影响，大多数也都是新近更新的制度；供应商管理也是采购管理的重要内容，《关于促进政府采购公平竞争优化营商环境的通知》（财库〔2019〕38号）的出台让营商环境备受关注，供应商的质疑投诉呈大幅增加态势，管理和评估难度很大，锚定此类问题，不少大学已出台评审专家、评审专家库的建设和管理制度，关注评审专家的遴选、管理以及评审质量的把控。采购工作是大学廉政风险防控的重点领域，多所大学制定了采购工作纪律和廉政建设相关的管理文件。进口教科仪器设备需求的激增让大学对进口产品和外贸管理愈发重视，也有多所大学出台了相关制度或细则。

对政府采购数额标准以上的项目，各大学一般采用委托代理的方式。同时，随着《政府采购代理机构管理暂行办法》（财库〔2018〕2号）的发布，代理机构实行名录登记管理，代理机构入行门槛进一步降低；随着代理机构数量的不断增多，从业人员业务素质出现良莠不齐的现象，给大学采购代理带来业务风险隐患。现有采购体制下不少大学选择公开择优遴选采购代理机构，出台管理制度，建立管理考核机制和采购项目分配机制，实行动态管理、定期考核、有进有出的原则，逐步规范采购代理工作。

为落实《深化政府采购制度改革方案》，加强政府采购需求管理的有关要求，2021年财政部制定了《政府采购需求管理办法》（财库〔2021〕22号），政府采购顶层设计已经向"两端管起来,中间更灵活"转变,采购需求管理将是大学采购应该关注的焦点。应该制定相关要求,对采购调查情况、采购需求内容、合同订立安排、合同管理安排、履约验收方案、风险控制措施和替代方案、一般性审查情况、重点审查情况等内容作出具体要求。

其他的内部管理类规章制度,主要包括采购管理部门内部的工作规范、职责分工及特色制度等,如华中科技大学的《采购与招标中心集中采购项目限时办结制度》、南京大学的《南京大学招标采购联络制度实施办法》、东南大学的《东南大学采购人代表管理办法》等。

从内容上看,采购管理办法是大学采购的基本办法,所有的大学都制定了这一规范化文件。采购管理办法承上启下、提纲挈领,是学校其他采购管理规定的基础。制度内容大致可分成13类:采购管理、科研项目采购、采购组织形式细则、货物与服务采购、基建修缮工程、政府采购、图书资料采购、开评标管理、学校集中采购、涉密采购、信息化项目采购、后勤采购、紧急采购等。采购管理类制度文件一般以"某某大学采购管理办法"命名,大部分还制定了相应的实施细则。随着国家科研"放管服"文件的出台,多数大学也配套制定了相应文件,结合实际将教学仪器设备纳入科研采购管理范畴。针对采购方式出台细则,比如校内磋商、询比采购、单一采购等,适合小额零星采购的网上竞价方式也在不少大学中使用,并出台了网上竞价实施细则。

"长风破浪会有时,直挂云帆济沧海。"科学有效的大学采购制度体系已经构建并在实践中不断完善,制度蓝图也已绘就,大学采购管理者需要以抓铁有痕、踏石留印的态度,勇担当、善作为的精神,学好、用好、践行好,以制度先行,为大学采购治理提供保障。

二、大学采购管理制度建设的特点

大学采购有其固有特点,采购规模大、品目广、需求独特且广受关注,因而大学校采购活动的规范开展离不开一套健全的采购制度和内控体系,既要严格遵守内部控制,又要破解规范与效率间的矛盾,将风险防控和采购效率有机结合。

各大学均依据国家和地方法律法规建立并依据实践不断完善了校内的采购管理制度体系。大部分的制度框架是一个采购管理办法作为采购纲领文件,配套若干实施细则和内控制度,如修缮工程实施细则、图书资料采购细则、自主采购相关细则以及代理机构、供应商、专家库的管理细则,形成了"纲领、指导、操作"几个层次的管理制度体系,确保采购管理全覆盖、全方位、全流程。通过建章立制,解决几个关键点:一是强化采购全流程的主体责任,确保采购运行机制顺畅。准确定位和分解采购人的主体责任,梳理责任内容、责任落实途径和方法,明晰校内各实施归口管理部门的职责,使得项目从立项预算申报、前期论证到履约验收、绩效评价各环节管理界面清晰,衔接顺畅,解决职责真空地带或重叠现象,保障采购业务顺畅,采购监管到位。从制度上明确各业务归口管理部门在预算立项、需求论证、组织实施、履约验收、绩效评价、监督审计等重要环节的职责范围,建立采购各环节互相制约的内控体系,有利于提升大学采购全流程管理的规范性和有效性。二是创新采购方式,优化采购流程。明确和规范采购组织形式、采购方式、采购程序及监督管理。解决个别采购程序不够规范、横向经费以及科研仪器设备采购灵活性问题。同时聚焦政府采购限额标准以下的自主采购制度创新,解决采购周期过长、程序操作灵活性不足、采购效率低下等问题,在保障"三公"前提下,进一步还权于用户老师,做到"大额采购保规范、中额采购讲效率、零星采购求便捷",让所有流程都有法可依、有章可循、公开透明,并有效调节规范与效率间的平衡。三是强调采购结果导向,加强事前、事后监管。针对重程序、轻需求与履约验收的"两头小、中间大"问题,对制度中关于事前、事后管理的薄弱环节进行补充优化,明确采购计划的重要性,加强落实履约验收和评价,解决采购结果与履约脱节的痼疾,形成管理闭环。上海大学在日常的采购工作中,结合相关法律法规和工作实践,逐渐形成了一套采购管理制度体系,如附图1所示。

三、大学采购管理制度建设面临的新形势

近几年,国家和上级主管部门不断出台或修订相关采购政策,针对政府采购活动中关于政府和市场关系的新定位、推进依法行政的新任务、落实"放管服"改革的新举措等作出了一系列重大决策部署。2017年,财政部对《政府采购货物和服务招标投标管理办法》(财政部令第18号)进行了修订,以财政部令第87号予以公布,2017年10月1日起施行;2020年12月29日,财政部、工业和信息化部印发《政府采购促进中小企业发展管理办法》(财库〔2020〕46号),2021年1月1日起施行;2021年5月11日,财政部发布《政府采购需求管理办法》(财库〔2021〕22号),2021年7月1日起施行;2022年1月27日,财

政部发布《政府采购框架协议采购方式管理暂行办法》(财政部令第110号)，2022年3月1日起施行。自2016年，科研"放管服"文件相继出台，对科研仪器设备采购尤其是科研急需、免于招标、单一来源采购等提出新的举措。这些新制度、新要求，对大学采购制度体系的建立都带来一定的机遇与挑战。大学能否快速适应采购制度改革的要求，强化采购人主体责任，把控采购各环节的风险，进一步完善交易规则和监管措施，已成为亟待思考和落实的问题。

分析以上制度的核心内容不是本部分的重点，我们只从某一视角出发，或抛砖引玉，或引起共鸣，以期紧跟深化政府采购改革大方向，守正创新，以制度为牵引开创采购工作新局面。

（一）关于政府采购需求管理

《政府采购需求管理办法》(以下简称《办法》)对大学采购的意义在于，将各种潜在矛盾前置并在制定采购需求和采购实施计划过程中给予化解，有利于采购项目顺利实施，减少因采购需求和采购实施计划制定的不合理导致采购实施过程中被质疑或者投诉的发生，同时强化采购各方的主体责任，为实现采购目标、提高采购效能做好充分准备。

大学最为重要的科研仪器设备采购，特别是进口设备的采购，在《办法》中纳入了必须开展需求调查的范围。而在政府采购活动开始前对采购进口产品开展论证，是按照《政府采购进口产品管理办法》(财库〔2007〕第119号)相关要求开展的论证，其目的是论证能不能采购进口产品，而不是有多少以及什么样的进口产品可以满足采购需求。因此，该论证可以作为采购需求调查的一部分，但不能代替采购需求调查的内容。另外，根据主管部门的相关规定和单位内控要求，需要对拟采购的大型仪器设备开展可行性论证，论证内容主要包括采购的必要性、可行性分析，校内外调研分析及询价情况说明，安装环境及设施条件是否落实等。因此，在实操过程中就应明确该可行性论证是否包括了管理办法所需要调查的相关内容，如果全部涵盖，则采购需求调查已经开展，否则要补充相关内容。该《办法》在制定采购需求和采购实施计划以及对采购需求和实施计划审查中，都建议引入第三方相关专家或专业咨询机构，但目前有较多代理机构为保证采购人的利益，容易流于形式。可以根据项目的特点，通过建立健全机制，考虑在什么条件或者情形下引入相关专家或者专业咨询机构协助制定或者协助审查。

政府采购需求管理将是常态化工作，需要以强化采购主体责任为切入点化解前置的采购矛盾,推进有效落地执行。目前已有很多大学进行了探索实践,编制了相关采购需要表单,如陕西师范大学编制了《市场调查、需求调查》《采购需求》《采购实施计划》表单,实现"管理制度化、制度流程化、流程表单化、表单信息化",以便更好地做好需求调查、确定采购需求和编制采购实施计划相关工作。另外,该《办法》还明确了采购需求审查机构组成人员要求,要包括采购、财务、业务、监督等内部机构,这几类人员如何组成一个小组,谁来牵头,以什么程序开展工作,对采购需求管理的实效也非常重要。如陕西师范大学提出了"方便基层、归口负责、密切协作、提高效率"的工作原则。

(二)关于政府采购框架协议

本《办法》的出台,在现行《政府采购法》规定的公开招标、邀请招标、竞争性谈判、竞争性磋商、询价和单一来源6种法定采购方式之外,再新增一种专门针对规范多频次、小额度采购活动的框架协议采购方式。作为时隔多年出台的又一法定政府采购方式,框架协议为小额零星采购带来了巨大变化,将破解以往协议供货、定点采购中存在的质次价高、"买得便宜用得贵"等痼疾,特别是对大学管理所需的法律、评估、会计、审计等鉴证咨询服务采购提供了便利途径。值得关注的是,《办法》规定"主管预算单位负责征集程序和订立框架协议,其他预算单位,如医院、高校等,确有需要的,经其主管预算单位批准,也可以作为征集人组织实施框架协议采购",按照《办法》关于主管预算单位的规定执行,为大学留下了一定的执行空间。由于政策发布不久,各大学在理解消化和观望中,截至目前尚未有见实施案例。

(三)关于科研仪器设备采购

在亟需科技创新的时代背景下,国家层面先后出台若干政策以释放科研活力,如国务院《关于优化科研管理提升科研绩效若干措施的通知》(国发〔2018〕25号)、科技部等6部门《关于扩大高校和科研院所科研相关自主权的若干意见》(国科发政〔2019〕260号)、教育部党组《关于抓好赋予科研管理更大自主权有关文件贯彻落实工作的通知》(教党函〔2019〕37号)。以上政策在执行上的首要问题是如何界定科研仪器设备的范畴,对此,我们既要慎重,避免把这个概念当成大箩筐,"啥都往里装",又要充分用好政策,切实激活科研活力和创造力。很多大学就"科研仪器设备"如何界定也作出了积极的尝试。如武汉大学明确"科研仪器设备"是指使用科研经费或者使用各类专项经费预算中用于科研活动的仪器设备,以及与科研仪器设备配套使用实现科研用途所必需的配件、耗材及软件。中山大学明确规定学校用于教学科研活动的仪器设备及满足其使用功能所需的零部件、家具、标本、软件等货物,原则上不包括学校各级行政办公、后勤保障等部门使用的设备。华中科技大学明确,使用各类经费采购用于开展科研的仪器设备,包括科研必需的专业软件和实验耗材,而附属单位、后勤及行政办公设备不属于科研仪器设备。

各大学对科研急需设备的定义及适用情形比较一致,多指购置用于教学科研活动且因特殊原因急需的仪器设备和耗材。但这种急需采购对于时间上的紧切要求,要排除责任人主观故意拖延的情形。《中国海洋大学关于进一步优化科研活动统一采购管理的若干规定(试行)》《南京大学关于进一步简化科研招标采购的实施意见》《上海交通大学科研急特采购项目管理办法》《西安交通大学科研急需设备采购管理实施细则》等制度都对科研急需的情形以及采购实施做了相应细化。

(四)关于中小企业政策

《政府采购促进中小企业发展管理办法》从细化预留份额、资金支付、信用担保等方面,通过政府采购政策功能支持中小企业健康发展。为贯彻落实本办法,各地相继出台了实施办法,如上海市财政局于2022年1月发布《上海市政府采购促进中小企业发展实施办法》,提出了预留采购份额的措施:整体预留,即将整个采购项目专门面向中小企业采购;预留采购包,即在采购项目中设置部分采购包专门面向中小企业采购;联合体形式预留,即要求供应商以联合体形式参加采购活动,且联合体中中小企业承担的部分达到一定比例;合同分包形式预留,即要求获得采购合同的供应商将采购项目中的一定比例分包给一家或者多家中小企业。对大学而言,在预算立项阶段,预算平台上就要勾选预留份额,这需要采购用户部门尽早进行需求调研、咨询和论证,以便既满足使用需求又符合政策要求。

值得注意的是,对中小企业的认定以供应商出具的《中小企业声明函》为准,而某大学却因踩雷被列入政府采购严重违法失信行为记录名单,一年内禁止参加政府采购活动,可谓是付出惨重代价。具体的原因是作为政府采购供应商,该大学人员参与项目的投标时在投标文件的《中小企业(监狱企业)声明函》中声明为微型企业,属于提供虚假材料谋取中标。作为事业单位的大学,不能参与专门面向中小企业的采购项目,这应该引起经常参加校外项目投标的大学科研人员的重视。

四、大学采购管理制度制定的建议

如何科学制定采购管理制度,更好地开展采购活动、实现核心目标,对大学采购治理和事业发展的重要性不言而喻。下面笔者根据查阅的多所大学自行修订的采购管理制度,结合工作经验和现行法律法规的要求,对大学采购管理制度建设提出浅显建议。同时,考虑到《招标投标法》和《政府采购法》两法均在修订中,最终将以全新的面貌呈现,以下建议仅供参考。

(一)两法在大学采购活动中的适用原则

《招标投标法》和《政府采购法》及其相关的法规、规章和规范性文件,对于事业单位性质和财政性经费支撑的大学,在采购活动中都要受其指导和约束,且在现行的法律体系下,任何法律、法规要求应当招标的项目都属于《招标投标法》体系下"依法必须招标的项目"要求,包括《政府采购法》第二十七条对政府采购中应当采用公开招标方式采购货物和服务项目的相关规定。而且《政府采购法》中涉及的招标投标的规定,是《招标投标法》的特殊规定。因此,准确理解两部法律的适用情形非常重要。

第一,政府采购公开招标数额以上的货物、服务和工程采购项目,分两种情形:

情形一:《政府采购法》中达到政府采购公开招标数额的货物、服务项目(不含与工程建设项目相关的货物、服务项目)。

(1)应按照现行《政府采购法》体系下的《政府采购法实施条例》和《政府采购货物和服务招标投标管理办法》(财政部令第87号)(以下简称87号令)执行。但对于《政府采购法实施条例》和87号令没有规定的内容,应当适用《招标投标法》及条例的一般性规定。例如,中标候选人的数量不应该超过3个等。

(2)涉及采购进口机电产品的项目,按照目前财政部的指导性案例来看,是否适宜再进行机电产品国际招标,还有待商榷。追溯起来,现87号令中没有再保留原来18号令《政府采购货物和服务招标投标管理办法》中关于机电产品的规定,取而代之的是第八十三条:政府采购货物服务电子招标投标、政府采购货物中的进口机电产品招标投标有关特殊事宜,由财政部另行规定。

也就是说，政府采购货物中的进口机电产品招标不再适用《机电产品国际招标投标实施办法(试行)》，而是适用财政部出台的《政府采购进口产品管理办法》(财库〔2007〕119号)、《关于政府采购进口产品管理有关问题的通知》(财办库〔2008〕248号)等的规定。财政部在2020年发布的第三批政府采购行政裁决指导性案例第30号《S医院手术室数字化管理系统采购项目举报案》中也特别强调，本项目是事业单位使用财政性资金向国内代理商购买货物，属于政府采购项目。国内供应商、代理商、经销商能够提供的进口机电产品，采购方式和采购程序应当按照《政府采购法》及其相关规定执行。如果是需要到所在地或相应的发证机构申请获取自动进口许可证后海关才能放行的进口机电设备，建议应当与财政主管部门做好情况汇报。

情形二：对于达到公开招标数额的工程建设项目(与建筑物和构筑物新改扩相关的)适用《招标投标法》的规定，而与建筑物和构筑物新改扩无关的工程建设项目(含拆除、单独修缮等)，因为《政府采购法实施条例》第二十五条使用的是"应当"，同时根据财政部回复四川省财政厅《关于政府采购工程项目有关法律适用问题的复函》(财库便函〔2020〕385号)函件的内容，所以，不建议再采用公开招标的方式，应依法选择竞争性谈判、竞争性磋商或者单一来源的方式开展采购活动。另外，在使用竞争性谈判、磋商或者单一来源方式采购前，目前虽然没有相关法律规章明确需要获得财政部门批准，但建议在需要以单一来源方式采购时，应当参照《政府采购法》第三十一条的对应情形，并按照《政府采购非招标采购方式管理办法》(财政部令第74号)(以下简称74号令)单一来源采购的相关流程和资料存档要求执行。

第二，对于在政府采购限额至公开招标数额之间的货物、服务和工程采购项目，分两种情形：

情形一：采用非招标采购方式开展采购活动的，都应当适用74号令，如果符合《政府采购竞争性磋商采购方式管理暂行办法》(财库〔2014〕214号文)(以下简称214号文)第三条规定的范围的项目，还适用214号文。

情形二：是否可采用招标方式开展采购活动。

(1)对于工程建设项目(含与新改扩相关和无关的)，同样因为《政府采购法实施条例》第二十五条使用的是"应当"，以及根据财政部回复四川省财政厅《关于政府采购工程项目有关法律适用问题的复函》(财库便函〔2020〕385号)内容的要求，此处不再赘述。

(2)对于货物、服务项目，按照《关于未达到公开招标数额标准政府采购项目采购方式适用等问题的函》（财办库〔2015〕111号）中"结合采购项目具体情况，依法选择适用的采购方式，防止随意采用和滥用采购方式"的要求，不应该随意选择采购方式，原因在于该函再次明确该数额范围内的货物、服务项目采用非招标采购方式时不需要获得财政部门批准的规定，同时，亦要求采购人根据对应的采购方式适用条件依法选择采购方式。而其中在使用招标方式的时候应当适用87号令，并同时适用《招标投标法》及条例的一般性规定。

（3）对于采购进口机电设备，同样按照上述采购达到公开招标数额的进口机电设备的采购方式开展采购活动。

第三，对于政府采购限额以下的采购项目，目前政府采购体系下不属于《政府采购法》调整范围，但如果采用招标方式开展采购活动，就要受《招标投标法》指导和约束，适用《招标投标法》及条例的一般性规定。因此，大学在制定采购管理办法的时候，对于该限额以下的各类自主采购项目，在制定采购方式时要充分把握既规范又高效的原则。一些大学自定的采购方式也有意避开《政府采购法》中的竞争性磋商、竞争性谈判、单一来源等法定描述的采购方式，而采用"公开采购""校内磋商""校内谈判""校内分散""单一货源"等自定方式。

（二）采购管理制度制定及实施注意事项

大学采购管理制度的制定，总体应以《政府采购法》和《招标投标法》体系法规规章和规范性文件为指引，但在制定过程中需要关注预算与采购的交互、政府采购限额以下采购方式的灵活性、网上竞价采购和校内零星修缮装修工程采购如何实现非低价成交等事项，以更好地实现物有所值的目标。

1. 预算与采购的交互

财务部门和采购部门应加强沟通对接，在填报年度预算和采购计划时，特别在"二上"时，以政策为导向，细化并合理填报预算和对应的采购计划。借助采购管理系统实现"无预算不采购"的政策要求，即每一个采购项目在采购前应当在管理系统填报财政部门下达的采购预算编码、学校的经费卡号、采购对象名称、品目等具体信息，通过制度规范流程并在信息系统固化，可以有效避免规避校内集中采购、化整为零规避政府采购等不良采购行为的发生。

2. 评审专家的选定

评审专家的选定是采购活动有效开展的重要保障，如何依法选定评审专家非常重要。

第一，对于适用《招标投标法》的政府采购工程项目，除严格按照《招标投标法》体系下的相关要求进行招标投标活动外,还应遵守包括地方性的规定、进场交易等要求,在选定专家方面都应该严格按照对应的规定执行。

第二,对于适用《政府采购法》的货物、服务和工程项目,评审专家都应该从财政部门组建的专家库中抽取,其数量根据对应的采购方式要求执行。大学自行组织专业人员开展的采购工作,由副高以上职称人员进行即可,包括但不限于:在《政府采购需求管理办法》中,对通过咨询、论证、问卷调查等方式开展采购需求调查以及后期对采购需求的审查,涉及的论证、咨询专家;单一来源采购项目,在前期对采购项目进行供应商唯一性论证所需的专业技术人员,不需要从省级以上财政部门设立的专家库中抽取。

第三,对于没有纳入《政府采购法》调整范围的货物、服务和工程项目,较多大学都建立了校内评审专家库,并辅以专家抽取系统,完成该类项目的评审专家选取工作。法律法规没有强制要求专家的类别时,从采购效率出发,建议管理制度的设定上尽量选用校内专家。

第四,关于采购人评审代表。采购人委派采购人代表作为评委参与评审,属于采购人的权利,可以按法定比例委派人员参与评审,也可以不委派人员参与评审。但从加强采购人主体责任的角度,在制度的设定上还是应该派具有专业能力的人员参与评审,而不能以"我不参与评审,采购结果好坏便与我无关"的态度放弃应有的权利。

3. 采购组织形式和采购方式

对于政府采购方式,法律法规有明确规定,不再赘述。目前,大部分大学都以项目采购预算金额为界,结合政府集中采购目录和多部委对于采购科研仪器设备的相关规定,制定了校内分散采购限额标准,根据政府采购公开招标数额、政府采购限额和校内分散采购限额等标准,制定相应的校内采购内控制度和具体实施流程。建议需要注意的事项如下:

第一,优化审批流程。审批流程的简化能一定程度缩短采购周期,但一些必不可少的审批流程,如需求部门分管领导、经费负责人审核,实际上是廉政建设必不可少的环节。因此,既要避免事无巨细地层层审批,又要优化流程,提高效率。

第二,科研仪器设备。在上文中有关科研仪器做了一些阐述。党中央、国务院深入推进高校和科院所科研领域简政放权工作,出台了一系列政策文件,简化优化采购流程,提高效率,赋予科研人员更大的人、财、物自主权,释放创新活力等逐渐成为共识。在制定科研仪器设备采购细则上,既放得下又接得住,要做到规范与效率的平衡,绩效与目标的统一。这需要各大学管理部门发挥才智，逐步完善这一关键领域的采购机制。

第三，采购方式和流程。所谓大学制定采购方式，主要是针对政府采购限额以下的采购项目。由于该类项目目前不在政府采购调整范围，且大学以科研教学为主，不同于一般政府机关或者其他团体组织，采购活动的主要特征是以满足效能为主，因此，如何充分保证项目的物有所值和有效采购，并使单位内控制度充分落地，就显得尤为重要。

（1）可参照《招标投标法》和《政府采购法》的相关要求和74号令、214号文制定采购方式，同时考虑：一是制定有竞争性的采购方式时，应在满足以下两点前提下才有可能实现即，其一，所有参与竞争的供应商均以信用为基础、真实响应采购文件实质性要求，并在价格上给予采购人最大限度的优惠；评审小组未认定供应商之间存在或者可能存在不利于采购人利益的违法违规行为（如围标串标等）。其二，在采购流程设计上应设定合理的时限要求，适当缩短"等标期"。二是对于制定缺乏竞争的采购方式（如单一来源、单一货源）时，应当将直接采购科研、教学专业类软件和仪器设备维修改造且由制造厂或者其授权的维修机构（非代理机构）进行维修改造的服务等本质上缺乏竞争的采购项目，考虑纳入属于单一采购的适用情形，统一组织"校内单一采购"，避免增加各方成本。三是校内零星采购限额至政府采购限额之间的工程建设项目，由于大部分都不涉及复杂的施工工艺，以修缮、装修等项目为主，不宜过度招标，可自主设置诸如"比价""比选"等简化版的采购方式。

（2）校内零星采购限额以下的工程建设项目，主要以零星修缮、装修项目为主，一般通过直接发包或简单遴选的方式委托施工单位施工。此类项目建议以提高采购效率及规避故意拆分项目为出发点，同时定期向招标采购工作领导小组层面汇报零星修缮工程的工作开展情况。如果该类工程项目确需2～3家施工单位作为日常紧急项目的使用，对于所有确定的施工单位，应要求在一个预算年度内使用同一条预算的施工结算金额合计不超过政府采购限额为宜。

第四，采购方式的选择包括以下3种情况：

（1）对于政府采购限额至公开招标数额的采购项目，根据《关于未达到公开招标数额标准政府采购项目采购方式适用等问题的函》（财办库〔2015〕111号）相关要求，在新的《政府采购法》未颁布实施前，应当依法选择采购方式。

（2）对科研仪器设备的采购，不建议直接套用214号文第三条第三项"市场竞争不充分的科研项目，以及需要扶持的科技成果转化项目"，直接使用竞争性磋商采购方式。因为市场竞争不充分的科研项目以及需要扶持的科技成果转化项目,并非就是科研仪器设备采购项目。目前,22号文第十九条针对各类采购项目的特点,对应明确具体采购方式[包括对采购技术较复杂或者专业性较强的进口货物,采购人单位可以使用谈判(磋商)方式开展采购活动],因此,建议可以根据22号文的相关规定依法选择正确的采购方式。

(3)可引入电商直采和网上竞价等采购方式,以解决通用类货物和一般科研仪器设备采购规范和效率问题。对于电商直采,目前已有多所大学采用该方式,效果也不错。电商直采方式仅适用于不纳入政府采购目录调整范围内的通用类货物采购。对于网上竞价,通用类货物可设计为非低价成交方式,以避免因低价中标而出现不良履约现象,在程序科学、公平、公正的基础上达到物有所值的目标。

总之,程序正义与结果正义都是招标采购追求的最高目标,两者本身并不矛盾,任何片面追求程序正义或结果正义的采购或与之有关的采购制度都是有失偏颇的,偏离采购价值的。可以预见的是,政府采购法修订后将以崭新的面貌呈现,大学采购人需要紧跟改革步伐,领会大学采购核心内涵,加强内部制度设计,发挥制度体系的引领作用。

第三节 大学采购"放管服"改革的现实诉求与实践路径

大学采购承载着服务经济社会全局、提高教育资金使用效益、推动高等教育高质量发展、完善高校内部治理结构等任务。而在"放管服"的背景下,大学采购面临着政治意识有待提高、管理体系有待理顺、信息化建设有待加强、与监管部门沟通有待提升的现实诉求。大学采购管理需突出政治性、规范性、服务性,以实现"放管服"目标。本节从理顺内外关系、完善运行机制、优化资源配置、培育管理文化几个方面入手论述管理体系改革的实践路径。

一、大学采购"放管服"改革的现实诉求

(一)高等教育资源配置对社会发展的重要作用

教育资源的配置效率高低决定了是否能够有效推动教育事业快速健康发

展,为我国经济社会可持续发展奠定坚实基础。在新发展阶段,高等院校不仅肩负着培养德智体美劳全面发展的社会主义事业建设者和接班人的重大任务,还肩负着科技创新引领高端高新产业和战略性新兴产业发展,畅通国内大循环,推动国内国际双循环的战略使命。当前我国高等教育处在社会转型和高等教育转型发展相互叠加的历史时期,高校面临着在多元利益群体的共同参与下,完善现代大学质量治理制度,推进内部治理体系和治理能力现代化的时代命题。深化高等教育领域"简政放权、放管结合、优化服务"改革,构建活力、高效、顺畅的体制机制,是推动实现高校治理体系和治理能力现代化的突破口。高校要发展,就必须将"放管服"改革作为推动发展的内生动力,进一步理顺内部治理体系,在尊重规律、不触碰红线和底线的前提下,重构管理体系。

当前,我国经济面临周期性因素和结构性因素叠加、短期问题和长期问题交织、外部冲击和疫情冲击碰头等多重影响,但我国经济长期向好的基本面没有改变。如何抓住这个战略机遇期,在公共资源分配趋紧的当下,提高各类资源配置水平对高校维持高质量发展具有重要意义。

(二)政府采购在高等教育资源配置中的重要作用

我国政府采购制度从1996年开始试点,各级各类高等院校也在尝试政府采购。2001年,部分教育部直属高校开始试行政府采购。这个过程中,高校政府采购工作还是实验性的、局部性的、有限性的。

2003年《政府采购法》颁布后,教育部同年出台了《教育部政府采购管理暂行办法》,要求直属高校和单位设立相应的机构或指定某一机构具体负责此项工作。而各地方高校则按照属地财政和教育部门的要求开展政府采购工作。自此,高校政府采购形成了按照预算层级分类实施的模式。也因此存在着不同的监管模式,而这种差异在工程项目中异常突出。《政府采购法》和《招标投标法》两法并立、互有联系又各自为政的现实为高校各类工程项目政府采购增加了无形的沟壑。虽然两条例(《中华人民共和国政府采购法实施条例》和《中华人民共和国招标投标法实施条例》)对两法进行了衔接,但实际工作中"最后一公里"仍然不能完全打通。此外,高等教育总计14个学科门类的采购需求巨大且多样:不同学科专业所需的教学科研仪器、资料、耗材、服务等也是五花八门、不一而足。从后勤保障的角度来看,根据教育部发布的《2021年全国教育事业统计主要结果》,全国共有高等院校3012所,全国普通、职业本专科共招生1 001.32万人、研究生117.65万人、成人本专科生378.53万人、网络本专科生 283.92 万人。如此大规模的学生数量，需要足够多的教室、宿舍、食堂以及配套服务，几乎覆盖学生生活的方方面面，采购需求十分庞杂。而这些需求中绝大部分仍需要通过政府采购完成。政府采购在高校资源配置中发挥着非常重要的作用。

截至 2021 年，教育部直属高校及单位政府采购金额已超过 350 亿元，在各部委中规模名列前茅。高校在贯彻实施政府采购的过程中，充分发挥了组织健全、学科丰富、人才集中、管理基础扎实的优势，使高校政府采购工作成绩突出，效益明显，水平提高，但仍然受限于复杂的内部需求而未能形成高效完善的内部管理体系。尽管高校做了很多尝试和探索，但都尚未取得令人满意的效果。

（三）新发展阶段大学采购面临的形势

党中央、国务院高度重视高等教育和科研领域"放管服"工作。2016 年 5 月，《国务院关于印发 2016 年推进简政放权放管结合优化服务改革工作要点的通知》（国发〔2016〕30 号）发布，其中特别强调要扩大高校和科研院所自主权。同年 7 月，中共中央办公厅、国务院办公厅联合印发了《关于进一步完善中央财政科研项目资金管理等政策的若干意见》（中办发〔2016〕50 号），其目的是贯彻落实中央关于深化改革创新、形成充满活力的科技管理和运行机制的要求，进一步完善中央财政科研项目资金管理等政策，文件明确提出了"完善中央高校、科研院所科研仪器设备采购管理"的要求。自此，大学采购工作正式成为高校落实科研"放管服"的着力点之一。同年 11 月，财政部印发了《关于完善中央单位政府采购预算管理和中央高校、科研院所科研仪器设备采购管理有关事项的通知》（财库〔2016〕194 号），进一步优化了中央高校、科研院所科研仪器设备采购的具体工作程序。应当说，这一系列文件对中央高校科研仪器设备政府采购放权力度颇大，但也从落实采购主体责任方面对高校政府采购管理体系内涵式发展提出了新的发展方向。

2018 年 11 月，中央全面深化改革委员会第五次会议审议通过的《深化政府采购制度改革方案》明确提出，强化采购人主体责任，健全科学高效的采购交易机制，提升政府采购效率，这些对大学采购工作提出了更高的要求，大学采购改革进入深水区。

随着"放管服"工作的深度推进，国务院《关于优化科研管理提升科研绩效若干措施的通知》（国发〔2018〕25 号）、财政部《关于进一步完善中央财政科技和教育资金预算执行管理有关事宜的通知》(财库〔2018〕96号)、国务院办公厅《关于抓好赋予科研机构和人员更大自主权有关文件贯彻落实工作的通知》(国办发〔2018〕127号)、科技部等6部门印发《关于扩大高校和科研院所科研相关自主权的若干意见》(国科发政〔2019〕260号)、国务院办公厅《关于改革完善中央财政科研经费管理的若干意见》(国办发〔2021〕32号)等文件均进一步强调中央高校要优化和完善内部管理规定,简化科研仪器设备采购流程,对科研急需的设备和耗材采用特事特办、随到随办的采购机制,可不进行招标投标程序。但在释放政策红利的同时,上述文件也强调"对确需采用特事特办、随到随办方式的采购作出明确规定,确保放而不乱"。

从这一系列密集出台的政策可以看到还采购权于高校以促进高校竞争活力已上升至国家治理现代化高度,大学采购对服务经济社会全局、提高教育资金使用效益、推动高等教育高质量发展、完善高校内部治理结构的重要性已经不言而喻。从深层次看,立足新发展阶段,与贯彻新发展理念,服务构建新发展格局,推进高校育人创新高质量发展的新形势新要求相比,发展不平衡不充分仍然是大学采购工作最大的实际问题。

(四)大学采购管理的现实诉求

第一,政治意识有待提高。大学采购部门往往被认为是廉政建设的关键岗位,出于内部风险控制和干部管理的考虑,采购部门人员往往流动较快。在落实高等教育的四项重要任务上,政府采购的保障作用毋庸置疑。随着政府采购制度改革的不断深化,特别是采购人主体责任的逐步强化,大学采购人员肩上的责任越来越重,但仍不同程度地存在政治意识不强、本位思想滋生的情况。同时,队伍结构不合理、专业人员配备不够、服务能力不足等问题也是大学采购难以适应新形势下政府采购专业化工作需要的主要因素。

第二,管理体系有待理顺。大学采购统一规范的内控管理体系仍不健全,大学大多设置政府采购、校级、院系三级采购体系,但重政府采购轻校院两级采购、重程序轻结果、重合同轻需求的情况普遍存在,分级采购体系的整体功能和作用发挥还不够协调。部分大学目前还尚未建立独立的采购归口管理部门,采购工作仍然分散在基建、资产、后勤等部门。即使已经成立了独立的采购部门的,各大学的采购部门级别、部门性质、隶属关系、内部采购规则也不完全统一。采购部门与业务、监管部门职责边界存在不清晰的情况,如绩效管理、需求管理、采购政策执行、采购过程组织、合同履约管理等的职责边界需进一步明确。

第三,信息化建设有待加强。大学全流程电子化发展不平衡,目前仅少数大学可以实现全流程电子化、不见面开标,大学电子化招投标率不高;大学间远程异地评标机制尚处于探索阶段,尚未形成有效的示范效应;部分大学尚未开展政府采购项目全流程电子化工作。"数据烟囱"仍未完全打破,大数据分析仍停留在统计总结层面,对决策的支持作用仍需进一步加强。

第四,与监管部门沟通有待增强。大学作为采购人,在供应商围标串标、弄虚作假、低质低价中标、恶意质疑投诉、中标人违法转包分包、中介代理机构不规范操作、评审专家消极恶意评审等方面一无法律授权、二无调查取证手段、三无足够法定时限。因此虽对违法违规行为深恶痛绝,但苦于监督检查成本较高,大学与相关行政部门和监管部门协同不够,秉承"多一事不如少一事"心理的大学仍占绝大多数。这便难以对净化政府采购市场形成有效助力。

综上,在新发展阶段,高等教育高质量发展需要政府采购,在"放管服"的背景下,大学采购更要贯彻"放权有序彻底、管理科学有效、服务精准到位"的实施方针。

二、大学采购"放管服"改革的实践路径

(一)大学采购管理体系的构建原则

近年来,大学采购管理人员围绕"如何'放而不乱、管而不死、服之有效'"的命题,进行了不同层面的探索。侧重释放政策红利代表着一种改革方向,如提高院系货物自采限额、减少主管部门审批流程、简化自采流程、限额下审批权完全下放等。不过,这一思路仅能在一定程度上缓解院系自主权不足,难以从根本上解决采购事权分化导致院系主体地位弱化的问题。同时,客观上也诱发了诸多短期行为,如规避自采限额导致高值设备无人问津、重复购置低值设备;缺少自采行为监管导致采购图省事不比价、多次重复采购同一供应商产品等,一系列"唱歪的经"为各界所诟病。因此,如何避免"好经歪念",大学采购管理要强调深层次的制度内涵,探讨保障和服务"双一流"建设目标的内部逻辑,建立健全行之有效的运行机制,既防范化解廉政和资金风险又符合科研和管理规律,激发创新活力。

管理体系的重要性主要在于其关系到相关实体和业务能否运转有序。一

是价值体系。大学政府采购工作要突出政治性，提高服务保障能力。习近平总书记强调，高等院校必须坚持问题导向，弘扬改革创新精神，把深化高校改革和全面从严治党结合起来，明晰责任、完善制度、堵塞漏洞，确保高校成为坚持党的领导的坚强阵地，努力开创我国高等教育事业发展新局面。大学采购工作也要进一步突出政治属性，为高校高质量运行提供有力保障。要以党的政治建设为统领，努力提高政治站位，强化责任担当，始终将采购业务放到国家经济社会发展的大局中来审视，自觉对标党和国家的大政方针，确保中央各项决策部署得到不折不扣的贯彻落实。要按照深化政府采购制度改革的要求，从程序导向向结果导向转变，注重提高教职员工满意度，突出大学采购人的主体地位与责任，熟练掌握政策、正确运用规则，力求采购需求与采购结果兼顾合法化与合理化，实现采购结果依法合规，同时追求优质高效，为大学运行提供有力保障。二是制度体系。大学政府采购管理体系是大学治理的一部分，因此其既需要明确发展目标，便于凝聚共识，以确保局部利益服从于大学全局利益；也需要为多元治理提供稳定、可预期的行为模式。如构建符合大学管理模式的多级采购架构，且对科研急需采购规划"绿色通道"。三是行动体系。政府采购是一项财务、采购、使用、审计等多部门协同的管理体系，是大学治理中非常典型的一个模型。为了形成权责一致、分工合理、运转高效的职能体系，应明确部门职责权限，逐一制定职权运行流程图，明确每一个环节的承办机构、办理要求、办理时限等，科学设置岗位，实现不相容岗位分离，明确岗位职责，有效降低制度性交易成本，提高管理的规范性水平。把优化服务作为推进改革的催化剂，做到业务流程一体化，以专业化为前提、以技术化为保证、以信息化为手段，把管理者（服务者）的焦点聚集到满足采购主体（被服务者）的需求上。淡化"管理"色彩，强化"服务"意识，为教职工提供优质高效便捷的政府采购服务。

（二）大学采购管理体系的构建途径

在构建途径方面，业内围绕大学采购管理体系开展了诸多探索，涵盖权力结构配置、议事决策制度完善等。但总体而言，这些探索尚不够系统完善。笔者尝试提出一些思路建议，涉及外部保障、制度规范、资源配置、治理文化等，以期能为我国大学采购管理体系的完善提供借鉴。

第一，理顺内外关系，保障内部治理。大学采购工作并非运行于真空环境，受外部治理的影响尤甚。内部治理体系的协调运转需要一个良性的外部治理环境,如何处理与政府、社会的关系是大学采购面临的棘手问题。如大学作为采购人反而成为政府采购中的"弱势者",面对"劣币驱逐良币"的一些违法行为,大学只能依赖政府处理。但大学在政府采购这一领域尚显"稚嫩",打击违法供应商、净化政府采购市场这一问题已远非大学自身所能解决。从政府层面,不妨进一步给予大学一部分自主权,对于科研相关的采购项目不妨再放一放,让大学充分自主;从大学层面,应进一步加强同政府部门的协调沟通,避免由于自身工作不严谨而导致无效的协调。

第二,厘清权限职责,完善运行体系。大学应当厘清政府采购各相关部门的职责权限,从单位层面、业务层面、评价监督层面全面覆盖内控规范要求,做到点(控制点)、线(业务流程)、面(单位层、业务层)、体(内控体系)一体化;实现归口审批管理一体化,即覆盖主管职能部门、基层单位,进行内控审批、监督信息的衔接;做到业务综合集成一体化,建立数据交换标准,各有关信息系统之间通过接口进行数据交换,满足各方需要,避免"数据烟囱";做到业务流程一体化,减少因人异事的情况,以规范求效率。建立健全问责和监督机制,对失职和不作为者严肃问责。坚持以公开求效率,通过广泛监督降低监管成本。制定差异化的管理流程。区分政府采购项目与非政府采购项目,实行差异化管理。政府采购项目应严格依法采购,对于非政府采购项目则结合大学实际,制定切实可行的工作流程,创新非政府采购模式和监管方式,实现质量、价格和效率的统一。

第三,优化资源配置,激活创新动力。资源配置问题深刻地影响着院系、学科的发展,教研人员的创新活力,大学的办学效益。政府采购作为资源配置的重要手段,不能仅着眼于采购执行,即大众口中的招投标程序这一环节,如何通过全流程的监管从而对大学资源配置作出正向反馈,笔者认为更具有现实意义。作为保障大学高质量运行的一部分,不能限于术,而要卓于道。目前,国内部分大学资源配置仍是"撒胡椒面"的平均主义作风。面对传统配置机制相对僵化、资源使用效率整体偏低、办学活力不足等问题,确保责、权、利统一,完善资源使用监管及绩效评估机制,提升资源利用效益,激发人员活力应是大学采购未来关注的方向。

第四,培育管理文化,夯实管理根基。大学采购"放管服"既要明确改革的短期目标,也要做好改革的长期准备。依法治校是"放管服"政策的题中应有之义。变人治为法治,变管理为治理。大学采购"放管服",首先要加强制度建设,同时要营造守法、信任、沟通的行为文化,即树立"依法守规者速审、诚实守信者免检、无知违法者必罚"的观念氛围。也就是说,在制度、流程、监管之外,大学应从观念和行为层面涵养管理文化生态,发挥治理文化的整合驱动力,保障管理体系的良性运转,促进治理有方、管理到位、风清气正。

【参考文献】

［1］ 吴万好.内控规范视角下高校采购组织机构设置模式问题研究:基于163所高校的分析[J].教育财会研究,2020,31(3).

［2］ 宫迅伟.采购2025数字化时代的采购管理[M].北京:机械工业出版社,2018.

［3］ 戴咏梅.治理能力现代化视角下高校采购管理制度建设:基于39所985高校调查的实证分析[J].北方民族大学学报(哲学社会科学版),2021(4).

［4］ 罗坚.高校采购管理制度制定的一些建议(第一集)[EB/OL].(2021-07-09)[2022-03-25].https://mp.weixin.qq.com/s/HCi61_BeXSHAX4skxKfTfA.

第三章 大学采购风险管理

第一节 大学采购风险管理分析

一、风险管理概述

风险管理是指理性人在经济活动中,在对风险进行识别和分析后,通过筹划、管理、控制等行为,选择有效的方式方法,主动地、有步骤地减少风险或是将风险可能带来的负面影响和损失降至最低的一种管理活动。有效的风险管理能够降低决策失误,以最小成本获得最大收益,是市场经济活动中不可缺失的管理方法。

风险管理的理论及实践起源于20世纪30年代的美国。1929—1933年美国爆发经济危机,风险管理研究开始成为新浪潮。1953年美国通用汽车公司的火灾事故、1984年印度的美国联合碳化物公司农药厂的毒气外泄以及1986年苏联切尔诺贝利核电厂爆炸事故,标志着风险管理的发展已经步入全球化、国际化进程。在研究的早期阶段,学者们认为风险管理是对企业在生产和交易环节中发生的财务及信用风险的控制过程,是以防范发生风险为目的的管理行为。

20世纪70—90年代后期,各国政策导向对促进风险管理理论发展起到重大作用,从国际风险管理协会(IRMI)成立至《巴塞尔新资本协议》,全面风险管理理论逐渐成熟。风险管理体系就是在充分认识风险后,管理者通过有效的方式保存组织生存的能力从而实现经济单位价值最大化。即以最小的风险管理成本获得最大的安全保障,从而实现经济单位价值最大化。因此,它包括识别风险、评估风险和处理风险,涉及财务、安全、生产、设备、物流、技术等多个方面,是一套完整的方案,也是一个系统工程[①]。

---

① 程鹏.浅谈企业内部控制及风险管理措施[J].中国总会计师,2021(8):107-109.

风险管理理论一般有概率分布理论、信息不对称理论和博弈论。

(一)概率分布理论

概率是反映随机事件出现的可能性大小,是度量偶然事件发生可能性的数值。如偶然事件的概率是通过长期观察或大量重复试验来确定,这种概率为统计概率或经验概率。概率论揭示了偶然现象所包含的内部规律的表现形式。任何看似偶然的现象,在社会经济体运行中,都有其内在产生和发展的必然因素。这些客观存在的不确定事件就是人们所厌恶的"风险"。风险客观存在,但是在一定程度上可以预测。通过概率分布理论这一数学工具来描述和度量不确定事件,有助于人们更好地规划行为,在控制风险的同时,也可以利用风险获得更高的回报。

大学在采购管理过程中,采购职能部门通过对采购业务领域相关的风险进行统计、分析、识别,结合长期累计的业务经验可以形成部门采购风险清单。同时还可以对大学的供应商进行过程跟踪和控制,通过对供应商的评价、考核等数据分析,对供应商进行严格筛选管理。凡事预则立不预则废,通过对历史采购数据的统计分析,在很大程度上可以为未来的采购工作做好风险防控准备工作。

(二)信息不对称理论

20世纪70年代,三位美国经济学家——George A. Akerlof、A. Michael Spence、Joseph Eugene Stiglitz提出了信息不对称理论。信息不对称理论是指在市场经济活动中,各类人员对有关信息的了解是有差异的;掌握信息比较充分的人员往往处于比较有利的地位,而信息贫乏的人员则处于比较不利的地位。该理论认为:市场中卖方比买方更了解有关商品的各种信息;掌握更多信息的一方可以通过向信息贫乏的一方传递可靠信息而在市场中获益;买卖双方中拥有信息较少的一方会努力从另一方获取信息;市场信号显示在一定程度上可以弥补信息不对称的问题。

随着新经济时代的到来,信息在市场经济中所发挥的作用比过去任何时候都更加突出,并将发挥更加不可估量的作用。但是,该理论同时指出完全的市场经济并不是天然合理的,完全靠自由市场机制不一定会给市场经济带来最佳效果,特别是在投资、就业、环境保护、社会福利等方面。该理论强调政府在经济运行中的重要性,呼吁政府加强对经济运行的监督力度,使信息尽量由不对称到对称,由此更正由市场机制所造成的一些不良影响。

大学采购环节涉及的相关主体有采购人、招标代理机构、评审专家、供应商,主体间相互都有委托代理关系,存在多方面的信息不对称。各主体对自身掌握的信息具有信息优势,但是对于其他各方掌握的信息处于信息劣势,多重的信息不对称会产生道德风险和逆向选择[①]。

(三) 博弈论

博弈论,又称为对策论或赛局理论。1944 年,John von Neumann 与 Oskar Morgenstem 合著《博弈论与经济行为》,奠定了该学科的基础和理论体系。博弈论主要研究公式化了的激励结构间的相互作用,是研究具有斗争或竞争性质现象的数学理论和方法;主要考虑游戏中的个体的预测行为和实际行为,并研究它们的优化策略。

招标投标是在市场经济条件下进行货物、工程建设以及服务项目的采购时所采用的一种交易形式,是现代经济活动中普遍采用的一种有法律约束性、规范性、竞争性,且有组织的、成熟的市场交易行为。招标投标作为一种特殊的交易形式,招标人和投标人有着不同的交易目标。招标人希望以最合理的低价选择最合适的中标供应商,而投标人希望以最有可能中标的报价参与投标活动,并能够以最低的成本中标。招标人确定招标评分办法与投标人的投标策略之间就会形成不同的博弈模型。

二、大学采购风险管理目标

大学是我国进行科学研究和培养人才的教育基地,除了常规性的办公物资采购,还有与科学研究和教育教学相适应的精密仪器设备。大学采购的特殊性首先表现在大学需要的仪器设备专业性强,一般需要定制开发,部分进口设备依赖国际制造,国内还无法实现技术突破,是明显的寡头垄断市场,对供应商的依赖程度较高;其次,大学采购的同一类型的仪器设备数量有限,即使国内大学和研究机构都有同类设备的采购需求,但是在各自研究领域也存在技术指标需求的差异,而且还涉及财政经费批复等客观因素影响,大学的精密

---

① 郑银华,杨旭静.高校政府采购风险防范研究:基于信息不对称视角[J].实验室研究与探索,2021,40(1):279-284.

仪器设备无法形成大规模集中采购；最后，大学对完成采购的时间周期有较高要求，如果不能准时执行采购计划，势必直接影响科学研究和教育教学。

根据政府采购大数据网对中国政府采购网、各省级政府采购网等公开发布的政府采购项目公告数据进行的采集分析，2021年度我国政府采购项目中教育系统项目数最为突出，共计165 663个，占项目总数的19.24%，项目规模2 351.76亿元，占项目总规模的11.15%。[①] 在建设高水平大学政策的引导下，全国大学的政府采购项目数量及资金投入大幅提升。随着采购规模逐年扩大，重视和加强大学采购风险管理，是完善大学采购内部控制，提高大学采购水平，从根本上杜绝大学采购中的违规行为和腐败问题，保障政府采购效益的必由之路。

2012年11月29日，财政部印发《行政事业单位内部控制规范（试行）》（财会〔2012〕21号）。该规范是关于行政事业单位内控建设纲领性的文件，标志着我国拉开了全国范围内单位内控建设的序幕。2015年12月21日，财政部印发《关于全面推进行政事业单位内部控制建设的指导意见》（财会〔2015〕24号）。该意见是《行政事业单位内部控制规范（试行）》的升级和深化，单位内控建设由此成为党政齐抓共管的政治任务。2017年1月25日，财政部印发《行政事业单位内部控制报告管理制度（试行）》（财会〔2017〕1号），是根据《关于全面推进行政事业单位内部控制建设的指导意见》出台的具体要求，针对监督检查工作环节如何具体落实的管理制度。

因此，加强内控建设全面落实大学采购风险管理工作，是大学依法治校的重要抓手，是提升大学治理能力、实现内涵式发展的基石。大学应当结合自身实际情况，从防控风险和降低风险损失双重维度构建大学采购风险管理目标。

防控风险是在采购活动中建立互相制衡的业务组织和职责分工制度，在岗位职责管理的基础上优化管理流程，通过执行风险评估、流程监控、有效性评价、缺陷改进等控制活动，逐步强化采购管理标准，完善学校内控措施，强化协同监督，形成全过程封闭式的管控矩阵，从源头和机制上堵塞管理漏洞，达到"上医治未病"的效果，提高学校管理效能。

降低风险损失是指在采购过程中，因外部环境发生变化，客观情况下采购风险已经形成时，高校采购管理部门采取多种策略和应对手段有效减轻风险

---

① 政府采购大数据网.2021年度全国政府采购市场信息您知多少？［EB/OL］.（2022-02-17）［2022-08-15］.http://www.941bigdata.com.cn/709798.html.

事件发生时的损失。诸如在合同管理中有效使用法律武器进行风险控制、转移及对冲,最大限度实现规避风险的目标。

三、大学采购风险表现形式

2017年2月22日,十八届中共中央第十二轮巡视工作动员部署会议召开,标志着我国高校的专项巡视工作全面展开。2017—2022年,中央巡视组向24所高校党委反馈的问题中,后勤基建工程建设、物资采购、科研经费使用是存在廉政风险的重点领域,问题集中体现在以下方面:采购预算调整随意,预算执行进度缓慢;年末突击支付预算资金,未按合同约定支付资金;合同印章管理不规范;招标采购中"围标""串标";采购方式不合规,应招未招、化整为零规避招标;科研经费采购不规范,挥霍浪费等。采购过程中的廉政风险防范问题对于我国高校建设至关重要。

笔者根据采购管理流程将大学采购的风险划分为3个阶段,即采购前期、采购阶段和采购后期,分别加以阐述。

（一）采购前期风险

1. 采购预算与执行不科学

我国大部分大学的采购业务基本已经实现统一领导、归口管理模式,通过采管分离的组织架构,将经费预算审批、执行采购、合同管理和履约验收分给不同的职能部门进行横向管理。

但是,在预算立项审批阶段,最终由上级财政部门对各大学的专项类采购需求进行评审,评审结果往往是对学校申购预算总额进行削减,并未细化到具体的采购项目或预算科目,被削减的经费额度只能在校内各采购项目间进行平衡,实际可以执行的采购经费与市场实际情况明显背离,用户教师只得在执行采购阶段再次调整采购需求。同时,由于财政经费下拨到各大学后到执行完成,时间周期短,年底需上报经费执行率,所以在采购执行过程容易出现急于求成的现象,对于遴选供应商和后期验收、维保都存在风险隐患。

2. 采购人编制预算不合理

一方面,采购人在编制预算阶段,对潜在供应商和采购项目具体情况不了解,未能积极主动深入市场调研,不能掌握最新的市场供求状况,不考虑技术发展和市场产品升级等因素,仅在个人熟悉的小范围内进行询价,甚至让供应商参与编制预算。另一方面,供应商追求经济利益最大化,采购人担心在上级财政评审论证后被削减经费,以致编制的预算往往被人为放大,这又导致预算经费必定被上级财政部门削减,形成一种恶性循环。

同时,高校用于科研教学的设备,技术要求极高,但是能够满足需求的供应商较少,甚至需要特别定制。此类采购项目不仅需要考虑技术参数,物流、验收、维保、耗材以及进口设备采购过程中的进口业务代理费、保险费、汇率波动等因素都需要在预算编制阶段综合考虑。一旦疏忽,就会导致预算编制过小,经费不足,在采购执行阶段造成流标和废标。

(二)采购阶段风险

1. 法律法规政策执行不准确

大学采购涉及工程、货物、服务等多个方面。上位法是《政府采购法》和《招标投标法》,其次是政府相关法规、地方性政府规章,最后是各大学自行制定的采购管理办法。

大学采购经费来源多元化,有政府财政经费,也有课题项目经费和其他收入。经费来源不同,使用要求也有差异,在具体实施采购过程中,采购管理部门必须根据实际情况,充分学习掌握并遵循相关的采购管理法律法规,否则会给学校带来相关的法律政策风险。

2. 采购方式不合规

高校采购项目须符合《政府采购法》,采购管理的职能部门首先要保证采购程序合法合规,所以采购手续较为烦琐,时间周期较长。但是,高校内术业有专攻,相当一部分采购人自身并不熟悉招标采购流程,对于相关法律法规的概念较为淡薄,更注重采购结果要符合自身科研教学需求,希望能够简化采购流程,提升采购效率。因此会出现采购人刻意拆分采购项目,将已经达到招标限额的项目化整为零,分为几个小项目,选用自行采购方式达到规避统一采购的现象,为特定供应商创造条件。

3. 招标文件不规范

招标文件是采购人提出采购要求和招标投标程序规则,指导投标人编制投标文件的法律文件,对招标投标双方都具有法律约束力。招标文件合法、规范与否,直接影响着招标投标活动成败和合同履行效果。招标文件内容风险的主要形式有:限制、排斥外地企业投标;对投标人资格设置不合理条件或量身定做招标规则,如指定产品、设备的品牌、型号、原产地等;设置不合理的技术条款,帮助投标人在竞争中获得较大优势;招标文件内容不规范、不明确;评标办法和评标标准不公开,妨碍公平竞争;招标文件忽视对合同条件的规定。

4. 评审过程不规范

采用招标形式进行采购的项目,评审过程不规范也是大学采购主要风险点。

常见的评审过程不规范的行为主要有:受高校委托的招标代理公司未按规定在法定媒体上发布采购公告;公告的内容或格式不符合要求;未能按规则随机抽取项目评审专家;未按规定全流程电子化进行政府采购等;招标评审现场未能执行通信管制措施;评审专家与供应商存在利害关系却未回避;评审专家未按照招标文件规定的评审程序、评审方法和评审标准进行独立评审,客观分不一致,打分畸高畸低;评审专家发表倾向性意见或者征询采购人的倾向性意见,在评审过程中有明显不合理或者不正当倾向性行为等。

(三)采购后期风险

1. 合同管理风险

大学采购公告正式公布后,采购人与中标供应商就进入签订合同及履约过程。比较常见的合同管理风险有以下几种情况:供应商放弃中标,无故拒签合同;供应商不与采购人在规定期限内签订合同;供应商提供的产品与中标要求不一致;进口设备因国家政策调整,不能申请免税或需要增加惩罚性关税,导致结算成本增加;工程项目中,供应商未按图纸要求施工、未按合同清单内容实施项目,或者是项目工期、质量不满足合同要求等。

2. 采购档案管理不规范

大学的政府采购项目都有档案资料,这些如实反映政府采购活动过程的原始文件,是保障采购工作公平、公正、公开的重要手段,也是规范采购行为、强化内控管理与监督评价的一项十分重要的基础工作。根据我国《政府采购法》相关规定,政府采购档案至少需要保存 15 年。在此期间,采购档案文件应当根据工作需要提供给相关监督检查部门。

各大学对采购档案管理应当配置专用档案室、制定档案管理制度、配置专业档案管理人员。但是,很多大学在此项工作中都有所疏漏,缺乏标准化的采购档案室,常用简单的档案柜存放,档案资料堆积在一起,未使用标准档案盒,也没有形成档案资料信息化数据,需要调取档案时难度极大,没有效率,保管不规范。也有部分高校委托招标代理机构代为保管采购档案,一旦高校与招标代理机构解除委托代理关系,查询档案极为不便。由于日常管理没有专职采购档案管理员,采购档案管理制度执行不利,档案收集归档周期长,借阅、查询采购档案没有登记手续,会发生档案丢失情况。对于录音录像的电子采购档案没有做好保护措施,在进行电子采购档案的发送、接收、保管和归档时,可能会被篡改、伪造、泄密或者遭到病毒入侵等。由于电子档案的保护措施不到位,相关资料信息被泄露的情况频频发生,带来了一定的隐患。

四、大学采购风险成因分析

我国大学经过数十年的建设,在采购程序上有一套特定的管理制度和流程,包含项目论证、立项申报、执行采购、合同签订、验收履约等环节。各个环节相互关联,权责明确。但是各个环节的职能部门相互独立运作,信息互通有限。究其原因是产生风险的主体不同,相关职能部门和采购人的风险意识、风险管控能力也不同。笔者将风险成因分为内部原因和外部原因进行阐述。

(一)内部原因分析

在项目论证和立项申报阶段的采购人更多是立足于个人科研教学需要,希望在最短时间内采购到个人认可的科研设备或服务项目,对供应商的指向性较强。采购人不愿意花费较多的时间、精力、资金去充分调研,了解市场环境和供求情况,以致采购项目需求和预算价格存在片面性;而且没有充分进行市场调研,对于后期能够享受到的培训、验收、维保等伴随服务内容失去了主动控制权,给后期设备验收和维保留下隐患,很难获得更好的服务。

学校相关职能部门在各自工作领域范围内有独立的管理体系,部门间缺乏协同配合机制,产生信息孤岛,数据难以实现共享、共用,时常发生数据滞后或数据不统一的情况,严重影响整体采购执行进度。同时,组织立项申购的部门也未能立足全校统筹管理角度,合理配置资源,有效管理调控发挥货物、服务的最大功效,以致重复申报、被上级财政部门削减预算的情况时有发生。

组织设备论证的相关职能部门在全校集中进行大批量论证工作时,往往只讲工作进度、赶时间邀请专家进行论证,放弃质优价低的采购目标,没有对采购项目进行充分论证,评审专家也未能在技术参数和配套服务等核心内容方面对采购人进行专业指导,以致招标采购中的流标、低价冲标等情况时有发生。

采购部门的管理人员是大学采购的基础。在执行采购的全过程中,管理人员的专业素养直接影响到采购效率。目前,各高校的采购管理部门人员配置情况不容乐观,从笔者调研的12所部属高校及地方高校的数据可见,采购部门的人员受全校行政体系编制约束,人员有限。在全国大力推进高水平大学建设,采购金额和总量连年攀升的同时,人力资源明显处于停滞状态,工作量超负荷、事务性工作占用大量时间已经成为普遍情况。并且,管理人员的专业能力也亟待提升。工作性质决定了采购管理人员需要成为博学多才的全能型人才,但是各高校没有针对采购管理人员的职称晋升通道,职级岗位也非常有限,在一定程度上严重影响管理人员提升自我专业素养的积极性。

(二)外部原因分析

国际形势和国家政策导向是大学采购风险的外部原因。

科学研究是高校的根本任务,采购进口设备提升我们的科研水平是必由之路。近年来,国际力量对比呈现趋势性变迁,经济全球化遭遇逆流,国际经济循环格局发生深度调整,不稳定因素明显增加,发达国家利用资本、技术优势,通过不平等的国际贸易制度影响发展中国家。因技术管制、出口限制、汇率波动等因素导致进口设备采购风险日益明显。

疫情全球大流行影响深远,全球产业链、供应链面临冲击,世界经济复苏动能不足。我国政府提出构建"以国内大循环为主体、国内国际双循环相互促进的新发展格局",中央和地方出台了多项政策,帮助企业纾困,诸如明确大学采购预留份额专门面向中小企业采购,小额采购项目原则上全部预留给中小企业。该政策制度对大学的采购工作产生直接影响。

第二节 大学采购风险管理措施

一、完善大学采购管理机制建设

(一)加强管理制度和组织架构建设

大学采购作为廉政风险防控重点领域,应以廉洁为根本,构建"不敢腐、不能腐、不想腐"体制机制。制度建设是大学采购工作的法理基础,采购管理制度是实现高校依法治校的法律文件,在规范大学采购行为、提高财政资金的使用效益、服务学校教学科研等方面发挥着日益重要的作用。

因此,大学需构建顶层设计,成立大学采购工作领导小组,作为全面负责学校采购工作的领导机构,宏观管理并指导全校的采购工作;审议学校关于采购工作的规章制度;裁定采购工作中的争议和问题。

采购工作领导小组下设立专职采购管理部门,负责开展日常采购工作。工作职责为:贯彻执行政府采购和招投标法律法规和政策,制定并执行学校采购规章制度,发布采购公告、采购文件;接受投标报名;组织资格审查;组织答复疑问、踏勘现场;接受投标;建立、维护评审专家库,配合监察部门随机抽取选定评审专家,通知评审专家出席评标会;按照规定程序组织开标、评标活动;发布采购结果公示;处理供应商(投标人)对采购活动的质疑;颁发中标通知书;等等。

相关职能部门协同配合,形成会商制度,对学校年度采购项目进行统筹管理。发展规划部门牵头负责制定年度采购计划及立项;财务部门依据上级财政部门批复落实资金等工作;资产归口管理等部门负责项目采购前的论证、报批,负责执行合同、组织项目验收、参与项目结算等事宜。

采购工作领导小组的组建对加强校内科研物资、后勤服务以及工程外包采购的管理工作,提高资产使用效益,促进廉政建设,建立全面、规范、高效、务实的采购工作机制有着重要的意义。

(二)科学合理地编制采购预算

要从源头和机制上堵塞采购管理漏洞,就必须落实采购预算编制事宜。要确保采购预算与采购计划相一致,需要充分调研市场情况,在信息对称的前提下合理编制采购预算及采购计划,认真进行贵重仪器设备采购论证和进口论证。

同时,相关职能部门应掌握时间规律,科学做好预算编制的规划工作。在政府采购预算编制工作进行前期,提前组织安排校内二级单位进行预算编制工作,学校层面上组织内部论证和外聘专家论证,反复打磨采购预算方案,加强学校统筹管理,避免多个部门同时申报同类或者相似的项目,减少因为内部重复申报被上级部门削减预算经费的情况,提高预算批复成功率。

(三)规范采购行为,制定采购负面清单

大学制定政府采购负面清单,是为了规范大学采购各方当事人行为,保护各方当事人的合法权益,营造公平竞争的政府采购环境。负面清单明确规定

了大学采购各方当事人不得做的事项,对于采购人是在最大限度满足需求的基础上,着力防止潜在排他性条款和限制性条款的出现,可有效避免质疑和投诉的发生、控制政府采购活动中的法律风险;对于评审专家、供应商等主体,负面清单可明确告知何种事项不可为,在规范政府采购各方主体行为的同时也可提升采购效率。

广东省教育厅、厦门大学、武汉大学、四川大学、华中科技大学、陕西师范大学、陕西中医药大学、深圳大学、重庆工商大学、浙江财经大学、上海大学、上海音乐学院都已出台大学采购负面清单,成效显著。笔者结合各高校工作特点,归纳总结大学采购负面清单的共性问题(见表3-1),供参考。

表3-1 大学采购负面清单汇总表

序号	禁止行为	具 体 内 容	法 理 依 据	防控措施
适用主体:采购人、采购代理机构				
1	非法限定供应商所有制形式、组织形式、所在地	限定供应商所有制形式,如国有、独资、合资等;限定组织形式,设置企业法人,排除事业法人、社会组织、其他组织和自然人;限定供应商注册地在某行政区域内或要求供应商在某行政区域内设立分支机构	《政府采购法》第五条《政府采购法实施条例》第二十条《财政部关于促进政府采购公平竞争优化营商环境的通知》(财库〔2019〕38号)	依法依规设定投标资格条件,禁止限定不合理条件
2	将供应商规模条件、股权结构等设置为资格条件	设置注册资本、资产总额、营业收入、从业人员、利润、纳税额等规模条件作为资格条件;设置企业股权结构、经营年限、经营规模等方面的条件作为资格条件;设定特定金额的业绩作为资格条件;未简化对供应商资格条件等的形式审查,强制要求供应商提供相关财务状况、缴纳税收和社会保障资金等证明材料,增加政府采购供应商交易成本	《政府采购法》第九条《政府采购货物和服务招标投标管理办法》(财政部令第87号)第十七条《政府采购促进中小企业发展管理办法》(财库〔2020〕46号)第五条《国务院关于开展营商环境创新试点工作的意见》(国发〔2021〕24号)	依法依规设定投标资格条件,禁止限定不合理条件

续表

序号	禁止行为	具 体 内 容	法 理 依 据	防控措施
3	设定与采购项目的具体特点和实际需要不相适应或与合同履行无关的资格条件	设定的供应商资质等级超出项目所需的资质等级要求； 将特定行政区域或者特定行业的业绩、奖项作为资格条件	《政府采购法》第二十二条 《政府采购法实施条例》第二十条	依法依规设定投标资格条件，禁止限定不合理条件
4	对供应商资格采取不同的资格审查标准	资格审查标准模棱两可，把握尺度宽严不一，如对本地区、本行业之外的供应商或新参与竞争的供应商采取更加苛刻的资格审查标准	《政府采购法实施条例》第二十条	依法依规审查投标人资格条件，禁止限定不合理条件
5	以其他不合理条件限制或者排除潜在供应商	设置备选库、名录库、资格库作为参与政府采购活动的资格条件； 要求供应商在政府采购活动前进行不必要的登记、注册； 要求供应商购买指定软件，作为参加电子化政府采购活动的条件； 将除进口货物以外的生产厂家授权、承诺、证明、背书等作为资格要求； 将投标文件的装订、纸张、文件排序等非实质性格式和形式要求作为参加政府采购活动的条件； 设置项目人员从业年限作为资格条件	《政府采购法》第二十二条 《政府采购法实施条例》第二十条 《财政部关于促进政府采购公平竞争优化营商环境的通知》(财库〔2019〕38号) 《政府采购货物和服务招标投标管理办法》(财政部令第87号)第十七条	禁止限定不合理条件排除潜在供应商
6	擅自提高采购标准(本条适用于采购人)	超出采购预算； 超过资产配置标准； 超出办公需要； 超出实际需求指标	《中共中央 国务院关于印发党政机关厉行节约反对浪费条例的通知》(中发〔2013〕13号)第十二条	依法依规采购，禁止擅自提供采购标准

续 表

序号	禁止行为	具 体 内 容	法 理 依 据	防控措施
7	未执行政府采购政策	未明确促进中小企业发展政策； 未明确强制或优先采购节能产品、环境标志产品； 未明确监狱企业、残疾人福利企业政策； 未执行国家规定的其他政府采购政策； 政府采购未优先采购本国货物、工程、服务	《政府采购法》第九条、第十条 《政府采购法实施条例》第六十八条 《政府采购促进中小企业发展管理办法》（财库〔2020〕46号） 《财政部发展改革委生态环境部市场监管总局关于调整优化节能产品、环境标志产品政府采购执行机制的通知》（财库〔2019〕9号） 《财政部司法部关于政府采购支持监狱企业发展有关问题的通知》（财库〔2014〕68号） 《关于促进残疾人就业政府采购政策的通知》（财库〔2017〕141号）	依法依规设置采购条件，坚决执行政府采购政策
8	未公开采购意向	除以协议供货、定点采购方式实施的小额零星采购和由财政部门另行规定组织的带量集中采购外，按项目实施的集中采购目录以内或者采购限额标准以上的货物、工程、服务采购，未公开采购意向	《关于开展政府采购意向公开工作的通知》（财库〔2020〕10号）	依法依规执行政府采购政策，必须公开采购意向
9	设置与履约无关的条款	要求或标明特定品牌、商标、商号、专利、版权、设计、型号、特定原产地、特定供应商的技术服务规格等条件，设置"知名""一线""同档次""暂定""指定""备选""参考品牌"（含配件）等表述的； 要求提供赠品、回扣或者与采购无关的其他商品、服务；	《政府采购法实施条例》第二十条 《政府采购货物和服务招标投标管理办法》（财政部令第87号）第二十一条	依法依规明确招标需求，禁止设置不合理条款

续　表

序号	禁止行为	具　体　内　容	法　理　依　据	防控措施
		售后服务要求与采购项目无关或超出服务范围的，售后服务要求明显不合理或指向特定对象；指定检测机构（国家行政机关另有规定的除外）的检测报告		
10	违规要求提供样品	要求供应商提供样品，但未在招标文件中明确规定样品制作的标准和要求，未要求提交相关检测报告、未规定样品的评审方法以及评审标准（仅凭书面方式不能准确描述采购需求或者需要对样品进行主观判断以确认是否满足采购需求等特殊情况除外）	《政府采购货物和服务招标投标管理办法》（财政部令第87号）第二十二条	依法依规明确招标需求，禁止设置不合理条款
11	未按规定设置实质性条款	对不允许偏离的实质性要求和条件，在采购文件中未规定或未以"＊"号等醒目方式标明	《政府采购法》第二十二条《政府采购法实施条例》第十五条、第二十条《政府采购货物和服务招标投标管理办法》（财政部令第87号）第二十条	依法依规明确招标实质性条款
12	未依法设定评审因素	将资格条件作为评审因素；将供应商的注册地、注册资本、资产总额、营业收入、从业人员、利润、纳税额等规模条件设定为评审因素；将未在采购需求中列明的技术参数、产品功能作为评审因素；政务信息系统项目，评标办法未采用综合评分的（单一来源除外）；	《政府采购法实施条例》第二十条《政府采购货物和服务招标投标管理办法》（财政部令第87号）第二十二条、第五十五条《政务信息系统政府采购管理暂行办法》（财库〔2017〕210号）第九条	依法依规明确评审办法，禁止设置不合理评审条件，禁止采用不规范评分办法

续表

序号	禁止行为	具体内容	法理依据	防控措施
		将与采购项目的具体特点和实际需要不相适应或者与合同履行无关的供应商业绩、资信、荣誉等作为评分条件；以特定行政区域或者特定行业的业绩、奖项作为加分条件；将与采购货物服务质量无关的技术指标或服务要求设定为评审因素		
13	未依法设定评审分值	评审因素分值明显与评审因素权重不匹配；商务条件和采购需求指标有区间规定，评审因素未量化到相应区间，或者虽量化到相应区间，但未设置各区间对应的不同分值；评审因素未量化，分值设置未与评审因素指标相对应；将服务满意程度、市场认可度、占有率、产品稳定性、先进性及优、良、中、差等没有具体明确判断标准的表述，作为评审因素	《政府采购法实施条例》第二十条、第三十四条《政府采购货物和服务招标投标管理办法》（财政部令第87号）第五十五条	依法依规明确评审办法，禁止随意设置分值权重
14	未依法设定价格分	设定最低限价的（国家或地方有强制最低价格标准的除外）；设定去掉最后报价中的最高报价或最低报价的；招标项目中采用综合评分，货物项目的价格分值占总分值的比重（权重）低于30%，服务项目的价格分值占总分值的比重（权重）低于10%的（执行统一价格标准的项目除外）；	《政府采购货物和服务招标投标管理办法》（财政部令第87号）第十二条、第五十五条《财政部个关于印发〈竞争性磋商采购方式管理暂行办法〉的通知》（财库〔2014〕214号）第二十四条《政务信息系统政府采购管理暂行办法》（财库〔2017〕210号）第九条	依法依规明确评审办法，评分办法必须符合国家法律法规相关要求

续 表

序号	禁止行为	具体内容	法理依据	防控措施
		竞争性磋商采购项目中，货物项目的价格分值占总分值的比重（即权值）低于30%或超过60%，服务项目的价格分值占总分值的比重（即权值）低于10%或超过30%；政务信息系统项目中，货物项目的价格分值占总分值比重未设置为30%，服务项目的价格分值占总分值比重未设置为10%（单一来源除外）		
15	未按规定组织开标	评标委员会成员参加开标活动	《政府采购货物和服务招标投标管理办法》（财政部令第87号）第四十条	依法依规组织开标活动
16	未按规定录音录像	未按规定对开标、评审活动进行全程录音录像；录音录像不清晰、不可辨	《政府采购货物和服务招标投标管理办法》（财政部令第87号）第三十九条	依法依规组织开标、评标活动，开标评标过程必须全程录音录像
17	未按规定组织评审	在招标、询价采购过程中与投标、响应供应商协商谈判；未依法从政府采购评审专家库中抽取评审专家；非法干预采购评审活动	《政府采购法》第七十一条《政府采购法实施条例》第六十八条《政府采购非招标采购方式管理办法》（财政部令第74号）第五十一条	依法依规组织评审活动，禁止非法干预采购评审活动
18	非法改变评审结果	除《政府采购货物和服务招标投标管理办法》（财政部令第87号）第六十四条规定的情形外，修改评标结果；通过对样品进行检测、对供应商进行考察等方式改变评审结果	《政府采购法实施条例》第四十四条、第六十八条《政府采购货物和服务招标投标管理办法》（财政部令第87号）第六十四条	依法依规组织评标过程，不得擅自改变评审结果

续 表

序号	禁止行为	具 体 内 容	法 理 依 据	防控措施
19	未依照政府采购法律法规规定选用采购方式	公开招标数额标准以上的项目擅自采用其他方式采购；应当实行集中采购的政府采购项目，不委托集中采购机构实行集中采购；将应当公开招标的项目化整为零或者以其他方式规避公开招标	《政府采购法》第二十七条、第七十一条、第七十四条《政府采购法实施条例》第二十三条、第二十四条、第二十八条、第六十七条	严格执行政府采购法律法规规定选用相应的采购方式
20	未依法处理利益关系	与供应商有利害关系未回避；索要或者接受供应商给予的赠品、回扣或者与采购无关的其他商品、服务	《政府采购法》第十二条《政府采购法实施条例》第九条、第十一条、第七十条《政府采购货物和服务招标投标管理办法》（财政部令第87号）第六条	依法依规组织评审活动，严格执行回避制度，禁止索要赠品、回扣等商品服务
21	违反优化营商环境规定	设置没有法律法规依据的审批、备案、监管、处罚、收费等事项；对于供应商法人代表已经出具委托书的，要求供应商法人代表亲自领购采购文件或者到场参加开标、谈判等；对于采购人、采购代理机构可以通过互联网或者相关信息系统查询的信息，要求供应商提供；除必要的原件核对外，对于供应商能够在线提供的材料，要求供应商同时提供纸质材料；对于供应商依照规定提交各类声明函、承诺函的，要求其再提供有关部门出具的相关证明文件	《财政部关于促进政府采购公平竞争优化营商环境的通知》（财库〔2019〕38号）	依法依规设置招标需求，禁止设置违反优化营商环境的相关规定

续 表

序号	禁止行为	具 体 内 容	法 理 依 据	防控措施
22	违规泄露信息	开标前泄露已获取招标文件的潜在投标人的名称、数量或者其他可能影响公平竞争的有关招标投标情况；在评审结果公告前泄露评审专家名单或评审专家个人情况；泄露评审文件、评审情况以及评审过程中获悉的国家秘密、商业秘密	《政府采购货物和服务招标投标管理办法》（财政部令第87号）第七十八条 《政府采购非招标采购方式管理办法》（财政部令第74号）第五十一条 《财政部关于印发〈政府采购评审专家管理办法〉的通知》（财库〔2016〕198号）	依法依规做好招标采购保密工作，禁止违规泄露相关信息
23	未依法公开项目信息	未依法依规在中国政府采购网及其省级分网，或在省级以上财政部门指定的其他媒体上公开招标公告、资格预审公告、单一来源采购公示、中标（成交）结果公告、政府采购合同公告等政府采购项目信息	《政府采购信息发布管理办法》（财政部令第101号）	依法依规公开项目信息
24	未按时退还投标保证金	未自收到投标人书面撤回通知之日起5个工作日内退还已收取的投标保证金，但因投标人自身原因导致无法及时退还的除外；未自中标通知书发出之日起5个工作日内退还未中标（成交）人的投标保证金，自采购合同签订之日起5个工作日内退还中标（成交）人的投标保证金或者转为中标人的履约保证金	《政府采购法实施条例》第三十三条 《政府采购货物和服务招标投标管理办法》（财政部令第87号）第三十八条	必须遵照法律法规要求及时退还投标保证金
25	擅自终止招标活动	非因重大变故采购任务取消的，擅自终止招标活动	《政府采购货物和服务招标投标管理办法》（财政部令第87号）第二十九条、第七十八条	依法依规组织招标活动禁止擅自终止招标活动

续　表

序号	禁止行为	具体内容	法理依据	防控措施
26	未依法依规处理供应商质疑、询问	拒收质疑供应商在法定质疑期内提出的质疑函； 在收到供应商的书面质疑后7个工作日内未作出答复，未以书面形式通知质疑供应商和其他有关供应商； 质疑答复涉及商业秘密	《政府采购法》第五十一条、第五十三条 《政府采购法实施条例》第五十二条 《政府采购质疑和投诉办法》（财政部令第94号）第十三条、第十五条、第三十六条	依法依规对供应商的询问、质疑在法定期限内作出回复处理
27	未妥善保存采购文件	未妥善保存政府采购项目每项采购活动的采购文件； 伪造、变造、隐匿或者销毁采购文件； 保存采购文件期限不足15年； 未将录音录像资料作为采购文件保存	《政府采购法》第四十二条、第七十六条 《政府采购货物和服务招标投标管理办法》（财政部令第87号）第七十六条、第七十八条	依法依规妥善保存采购文件
28	未及时签订合同（本条适用于采购人）	未在中标、成交通知书发出之日起30日内签订政府采购合同	《政府采购法》第四十六条	严格依法签订合同
29	合同内容不完整（本条适用于采购人）	未按照采购文件确定的事项签订政府采购合同； 未在采购合同中约定履约保证金退还的方式、时间、条件、不予退还的情形和逾期未退还的违约责任； 未在采购合同中约定资金支付的方式、时间和条件	《财政部关于促进政府采购公平竞争优化营商环境的通知》（财库〔2019〕38号）	依法依规签订合同，不得有与招投标文件无关的内容
30	未及时备案及公开政府采购合同	采购合同自签订之日起7个工作日内，未将合同副本报同级政府采购监督管理部门和有关部门备案； 自政府采购合同签订之日起2个工作日内，未在省级以上人民政府财政部门指定的媒体上公告政府采购合同； 公告的政府采购合同中涉及国家秘密、商业秘密的内容	《政府采购法》第四十七条 《政府采购法实施条例》第五十条	依法依规及时备案和公开政府采购合同

续　表

序号	禁止行为	具体内容	法理依据	防控措施
31	未依法履行合同或组织验收（本条适用于采购人）	合同履行中追加与合同标的相同的货物、工程或者服务的采购金额超过原合同采购金额10%；擅自变更、中止或者终止合同；未按照政府采购合同规定的技术、服务、安全标准组织对供应商履约情况进行实质性验收；政府向社会公众提供的公共服务项目，验收时未邀请服务对象参与并出具意见，验收结果未向社会公告	《政府采购法》第四十九条、第五十条《政府采购法实施条例》第四十五条、第六十七条	严格依照合同内容履行合同及完成验收工作
32	未及时支付资金（本条适用于采购人）	对于满足合同约定支付条件的，采购人在收到发票后30日内未将资金支付到合同约定的供应商账户；以机构变动、人员更替、政策调整等为由延迟付款；将采购文件和合同中未规定的义务作为向供应商付款的条件	《政府采购法实施条例》第五十一条《政府采购货物和服务招标投标管理办法》（财政部令第87号）第七十五条《财政部关于促进政府采购公平竞争优化营商环境的通知》（财库〔2019〕38号）	依法依规根据合同内容及时支付资金
适用主体：评审专家				
1	入库环节禁止行为	提供虚假申请材料进入评审专家库	《财政部关于印发〈政府采购评审专家管理办法〉的通知》（财库〔2016〕198号）第二十九条	依法依规完善评审专家相关信息
2	评审前禁止行为	与供应商存在利害关系未回避；收受采购人、采购代理机构、供应商贿赂或者获取其他不正当利益；确定参与评标至评标结束前私自接触供应商	《政府采购法实施条例》第七十五条《政府采购货物和服务招标投标管理办法》（财政部令第87号）第六十二条《政府采购非招标采购方式管理办法》（财政部令第74号）第五十五条	依法依规参加采购评审活动，不得获取不当利益、私自接触供应商

续　表

序号	禁止行为	具　体　内　容	法　理　依　据	防控措施
3	评审过程中禁止行为	未按照采购文件规定的评审程序、评审方法和评审标准进行独立评审； 除投标文件中含义不明确、同类问题表述不一致或者有明显文字和计算错误情形外，接受投标人提出的与投标文件不一致的澄清或者说明； 违反评标纪律发表倾向性意见或者征询采购人的倾向性意见； 对需要专业判断的主观评审因素协商评分； 接受投标人提出的与投标文件不一致的澄清或者说明（"87号令"第五十一条规定的情形除外）； 在评审过程中擅离职守，影响评审程序正常进行； 拒绝在评审报告上签字	《政府采购法实施条例》第四十一条、第七十五条 《政府采购货物和服务招标投标管理办法》（财政部令第87号）第五十一条、第六十二条 《政府采购非招标采购方式管理办法》（财政部令第74号）第五十五条 《财政部关于印发〈政府采购评审专家管理办法〉的通知》（财库〔2016〕198号）第二十九条	依法依规参加评审活动，禁止一切不当行为
4	评审结束后禁止行为	泄露评审文件、评审情况和评审中获悉的国家秘密、商业秘密； 记录、复制或者带走任何评标资料； 拒不履行配合答复供应商询问、质疑、投诉等法定义务； 以评审专家身份从事有损政府采购公信力的活动	《政府采购法实施条例》第四十条、第五十二条、第七十五条 《政府采购货物和服务招标投标管理办法》（财政部令第87号）第六十二条 《政府采购非招标采购方式管理办法》（财政部令第74号）第五十五条 《财政部关于印发〈政府采购评审专家管理办法〉的通知》	依法依规参加评审活动，禁止一切不当行为

续表

序号	禁止行为	具 体 内 容	法 理 依 据	防控措施
适用主体：供应商				
1	存在关联关系	负责人为同一人或者存在直接控股、管理关系的不同供应商，参加同一合同项下的政府采购活动；除单一来源采购项目外，为采购项目提供整体设计、规范编制或者项目管理、监理、检测等服务的供应商，参加该采购项目的其他采购活动	《政府采购法实施条例》第十八条	依法依规参加采购活动，禁止与采购人有关联关系
2	不公平竞争	向采购人、采购代理机构、评标委员会、竞争性谈判小组或者询价小组成员行贿或者提供其他不正当利益；提供虚假材料谋取中标、成交；采取不正当手段诋毁、排挤其他供应商；在招标采购过程中与采购人进行协商谈判	《政府采购法》第七十七条《政府采购法实施条例》第七十二条	依法依规参加采购活动，禁止一切不当行为
3	恶意串通	直接或者间接从采购人或者采购代理机构处获得其他供应商的相关情况并修改其投标文件或者响应文件；按照采购人或者采购代理机构的授意撤换、修改投标文件或者响应文件；与其他供应商协商报价、技术方案等投标文件或者响应文件的实质性内容；属于同一集团、协会、商会等组织成员的供应商按照该组织要求协同参加政府采购活动；	《政府采购法实施条例》第七十四条《政府采购货物和服务招标投标管理办法》（财政部令第87号）第三十七条	依法依规参加采购活动，禁止一切不当行为

续 表

序号	禁止行为	具 体 内 容	法 理 依 据	防控措施
		供应商之间事先约定由某一特定供应商中标、成交；供应商之间商定部分供应商放弃参加政府采购活动或者放弃中标、成交；供应商与采购人或者采购代理机构之间、供应商相互之间，为谋求特定供应商中标、成交或者排斥其他供应商的其他串通行为；不同投标人的投标文件由同一单位或者个人编制；不同投标人委托同一单位或者个人办理投标事宜；不同投标人的投标文件载明的项目管理成员或者联系人员为同一人；不同投标人的投标文件异常一致或者投标报价呈规律性差异；不同投标人的投标文件相互混装；不同投标人的投标保证金从同一单位或者个人的账户转出		
4	未依法依规签订合同	在中标、成交通知书发出之日起30日内，无正当理由不与采购人签订政府采购合同；中标、成交通知书发出后，中标、成交供应商放弃中标、成交项目；未按照采购文件确定的事项签订政府采购合同，或者与采购人另行订立背离合同实质性内容的协议的	《政府采购法》第四十六条《政府采购非招标采购方式管理办法》（财政部令第74号）第五十四条《政府采购货物和服务招标投标管理办法》（财政部令第87号）第七十二条	依法依规参加采购活动，必须根据法律规定及时签订合同

续 表

序号	禁止行为	具体内容	法理依据	防控措施
5	未依法依规履行合同	拒绝履行合同义务；提供假冒伪劣产品；将政府采购合同转包；未经采购人同意，中标、成交供应商采取分包方式履行合同；擅自变更、中止或者终止合同	《政府采购法》第四十八条、第五十条《政府采购法实施条例》第七十二条《政府采购非招标采购方式管理办法》(财政部令第74号)第五十四条	依法依规参加采购活动，必须根据法律规定履行合同
6	在监督检查和行政裁决中提供虚假材料	拒绝有关部门监督检查或者提供虚假情况的；捏造事实、提供虚假材料或者以非法手段取得证明材料进行投诉	《政府采购法》第七十七条《政府采购法实施条例》第五十七条、第七十三条《政府采购质疑和投诉办法》(财政部令第94号)第二十九条、第三十七条	依法依规参加采购活动，禁止在监督检查和行政裁决中提供虚假材料

（四）构建采购全流程监管问责机制

在市场活动中因为信息不对称始终存在，为了纠正客观因素对采购过程造成的行为偏差，杜绝权力寻租、权钱交易等现象，大学必须重视相关职能部门对采购经济活动运行过程的监督检查，构建监督到位、严格问责的大学采购工作机制，管住乱伸的"权力之手"。

大学的纪检监察部门对于采购程序、采购档案、质疑投诉等环节进行全方位、全流程的监督管理，通过巡视、专项审计、自查、抽查、警示教育等形式，推动采购工作阳光、透明。审计部门通过对大学采购项目的绩效评价，提高大学采购的经济效益。一旦发现违法违纪、寻租腐败的行为，严肃追责问责。

目前，很多大学都已将廉政建设和采购业务管理通过采购信息化平台有机融合起来。采购管理部门主动给大学的纪检监察部门和审计部门设置系统监督管理权限，对权力运行的关键部位、重点环节进行全程化实时监控，有效地提高了学校防治腐败的预警能力和科技含量。

二、建设信息化采购管理平台

作为一种新型的社会经济形态，"互联网＋"已然进入我们的生活，传统的社会管理体系在新科技的助力下逐步向信息化管理模式转变。我国部分大学已经在政府采购信息化建设领域取得了显著成果，如清华大学、天津大学、中山大学、上海交通大学、同济大学等大学采购管理系统和快速采购平台都为兄弟大学树立了信息化采购管理的典范。全国各大学都以不同的形式在探索信息化采购新模式。从目前实践上看，各大学的政府采购信息化建设主要有以下特点：

第一，信息化采购管理平台规范、高效。大学间信息互联互通，对于已经成熟的信息化采购管理平台，使用普及率较高。优点是，成熟的信息化采购管理平台能够尽快部署上线，学校可以在最短时间内使用推广，能够快速提升工作效率，实现无纸化、网络化办公。采购流程中的各类角色都可以通过电脑、手机等终端实时办理采购业务。对于采购项目审批流程、信息发布、采购数据的统计、整理、分析工作，明显优于传统管理模式。

第二，信息化采购管理平台流程标准化。目前国内大学使用范围较广泛的信息化采购管理平台，可以满足采购流程中的标准化常规业务需求，以基础采购业务流程为主，但是对于采购流程的前置论证、审批流程和后端设备验收、资产入库的管理内容相对缺乏，以在采购管理部门内部使用为主。如需要实现横向职能部门间流程互通、数据共享，还需要针对高校采购管理中的个性问题进行定制开发，这必将是大学信息化采购管理平台未来的走向趋势。

第三，信息化采购管理平台安全性有待提升。信息化时代的安全问题是国家安全和社会经济发展的"七寸"。目前，我国大学的信息化采购管理平台安全问题重点在网络安全方面，偏重于硬件安全和网络行为规范，诸如采购管理系统的服务器、交换机、防火墙、安装不间断电源等；还有加强网络访问控制，对用户访问网络资源的权限有不同级别的认证和控制，对采购数据进行加密保护、备份等。但是，对于大学信息化采购管理平台中大量的"软实力"——大学采购项目的内涵信息安全问题，鲜少有人关注。我国现行的《政府采购法》并没有对信息安全管理予以明确规定，导致政府采购法律体系中缺乏信息安全方面的顶层设计，信息安全审查和监督缺乏强有力的依据。信息安全制度的不健全有可能会因大学采购项目的内涵信息引起其他国家或组织的关注，通过收集分析大学采购的重要信息窥探我国的科技发展趋势。这一问题必须引起我们高度警惕并加以防范。

三、注重采购人才队伍建设

大学采购人员是学校货物、工程、服务项目的采购执行者,人才队伍的道德品质及专业素养,是大学实现高水平大学建设目标的重要保证。

第一,大学领导和职能部门需要充分理解并高度重视政府采购对于大学的科研、教学的意义,在制度建设和组织架构布局中合理设置采购管理部门机构、配置采购管理工作人员、释放采购人员职称晋升活力,形成稳定的高校政府采购管理机制和人才队伍。

第二,注重采购人员的专业知识培养。大学采购人员的专业素养和知识更新能力直接影响到采购业务的质量。综合性大学学科门类众多,采购需求复杂多变,这就要求大学采购人员要熟悉采购业务和技巧,善于搜集、分析和运用各种信息处理采购业务。在科技水平提升的助力下,市场变化迅速,大学采购人员只有不断更新理论知识的学习才能做到与时俱进,在实践中增长才干,提高学校政府采购的经济效益。

第三,要提升采购人员职业道德素养。高度重视采购人员的职业道德建设,在实施采购过程中,应该加强大学采购人员的政治思想和廉政教育。不断对采购人员进行职业道德素质的教育与学习,把大学采购队伍建设成公平、高效、廉洁、富有战斗力的集体,杜绝权钱人情的交易和损公肥私的行为,有效遏制腐败现象的发生。大学是我国科技创新和文化发展的前沿阵地,采购人员应该走在队伍的最前列,只有其整体素质和道德水平得到切实有效的提高,大学才能得到健康持久的发展。

第三节　大学采购风险管理实践案例

上海大学秉承"以人民为中心,有温度地采购;以廉洁为根本,干干净净地采购;以绩效为目标,又快又好地采购"的管理理念,在制度建设、管理创新、专业服务、信息化建设等方面稳妥革新,推出采购过程管理系统、"上大迅采"和"零星采购综合智能竞价平台"等具有自身特色的快速高效的采购机制与模式,完成业务流程从线下到线上的迁移,实现采购全流程公开、透明、可追溯,提高采购效率和师生体验度,降低采购廉政风险。

上海大学与校内相关职能部门加强协作,从计划提出、预算编制、立项论证,到细化需求、制定标书、组织采购,再到项目验收全过程进行有效控制,有效防控资金执行风险,逐步实现预算制定、采购执行、验收履约、使用过程的闭环控制。

事前控制:重点由立项管理部门和财务部门对采购预算和采购计划进行控制;事中控制:重点由实施归口管理部门、采购组织部门对采购关键过程进行有效管控;事后控制:重点由实施归口管理部门、采购组织部门和法律部门对合同文本和履约验收等进行审查。

在流程梳理方面,通过全面梳理,形成了"工程类业务流程""设备类业务流程""服务、材料类业务流程""图书类业务流程""家具类业务流程"等信息化建设,通过信息化建设将内控理念、流程等要素固化,实现采购全过程留痕及预警,做到精准监管。

针对10万~50万元货物和服务自主采购项目,在吸收招投标法理基础上优化采购流程,设计"上大迅采"快速采购平台,采用计算机智能辅助评审,嵌入教师初选机制,增加沟通协商环节,充分尊重和保障教师的采购自主权,采购效率明显提升,极大提升了师生的便捷性和满意度。

同时,上海大学将风险防控和采购效率有机结合,多维度构建采购风险防火墙。按照内控建设的"五位一体"建设要求,高度重视部门内控建设的持续推进,正视采购内控薄弱环节,通过校内各部门会商、专业机构咨询访谈与对接、校内外专家论证等多种机制和方式,进一步优化目前拟定的制度,梳理采购风险,持续推进信息化建设,夯实采购基础。

通过理念引领、队伍建设、信息化建设、风险评估和监督管理等方面,提升全校安全采购意识,构建全面有效、实操性强的采购风险防控体系,筑牢采购风险防控"防火墙",确保学校采购活动合法合规。

一、系统健全的内控治理架构:实现全方位

为加强对学校招标采购工作的领导,有效推动招标工作的执行与落实,特成立学校招标采购工作领导小组,负责审议和决策招标采购工作中的重大事项,包括审议学校招标采购工作的规章制度、管理程序,管理和监督招标采购工作,审议变更招标采购方式等项目的申请,协调相关职能部门之间的工作等。

依托上海大学数字校园统一数据交换平台,以规范、快捷、便利为目标,构建了集多种采购类别、多种采购方式为一体的全流程采购管理信息平台,优化采购程序,简化工作流程,打通财务、资产入库系统,实现"一键申购""一网通办",构成了学校资产管理系统的重要一环,确保采购工作规范、透明、廉洁、高效,如附图 2 所示。

建成规范、标准的电子开评标室,与采购管理信息平台共同构建了统一标准、操作规范、公平竞争、透明高效的采购保障体系,有效规范招标流程。

通过设置采购管家、常态化学习机制等举措,加强采购队伍建设,存戒惧、知敬畏、守底线,打造忠诚干净担当高素质的采购"铁军"。

二、简明完善的制度体系:实现全覆盖

以内控为抓手,健全完善与一流大学相匹配的采购管理制度体系,出台 3 个管理办法、7 个实施细则,实现采购管理全覆盖、全流程、全方位,如附图 3 所示。

三、高效规范的业务流程:实现全过程

形成了一套涵盖仪器设备、材料、服务、家具、图书等所有门类的采购流程图,形成了 13 个工作规范、11 个工作指引、8 个模板范本、9 个业务用表,业务流程与制度建设一一对应,实现了流程顺畅、业务规范。

四、实用有效的风险应对机制:重大风险应对与防控

积极梳理采购过程中的 75 个风险环节、149 个风险点,制定防控措施 112 条。其中,高风险 9 个、中风险 65 个、低风险 75 个。编制廉政风险防控工作手册,划定 5 条采购红线、10 条采购须知、40 条采购负面清单,对自主采购项目进行自查抽查,不断强化采购廉政风险防范意识。

五、可持续的评估和改进机制:可持续保障

邀请第三方机构对采购风险防控落实情况进行评估,对标对表、查漏补缺、动态改进、持续提升,加强内控体系评价结果的应用。

目前上海大学正部署实施"三六五"安全采购计划,打造"三位一体、六道防线、五库建设"的采购安全防御体系,即以党建引领、内控建设、信息赋能为一体,构筑思想防护、风险识别、资源共享、协同防御、技术保障、管采分离六道防线,通过供应商库、评审专家库、采购信息库、案例信息库、警情信息库五库建设,全方位、多维度守护采购安全,提升采购安全指数。

上海大学采购与招标管理办公室与学校纪检监察办、审计处、相关职能部处建立一系列信息沟通机制,如三重一大事项会议制、专项工作会商制等,将监督监管工作从以往的采购后期工作转变为采购全流程监管,重大项目在采购执行初期就进行业务指导和跟踪,从源头遏制采购风险。并且在采购管理系统中,为纪检监察部门授权,纪检工作人员可随时随地监督采购过程、在线查看电子开评标室工作情况,真正做到规范、透明、廉洁、高效。

上海大学建立采购管理联络和沟通工作机制,设置采购专员,定点对接联络,覆盖全部院系和部门,指导二级单位实务操作,沟通交流采购工作情况。全体党员亮行动、亮作为,线上线下争答采购疑难问题,党员们讲得耐心,讲得细致,师生们听得明白,听得舒心。多途径收集咨询问题或建议,建立工作任务清单,解决师生关注的采购热点、难点问题,提高采购服务水平。在微信公众号上定期推出"以案释规"信息,通过真实案例分析采购中需要注重的难点、细节,普及法律知识,提升师生阳光采购的意识。

【参考文献】

[1] 张延霞,王春丽.基于内部控制的民办高校财务风险管理研究[J].教育财会研究,2022(6).

[2] 谷雨.高校采购制度的完善研究:以X大学为例[D].杨凌:西北农林科技大学,2017.

[3] 孟晔,王文秀.政府采购严重违法失信行为记录分析[J].招标采购管理,2021(7).

[4] 程平.浅谈强化我国高校政府采购队伍的人才建设[J].企业导报,2013(7).

[5] 吴金栋,顾倩,刘剑文.构建高校招标采购内部控制体系的研究与实践[J].实验室研究与探索,2019(9).

[6] 苟燕楠,王林军,王瑞,花永盛.贯彻新发展理念 探索提升大学采购治理能力[J].中国财政,2021(11).

[7] 贾延江.中山大学积极探索与完善高校采购制度与流程[J].中国政府采购,2021(9).

[8] 彭超.高校采购管理部门存在的风险难点及举措分析[J].财会学习,2022(1).

[9] 鲁晓峰.高校政府采购内控管理相关文献综述[J].经营与管理,2022(4).

第四章 大学采购一体化建设

大学作为高层次专业人才的摇篮,自身的发展和资金、资产等资源的配置至关重要。从我国大学当前发展和资源配置的情况来看,推进大学采购、财务、资产的统一管理和统筹控制具有重要意义。现阶段,大学采购、财务、资产一体化管理的研究相对较少,如采购与财务预算管理一体化、采购与资产管理一体化、采购与绩效管理一体化等(如附图4所示)。基于该问题,要求运用行之有效的方法对其进行分析研究。为此,本章阐述了大学采购与资产、财务的关系和一体化管理建设途径。

财务管理是维持、加强资金链和确保大学运作的核心,包括预算、会计、审计、融资和投资。财务管理不仅仅是大学专业的会计和财务管理工作。从大学的发展和全球化运作的角度来看,财务管理在于加强大学经费配置的合理性,在短期内实现大学经济效益的最大化,支持高质量的教育和教学。

大学采购是大学针对自身资源配置、教学科研需求,在相关部门和社会的监督下,以相关程序规定购买货物、服务和工程的行为。采购管理通过资产需求分析、分级审核、财务预算核算等将采购目的、采购过程、采购流程、采购结果等进行工作明确,对采购项目的合理性、必要性、保障性、执行性进行分析管理。

资产管理主要针对资产的实物形态进行管理,真实完整地反映资产使用状况,合理配置和有效利用资产,防止国有资产流失等。管理的资产主要包括流动资产、固定资产、在建工程、无形资产、公共基础设施、文物文化资产、保障性住房等。

第一节 大学采购一体化管理概述

一、大学采购、资产、财务全生命周期管理

大学资产管理的整个生命周期包括计划编制、采购实施、结算入账、报废

处理。全生命周期管理旨在通过采购、资产和财务的整合，将采购、资产、财务管理和动态控制的概念融入资产全生命周期的各个阶段，从而提高固定资产的投资绩效。

（一）计划编制环节

计划编制环节主要是资产管理部门根据各部门提出的采购需求编制采购计划，分类汇总后制定采购计划。编制年度预算并防止预算失控，为按时完成资产收购项目提供服务保障。

（二）采购实施环节

采购实施环节分为采购计划制定、招标投标、合同签订、验收等环节。采购部根据采购计划制定采购方案，重点关注预算金额和业务要求的制定是否合理，做到事前控制。在采购阶段，采购部门必须安排专人参加现场开标，严格控制标书和投标人对各种商务要求的反应，规避招投标风险。在合同签订阶段，要配合有关部门做好合同签订工作，严格审核合同金额、付款方式、付款进度、质量保证资金、银行账号、违约情况等业务信息，规避风险资本。收货环节要与资产管理部门、需求部门等参与收货，核对货物是否符合合同、招标文件中的型号、规格、技术参数等，确保投资的有效使用。

（三）结算入账环节

财务部门要在预结算支付阶段严格审核报销材料的真实性和完整性，同时按照资产登记表和资产种类对资产费用进行核对和会计处理。用户在缴纳保证金时必须出具无质量问题证明，确认商品在使用过程中不存在质量问题后方可缴纳保证金。

（四）报废处理环节

固定资产处置，使用部门必须先向固定资产管理部门提出申请，根据报废对象填写《固定资产报废单》，并详细说明固定资产的技术状况以及报废原因。固定资产清单需有关部门审核。在核实和完成相关报废程序后及时进行财务账户处理。

二、大学采购对资产、财务一体化管理的作用

作为大学治理的重要环节,有效的采购管理与落实有利于提升大学资产与财务的管理水平,对大学资源利用率提升具有积极意义。

(一) 采购管理有助于强化采购预算编制和执行

对于大学来说,采购预算的科学性非常重要。做好资产管理工作,首先要做好采购预算,加强预算规划论证,细化预算。在采购执行中,要优化编制预算、资金支出、采购计划等,由专业人员编制更详细的需求计划和收支,严格按照制定的预算执行采购计划。

采购管理加强预算管理。一是要在部门预算的基础上着力提高部门预算质量。二是预算要科学编制。预算编制前,要对项目的技术指标进行初步调研,科学论证价值应用和技术人员配置。同时,采购预算要细化二级、三级,加强归口管理部门审核,真正做到无采购不预算,提高预算编制和执行水平。

(二) 采购管理有助于物资合理配置

大学需采购的材料种类繁多。长期以来,不同院系的重复设备种类繁多,如计算机、打印机等,部分设备利用率低导致资源浪费严重。同时,分散资金的使用会导致多个部门难以采购到优质设备,不利于大学发展。采购管理可以优化财务预算,通过学校采购与供应一体化,减少不合理和不必要的采购,实现资源的合理配置。

(三) 采购管理有助于提升物资质量,促进课题项目验收

大学采购经常利用市场竞争来压低资产价格,以保证资产质量。同时,也存在限制供应商的合同要求和验收方式,以提高采购质量,实现高品质、高价格。目前,大学课题和项目较多,资金管理有相关规定。预算执行严格按照采购验收程序进行,完成课题的项目验收。

(四) 采购管理有助于规范预算支出,减少权钱交易

通过公开采购和高度竞争,可以提高大学预算资金的使用效率,有效杜绝各种不正当竞争,减少不必要的损失。通过采购供应商分离和招投标时买卖

双方的分离,提高采购透明度,防止腐败,促进大学廉政建设。

第二节 大学采购与财务管理

采购管理是对大学采购项目的合理性、需求、安全性和执行情况的分析与操作,是提高采购项目规范化和开展日常工作的一种管控手段。目前,大学采购管理正在逐步走向市场化,从采购项目的设立到采购项目的实施,都必须通过内部市场机制和外部市场分析来进行。内部市场机制主要是通过资产需求分析、审计审核工作、财务预算核算等对采购目标、采购流程、采购结果等进行监控和评估,明确采购目标、采购流程、采购结果等。这就要求采购工作与采购工作实施前、中、后的财务管理挂钩,便于采购项目资金分配和预算核算的实施。然而,当今大学采购管理也存在诸多问题,如多方应用、迭代采购、采购管理监控体系缺失等,都对大学采购管理产生了影响。因此,采购管理是大学资产管理的重要组成部分,加强采购管理一体化建设十分重要。本节主要讨论大学采购与财务预算的协同管理。

一、大学采购与财务管理现状及问题

在采购方面,采购预算编制的高低直接影响到项目采购的实施和后续的采购绩效考核。从财政预算管理的角度来看,大学采购是三级财政支出的主要形式之一。大学采购预算编制主要存在以下问题:

(一)采购预算编制主体定位不清晰

采购预算是各大学年度财务预算的重要组成部分,需统一编制、统一审核和批复。实施有效的预算非常重要。大学采购业务流程往往涉及多个职能部门,需要跨多个部门协同构建。目前,大学采购预算主要机构的定位不明确,大多没有发挥多部门协调共同推进预算的作用。通常情况下,计划财务部门负责资金管理,采购申请部门提出采购计划,职能采购部门负责执行采购流程。有两种准备模式:一是发展以需求为导向的大学采购预算。各采购申请部门完成下一预算年度的采购申请计划,计划财务部门汇总校内各采购申请部门的采购计划,编制采购预算。根据收购项目制定收购计划。二是以经费

导向模式编制高等教育采购预算。按照学校的年度财务计划和经费计划,计划财务部门初步提出资金分配方案,即采购需求部门基本确定可以采购的资金。计划财务科汇总学校采购部门的采购计划,按类别编制采购计划、采购预算,并纳入学校财务预算。以上两种模式只能看到各部门在预算编制过程中的分工,难以确定大学采购预算编制的实际主体。这种多部门负责的状态,看似分工明确,但在现实中很容易使大学采购预算职责不清,导致预算主体难以落实,无法落实,很难在评估预算绩效方面取得良好效果。

(二)采购需求计划不确定导致预算编制科学性、全面性和确定性不强

第一,经费安排的合理性无法保证。采购预算编制时间与大学财务计划编制时间不一致,采购预算编制时间不能与大学财务计划编制时间同步,容易造成大学预算的盲目编制。此外,采购资源的配置会受到人的主观性的影响,分配容易产生偏差和随机性,在实际工作中很容易导致采购预算出现偏差。

第二,规划的合理性和连续性得不到保障。编制预算资金时,没有对采购需求进行科学研究。为贯彻落实《深化政府采购制度改革方案》有关要求,加强政府采购申请管理,财政部于2021年4月30日印发了《政府采购需求管理办法》。但是许多大学在自身建设过程中仍然只根据当年预算制定采购计划,忽视了计划的合理性和连续性,影响了科研及教学的发展,导致资源利用性能不佳;在采购需求分析阶段,仍缺乏足够的市场调研,容易导致项目后期技术要求与前期预算金额不匹配,影响采购执行效率,甚至可能引发诚信风险。

第三,部分筹措资金未纳入预算编制。目前,大学经费来源渠道较多,部分经费来源不明确,可能财政年度预算外经费、专项科研经费、助学金或自筹经费来源等往往不包括在内。资金一旦入账,往往预算不明确,难以进行有效采购。

(三)采购预算编制业务知识有待加强

政府采购预算的业务知识高度专业化,需要对人员进行专门培训。大学采购支出高,采购项目多。预算相关工作要求编制人员具备专业的会计知识,熟悉相关采购法律法规。例如,《政府采购法》规定,"负责编制部门预算的部门在编制本部门下一财政年度部门预算时,必须列出该会计年度的项目预算和政府采购资金"。这就要求预算编制者对采购项目进行明确分类。又如各

大学在编制和公布采购预算时,要明确是否针对小微企业、涉及行政办公的通用设备采购模式、科研设备采购预算是否要明确。这些表明采购预算编制者只有掌握政府采购政策法规,编制的预算才能更加合理和规范。但是,很多财务预算规划人员并不实际参与采购计划的实施,也不熟悉政府采购的相关规定。财务预算知识与采购业务知识难以融合,导致预算调整,采购效率降低。

二、大学采购与财务一体化管理思路

提升采购预算编制水平有利于提升大学采购绩效,具体管理思路如下:

(一)结合内部控制机制,实行采购预算编制主导管理

大学采购预算编制是一项系统工程,须与内部控制机制相结合,做好职能合理分配、集中整合工作,落实采购计划汇总、预算编制、采购监督和绩效考核。在大学采购实践中,采购预算的编制应由计划、财务部门牵头管理,加强组织协调的基础性工作。资产管理部门做好资产清点工作,为现有资产利用率提供支持。采购申请部门在提出采购申请时要做好基础研究,根据实际情况提出合理的采购申请。按照《政府采购需求管理办法》,对技术采购要求、业务需求、采购计划等进行充分的市场调研、论证和明确,为进一步落实提供保障支持。特别是可行性论证工作要多方协调。计划和财务部门审查采购需求的预算;资产管理部门通过专家论证评估其技术参数的可行性;职能采购部门确认采购实施过程的可行性是否存在倾向性、是否进口、是否属于政府集中目录等。此外,对于高耗能或复杂技术的采购,后勤保障、信息技术等职能部门要参与论证,提出改进建议。

(二)进一步优化大学采购预算编制体系

大学计财部门要进一步优化采购预算制度。一是最大限度地实现采购预算编制与财务计划的同步,优化完善合理有效的财务预算制度。二是按照有利于学校发展的原则,结合历届年度预算执行情况,客观、公正地分配经费,提前牵头大型采购项目论证等基础工作。三是加强政府采购法律法规审查,将政府采购业务知识和财务预算业务知识纳入相关部门人员业务培训范围,加强对财务、采购人员相关预算与采购知识的培训,提高预算编制的科学性,明确其执行规范。四是鼓励发展采购预算系统计算机化。通过校园网络计算机

化，将财务管理、资产管理、采购管理等系统平台进行整合和协调，提高学校预算编制、计划申报、采购执行、合同签订、资产存储和资金支付等方面的规范化和便利化。该信息平台可以直观地反映各采购项目的预算执行效率，提高采购综合管理和财务预算水平。

（三）优化完善大学采购预算绩效评价体系

预算法明确要求采购单位对资金使用绩效进行考核，财政部门也出台了与财务费用绩效考核相关的管理办法。因此，大学一是要根据自身发展需要，结合自身实际，优化和完善采购预算绩效评价体系。一个好的采购预算绩效考核体系首先要有制度保障，明确绩效考核结果在部门整体考核中的作用。二是优化合理采购预算绩效考核指标体系，指导部分工作落实，强化考核预算基础工作，突出预算编制链条的重要性。三是强化考核结果落实。将采购预算绩效考核结果与下一年度预算编制工作有效挂钩，以绩效考核结果作为审批同期预算项目的依据，进入实质性采购流程。

第三节　大学采购与资产管理

随着我国大学资产总额不断增加，加强大学国有资产管理工作显得越来越重要。按照《财政部关于进一步加强政府采购需求和履约验收管理的指导意见》（财库〔2016〕205号）的要求，各大学应将资产管理从事后监督转移到事前监督。强化资产全过程管控，加强和规范大学国有资产管理，维护大学国有资产安全，提高大学国有资产使用效率。本节深入探讨大学采购与资产管理的现状、注意事项并提出建议。

一、大学采购与资产管理现状及问题

目前，大学资产管理与财务部门在资产获取过程中的参与度不高，导致资产需求的科学论证和科学获取不足。大学资产管理部门主导各二级部门的资产盘点和资产配置，财务管理部门负责根据设备预算支付设备费用。大学对新增资产的收购审批权下放，没有考虑采购部门的资产库存状况、资产配置现状、现有资产配置的总体水平、收购资产的需要和实施情况。重复性的资产采

购活动导致资产配置不合理,造成资源浪费。此外,部分大学资产管理无法有效提取固定资产折旧信息,固定资产净值为 100%,无法真实反映大学固定资产的新旧程度,在资产管理和配置方面不能完全发挥作用。

(一)固定资产管理意识不强

大部分大学存在重买轻管现象,固定资产管理意识强烈不足,没有充分发挥作用。在资产配置和使用效率方面缺乏作为,造成大量浪费。此外,大部分大学资产管理部门和财务部门在日常工作中协调不及时、不全面,部分采购资产因各种原因未能按时收到,资产入库存在延误。

(二)采购需求管理不全面、不明确

部分大学采购需求管理不全面,在上报政府采购预算时未检查现有固定资产管理系统中的资产库存信息,存在重复采购的情况。同时,部分大学教授对所购设备的技术参数、规格、型号等要求不明确,所购设备不能真正满足教学科研需要。

(三)固定资产验收形式化

一些大学购买的仪器设备是专业性极强的,而参与采招的教师专业性不强,采购要求也不清楚,因此在采购过程中很容易吃"哑巴亏",或者历年制预算执行期限紧张,任务艰巨,导致采购验收及入库流于形式化。

二、大学采购与资产一体化管理思路

随着诸多大学办学规模的高速发展,对资产管理工作的要求也越来越高。大学要管理好固定资产,首先应加强思想认识,提高管理水平。

(一)优化完善资产管理信息平台

目前,大部分大学都建立了固定资产管理系统,基本涵盖了固定资产管理包含的所有业务,包括固定资产验收、增加、调拨、处置、清查、统计、分析、上报数据等。在大学信息管理部门统一架构下,必须与预算管理和采购管理系统对接,利用信息平台实现资产管理的事前监督前置,加强资产的全生命周期监督管理,促进预算、采购与资产管理的有机结合。整合现有高校网络资源,充

分利用新一代信息技术,优化更新资产设备数据库,实现各类资源信息共享,避免重复采购,提高资源协同管理效率,为学校发展提供决策依据。

（二）制订适合学校发展的科学有效的采购计划

特别是大型、贵重设备采购,应根据学校发展、学科发展规划和学校教学、科研与社会服务的需要制定年度采购计划。通过对采购订单进行科学必要的分析论证,制定详细的年度采购计划,可以有效保障采购项目的顺利实施。

（三）加强大型、贵重仪器设备立项论证

大型、贵重设备清单和设备立项论证非常重要。项目论证包括：需求分析、紧迫性和设备采购工作量分析、技术实力和管理能力分析、安装场地和安装条件调查、仪器设备的进度和实施情况、风险分析和预计收益。在每一个环节都必须加强立项分析、论证和审核。

（四）加强采购需求和履约验收管理

要根据实际情况,加强对采购项目需求的分析论证。对于复杂的项目,可以提出专业机构和外包专家进行论证。明确采购技术要求和业务要求、采购实施计划等,提出相应的绩效验收标准。在合同的履约验收阶段,还必须根据实际情况自行安排验收或委托第三方专业机构验收。对于资产入库必须在资产管理系统中完整登记所取得资产的名称、价值和购买时间等信息。相关部门在此过程中协同工作,动态管理,避免发生资产漏登、漏管现象。

（五）提升固定资产业务管理能级

大学应利用信息技术,结合自身实际情况计算固定资产折旧,正确反映学校固定资产净现值,避免国有资产流失,真实反映学校固定资产的价值。库存资产可为学校预算决策提供真实数据依据。

【参考文献】

[1] 高伶俐.高校财务管理与采购管理,资产管理的关系与协调研究[J].商业文化,2021(12).

［2］ 王阿妮."放管服"下高校财资一体化管理模式的实践探索：以 XB 大学为例[J]. 行政事业资产与财务,2021(16).

［3］ 郭娟. 基于业财一体化的高校固定资产管理流程优化[J]. 会计之友,2018(9).

［4］ 王官禄. 高校资产管理与财务管理融合的实践思考[J]. 会计之友,2020(20).

［5］ 刘秋宇. 政府会计制度下财务系统与采购、资产管理系统对接的思考[J]. 行政事业资产与财务,2020(19).

［6］ 刘锐军,罗德慧. 基于"业财融合"视角的高校财务一体化信息平台构建探究[J]. 教育财会研究,2022,33(2).

［7］ 李大光. 关于财务一体化建设的思考：以 A 集团财务一体化建设为例[J]. 中国总会计师,2020(11).

［8］ 陈凤. 绩效管理目标下高校政府采购预算编制问题探析[J]. 中国总会计师,2021(2).

［9］ 丁娟,何湘玲,徐庆敏. 业财融合视域下高校财资一体化构建探析[J]. 商业经济,2022(2).

［10］ 吴杉,韩剑锋,薛明霞. 高校推行财采资一体化应用管理研究[J]. 行政事业资产与财务,2020(17).

第五章　大学采购信息化建设

第一节　采购信息化的概念及特点

一、采购信息化的概念

在不同的历史时期和不同的信息技术发展阶段,不同的学者对信息化有着不同的认识和见解,可见它是一个动态的概念。关于其首次被提出的时间,比较一致的观点是1963年日本文化人类学家梅棹忠夫在《信息产业论》中提出:信息化是通信现代化、计算机化和行为合理化的总称。关于我国首次提出信息化这一概念的时间,可以追溯到1986年在北京召开的首届中国信息化问题学术讨论会。芦艳荣在会议论文《信息化背景下的政府采购问题研究》中提出:信息化是指社会经济的发展主要由以物质和能量为重心转向以信息为牵引、知识为支撑,并与物质、能量相融合协同运行,培养以计算机等智能化工具为代表的新生产力,使之造福社会的发展过程。

现代意义上的信息化,已经将计算机网络与先进的信息技术融合在一起,渗透到我们经济社会领域的方方面面,给我们的生产、生活带来质的提升和飞跃。同样,采购领域也搭上了信息化的快车飞速前进。信息化在采购领域的应用主要表现在管理系统和交易平台两大类上,信息化让采购主体、客体、规则等多个要素由线下的纯物理环境搬到了虚拟网络和高效运行的线上新环境。

二、采购信息化的特点

采购信息化也可称为采购电子化,指的是以计算机和网络作为基础支撑,电子商务软件作为依据,互联网为数据传输的纽带,以电子安全系统和电子数据交换技术作为技术保障,在线上进行即时的在线交易与采购全流程管理。

它涵盖了采购计划申请与审核、公告公示信息发布、采购执行以及采购合同签订与网上备案操作等。采购信息化一般需要内部与外部两套系统,内部系统负责采购项目的申请与审批环节,外部系统涵盖采购单位发布的相关信息公告以及供应商参与竞标竞价操作等环节。

运用信息化建设为采购赋能,可以让采购具备以下两大优势和特点:一方面,由于信息化可以实现采购全过程网上实时公开,接受社会与群众监督,全程操作留痕,有助于进一步规范采购行为,增加采购的公开性与透明性,能有效预防采购腐败行为的发生;另一方面,信息化可以实现采购的高效性和易用性,简化采购流程,降低采购成本,为中小企业提供更多便利条件,降低企业投标竞价成本,可以促进采购需求单位与供应商对接交流,加强国际与国内经贸往来,切实提升采购效率、效益与各方满意度。

第二节 大学采购信息化研究述评

20世纪60年代,日本学者林雄二郎首次提出"信息社会"的概念。信息技术也在这一时期进入第五发展阶段,即电子计算机的普及、计算机与现代通信技术的有机结合。在信息社会的发展阶段上,一般认为信息化社会从数字化起步,发展到网络化,正向智能化迈进。

信息社会已成为现实社会的拓展延伸,透过网络对社会控制力和规范制度进行构建,已经对现实社会产生了不可忽视的影响。信息技术日新月异并在全社会和各领域广泛应用,政府采购领域的变革和创新也在这一浪潮中前行。作为财政支出的重要组成部分,政府采购信息化、数字化和现代化成为近几年的热点话题。2015年7月,国务院印发《关于积极推进"互联网+"行动的指导意见》(国发〔2015〕40号),围绕"互联网+"讲述如何把互联网的创新成果与经济社会各领域深度融合,进一步促进社会发展。2017年2月,国家发改委等六部委联合发布了《"互联网+"招标采购行动方案(2017—2019年)》(发改法规〔2017〕357号),要求充分发挥市场机制作用,培育"互联网+"招标采购内生动力,推动招标采购从线下交易到线上交易的转变,实现招标投标行业与互联网的深度融合。2018年11月14日,中央全面深化改革委员会第五次会议审议通过了《深化政府采购制度改革方案》,明确指出加快形成采购主体职责清晰、交易规则科学高效、监管机制健全、政策功能完备、法律制度完善、技术支撑先进的现代政府采购制度。①

信息技术的发展为大学采购信息化建设提供了坚实的物质基础,运用先进技术辅助管理是大学采购管理的必然选择。相对于信息技术的快速进步和广泛应用,作为科技创新高地的大学采购显示出"慢半拍"的实际情况。大学招标采购部门肩负着服务大学基础设施建设和教学科研设备采购的重任,通过信息化建设提升大学采购服务水平,深化大学采购"放管服"改革,是众多大学招标采购部门正在尝试、不断探索和亟须解决的共性问题,也是一个难题。下面以 CNKI 中国学术期刊(网络版)全文数据库(以下简称数据库)发文为研究对象,通过文献计量和内容分析了解大学采购信息化建设现状,以期为今后的研究和采购实践提供参考。

一、研究对象和方法

采购信息化目前尚无统一的定义,为方便探讨,笔者将其定义为将信息技术运用至采购的管理、实施、监管和评估等各个阶段。没有统一的定义并不影响其应用和发展,"放管服"治理体系构建、深化政府采购制度改革和"互联网+"行动指导等改革要求和政策都对政府采购信息化提出具体要求和行动指导。

在数据库中检索时,为了能够最大限度地涵盖大学采购信息化相关文章,以"采购"+"信息化"(数字化/网络化/互联网+/智能化)为篇名检索条件、以"高校"为主题检索条件进行检索,检索截止日期为 2022 年 7 月 15 日。剔除重复和无关文献后,共得相关文献 112 篇。对这 112 篇文献进行定量统计分析,画出文献年度分布图,了解大学采购信息化研究时间和节点分布;对文献发表期刊、作者和机构发文情况和文献被引情况进行分析,了解研究者背景、研究者及期刊关注这一主题的情况;对项目资助情况进行分析,了解该主题受重视的程度;对关键词聚类进行分析,了解大学采购信息化的热点以及发展情况和重点难点。

---

① 中国政府采购报.中央全面深化改革委员会第五次会议审议通过《深化政府采购制度改革方案》[EB/OL].(2018-11-16)[2022-03-25]. http://www.cgpnews.cn/epapers/46544?epaper_period_id=3814.

二、文献计量分析

(一) 文献的年度分布

数据库中最早可查询的关于大学采购信息化建设的文章发表于2002年12月,战海鹏等对高校教材采购网络信息化建设进行了研究。从2002年到2022年7月15日,112篇文献年度分布情况如图5-1所示。

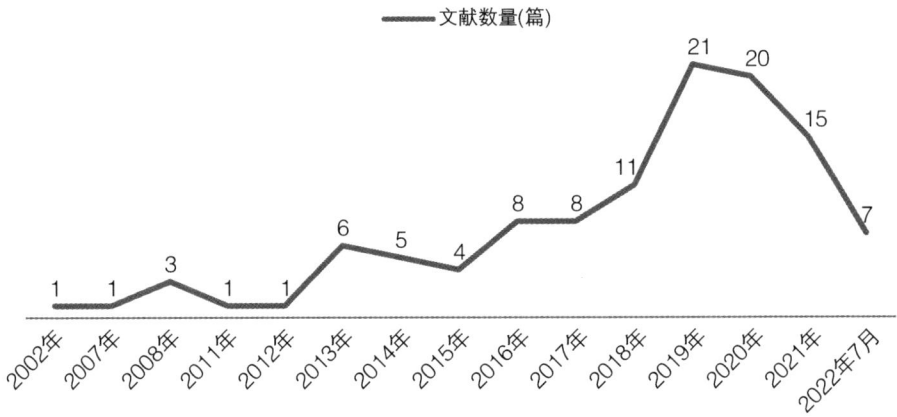

图5-1 大学采购信息化研究文献年度分布

大学采购信息化的研究文献总体数量偏低,数据库检索的同一时间段,以"信息化"+"高校"为检索条件共有11 042篇文献,以"采购"+"高校"为检索条件共有4 530篇文献,112篇文献在这两类文献中分别占比1%和2.5%,可见大学采购信息化的研究尚处于起步阶段。

从图5-1可以看出,在已发表的文献中,不同年份也呈现出分布不平衡的状况。2002年第一篇关于高校采购信息化的文献刊出后,一直到2007年才出现第二篇;2014年之前,大学采购信息化这个主题受到的关注度较低,2014—2018年,研究分布比较均衡但总数略有增加,2020年和2021年研究文献最为集中,这一情况的出现应该和国家出台政府采购相关政策有关。前面我们提到,2018年11月深改方案通过,2019年6月正式发布,研究文献具有一定的滞后性特点,故2020年开始大学采购信息化的研究文献明显增加。但总的来看,该主题文章并未出现爆发式增加,这和大学采购信息化的实际发展情况是基本吻合的。总的来说,大学采购信息化尚处于初级阶段,完全实现大学采购信息化一体化的大学是这个群体中的领跑者和佼佼者,大部分大学处于采购信息化推进过程中,未开始采购信息化的大学也不在少数。

(二) 文献期刊分布

根据文献期刊来源统计,112篇文献分布在62种期刊中,呈现出零星、分散的特征;在核心期刊发表的文章数量共有18篇,占发文量的16.1%;有4种核心期刊发表了关于本主题的文章,分别是《实验技术与管理》(11篇)、《实验室研究与探索》(5篇)、《档案与建设》(1篇)和《兰台世界》(1篇);发表相关文献数量最多的前十名期刊加在一起刊文52篇,占了文章总数的近50%,发文数量最多的前十名期刊如表5-1所示。

表 5-1　大学采购信息化主题发文前十名期刊

刊　名	文 献 篇 数
实验技术与管理	11
内蒙古科技与经济	6
中国管理信息化	6
经济师	5
实验室研究与探索	5
中国物流与采购	5
高校后勤研究	4
现代经济信息	4
行政事业资产与财务	3
中国现代教育装备	3
合计	52

其中,发文数量最多的是《实验技术与管理》,共有11篇,其次是《内蒙古科技与经济》和《中国管理信息化》,各有6篇。发文数量位居第一的《实验技

术与管理》和并列第四的《实验室研究与探索》都是由教育部主管，面向全国高等学校，开展高校实验室建设与管理改革，推广新技术新方法，交流实验教学改革经验等方面研究的核心期刊，两本刊物均开设了政府采购专栏，文章质量比较高，是比较有代表性的核心期刊。① 值得一提的是，中国唯一一份全国性政府采购期刊、财政部主管的《中国政府采购》仅发文1篇，中国机电设备招标中心主办的唯一的国家级招标类期刊《中国招标》没有发文。总的来说，大学采购信息化的研究呈现出百花齐放百家争鸣的状况，但尚未形成规模和体系。

（三）文献作者及机构分布

112篇文献中有49篇为合作完成，占样本总数的43.75%，说明这一主题研究能形成合力；大多数作者为大学行政管理人员（部分为大学"双肩挑"干部），分布在招投标管理办公室、实验室与设备管理处、资产管理处和图书馆等部门，这些部门在大学中为采购管理部门或采购任务较多的单位。从作者所在大学看，有16所大学的发文数量在2篇以上，其中广东工业大学招标中心发表文章4篇，南京审计大学发表文章3篇；广东工业大学招投标中心的杜云翔以第一作者或独立作者的身份发表文章3篇，成为发文数量最多的作者。

由于发文多为大学行政管理人员，研究力量比较单一，专业从事研究的学者对此话题关注较少；绝大多数作者仅发表1篇相关主题文章，研究的系统性、持续性和深入度尚待进一步加强。

（四）文献被引情况

112篇文献中有83篇有被引用记录，占标本总数的74.01%，被引比例较高；按照被引次数对文献进行排名，排名前十的文献共有13篇（如表5-2所示）。一般来说，被引用次数高说明文献受认可程度高，也体现出这些文献具有更高的学术价值。这10篇文献涉及的主题比较广泛，包括大学采购信息化管理模式、信息系统建设、物资设备采购、图书采购、低值易耗品采购等多个主题，其中图书采购有4篇，体现出大学图书馆人员的研究能力和水平较高。有7篇发表于核心期刊，其中6篇发表在《实验技术与管理》上。可见核心期刊的文献受关注度较高，质量也较好。

---

① 鲁晓峰. 高校政府采购内控管理相关文献综述[J]. 经营与管理，2022(4)：147-154.

表5-2 被引用次数排名前十的文献

排名	篇名	第一作者	刊物名称	发表年份	被引次数
1	基于信息化手段的高校政府采购管理模式研究	王惟远	实验技术与管理	2013	41
2	高校设备采购信息化系统建设	施军	实验技术与管理	2013	27
3	推进高校设备采购的信息化建设	陈靖	实验室研究与探索	2017	19
4	高校服务类物资采购信息化建设研究与实践	杨敏	实验技术与管理	2018	15
4	高校阳光采购信息化体系的构建	李达亮	实验技术与管理	2019	15
4	"互联网+"背景下高校图书馆图书采购模式的创新与发展	邓己红	图书馆学刊	2016	15
8	"互联网+"视角下高校招标采购信息化建设策略探析	支琴	实验技术与管理	2019	14
8	大数据背景下的高校图书馆图书采购模式探析	伍瑾	常州大学学报（社会科学版）	2014	14
10	大数据思维在高校图书馆读者决策采购（PDA）中的应用与思考	朱榕	四川图书馆学报	2015	13
10	高校设备采购信息的数字化管理系统设计与实现	张素琴	中国教育信息化	2008	13
10	采购组织机构设置与信息化采购探索	伍扬	实验技术与管理	2017	13
10	低值易耗品定点采购及信息化管理	谭祖印	实验科学与技术	2014	13
10	大数据与互联网时代高校图书馆图书采购的供应链管理研究	黄绿汀	高教学刊	2019	13

(五)项目资助情况

根据统计,共有 37 篇文章获得了项目资助,占标本总数的 33%。其中,省级基金资助项目 12 个,校级资助项目 16 个,学会或联盟资助项目 9 个。在资助级别上尚缺少国家级基金和部级基金项目资助的文章,可见这一领域受主管部门重视的程度还不高。基金项目的资助尤其是国家和部级资金项目资助具有一定的导向意义,会让更多的研究者关注这一领域,促进研究提升和学术繁荣的同时,带动大学采购信息化实践的发展,而大学采购信息化的快速推进也有助于开展更广泛和深入的实证研究,从而形成良性循环。

(六)关键词聚类分析

关键词聚类分析主要是对 112 篇文献进行可视化分析。笔者在关键词共现网络分析中选择出现频次较高(≥3)的关键词,画出关键词共现网络分析图(如附图 5 所示)。

附图 5 显示,"信息化"和"大数据"处于中心地位,分别出现了 24 次和 14 次,"政府采购""高校采购"紧跟其后,出现了 13 次和 12 次。其他出现频率较高的词包括采购、互联网+、图书采购、设备采购、数字化、物资采购、图书馆、采购管理、资产管理等。

从关键词共现的情况看,大学采购信息化研究分布比较散,112 篇文献涉及近 50 个关键词,其中信息化、大数据、互联网+、图书采购、设备采购、采购管理等更受关注,成为大学采购信息化的研究热点。而用户行为、用户需求、主体责任等这几年随着深改方案和信息化发展而出现的热词尚未能和大学采购信息化深度链接,侧面反映出大学采购信息化的建设尚处于探索阶段。

三、主要研究内容综述

关于大学采购信息化研究的文献总量不多,但涉及的主题内容非常丰富,包括采购信息化管理、采购信息化系统建设、图书资源采购、仪器设备和耗材等物资采购等多个方面。

(一)采购信息化管理

关注采购信息化管理的文章最多,约占样本总数的 1/3。研究者大多从大学采购的现状出发,论述运用信息化手段和方式来解决大学采购工作中的现实困难和问题。研究者同时也指出,在信息化建设的推进中有很多难点,包括思维方式、观念转变和需求管理等。刘竞虹[①]等人指出,尽管信息化技术在大学采购中具有很大优势,但当前我国大学在政府采购信息化建设上仍存在一些瓶颈:各大学在政府采购信息化建设上发展不均衡、采购信息化建设流于表面形式、相关配套制度与法律法规建设滞后等。支琴[②]等人对"互联网+"招标采购的内涵和大学招标采购活动特点进行了阐述,分析了"互联网+"环境下大学招标采购面临的挑战和发展方向,提出了互联网模式下的大学采购管理体系架构。

(二)采购信息化系统建设

探讨采购信息化系统建设的文章也不少,这类文章多从构建信息化采购管理平台或从某种采购类别的现实需要和经验出发进行论述。李达亮[③]等人从深化政府采购制度改革背景出发,探讨如何通过"互联网+"实施大学采购,提出了构建阳光采购信息化体系的经验和做法。尹孟奇[④]等人提出一种基于信息化平台的大学化学试剂采购系统的设计方案,依托信息化管理手段,规范大学化学试剂采购流程,形成一套行之有效的试剂流入安全管理体系。

(三)图书资源采购

图书资源采购是大学采购的重要部分,有 24 篇文章以此为主题展开研究。国家对"双一流"高校建设经费的投入增加,图书资源的采购占比在大学采购中随之上升。邓己红[⑤]等对"互联网+"时代大学图书馆图书采购环境变化、采购工作革新作用、采购模式创新途径和发展策略进行了研究。伍瑾[⑥]提出,大数

---

① 刘竞虹,荆莹.破除瓶颈 砥砺前行:加快推进高校政府采购信息化建设[J].中国政府采购,2018(5):40-43.
② 支琴,王彦文,黄继红,彭华松."互联网+"视角下高校招标采购信息化建设策略探析[J].实验技术与管理,2019,36(11):277-281.
③ 李达亮,杨元红,贾延江,周玲,柯丽,郑友旭,郑东升.高校阳光采购信息化体系的构建[J].实验技术与管理,2019,36(10):6-11,39.
④ 尹孟奇,张英,刘喜云,李春平,魏赛赛.高校化学试剂信息化采购系统的设计与实现[J].中国现代教育装备,2022(5):12-13,29.
⑤ 邓己红."互联网+"背景下高校图书馆图书采购模式的创新与发展[J].图书馆学刊,2016,38(7):28-30.
⑥ 伍瑾,毛忠行.大数据背景下的高校图书馆图书采购模式探析[J].常州大学学报(社会科学版),2014(15):133-135.

据环境下的图书馆服务将产生巨大变化,图书需求的动态获取、书单的个性化推荐和复本数量的多样化使得个性化、实时性和以用户需求为中心的智能化采购模式成为未来发展的必然趋势。

(四)仪器设备、耗材等物资采购

科研设备、耗材等物资采购是大学开展教学科研的重要支撑,研究者对于这一领域的采购信息化也比较关注。段朝霞[1]提出,大学科研仪器设备的全流程信息化采购管理可以实现部门协同管理,提高采购效率和服务水平,有效防控风险,从而全面提升管理服务绩效。左玉生[2]提出搭建网上竞价平台及电子招标平台,建立公平、公正、公开的市场竞争机制,提高采购的安全性、阳光性、便捷性,做到网下无交易、网上全公开。

(五)采购实践经验总结

对采购实践进行总结凝练也产生了一些研究成果。赵婷[3]等结合南京大学的招标采购信息化建设实践,提出通过优化管理模式、坚持"放管结合"、加强内控体系建设、建立招标采购系统等多种方式,使采购管理工作更好地为大学建设和发展服务。陈靖[4]等以西安交通大学的设备采购管理信息系统为研究对象,分析了管理系统的建设目标、系统架构以及相关业务流程。

其他的主题比较零散。何秀全[5]等关注了大学信息化项目的采购;赵翠平[6]等探讨了大学食堂信息化采购;秦利忠[7]分析了大学采购内控信息化平台建设问题;李江峰[8]等提出通过廉政监督信息化平台打造,开展有效监督;张鹏[9]

---

[1] 段朝霞.浅议高校科研仪器设备采购信息化平台建设[J].高校后勤研究,2019(11):40-42.

[2] 左玉生.探讨"互联网+"高校物资采购体系与新常态[J].实验技术与管理,2019,36(3):291-294.

[3] 赵婷,戴咏梅."放管服"背景下的高校采购信息化建设实践与探索[J].实验室研究与探索,2020,39(12):271-274.

[4] 陈靖,董达,贾丽娟,李莹,李文蕊,曾午铃,柴晓玲.推进高校设备采购的信息化建设[J].实验室研究与探索,2017,36(5):275-277,294.

[5] 何秀全.高校信息化建设中的服务类IT采购问题研究[J].实验室研究与探索,2018,37(8):307-311.

[6] 赵翠平.高校食堂信息化采购的问题及对策[J].电子商务,2015(1):95-96.

[7] 秦利忠.高校采购内控信息化管理平台建设[J].无线互联科技,2020,17(6):59-60,65.

[8] 李江峰,李焕勤.廉政信息化视域下高校政府采购监督程序再造[J].高校后勤研究,2019(6):27-29.

[9] 张鹏,艾伦,陈锡章.基于大数据分析的北京高校政府采购规模的研究[J].中国现代教育装备,2020(23):1-6.

等运用大数据统计对采购数据进行科学辨别和理性分析,尝试从碎片化的信息沉淀中归纳出大学采购的运行规律和特点;刘军[1]等探讨将信息化技术运用于采购档案管理。

四、分析和展望

通过对大学采购信息化研究文献的计量分析和内容分析,不难发现,该主题研究特点鲜明,多结合大学采购信息化的现状进行理论探讨和思考、实践凝练和展望,这对推动大学采购信息化的发展具有积极的现实意义。这些研究总结起来有以下特点:

(一)总体研究呈现上升趋势但未成规模和体系

从大学采购信息化研究文献的数量可以看出,近几年大学不断推进采购信息化工作,相关研究也呈现出上升趋势,说明这一主题受到的关注度正在逐步提高;但就总体研究来说文献量还是偏少,在核心期刊上发文数量也少,这和核心期刊上是否开辟相关专栏也有一定关系。不过,让人欣慰的是,政府采购领域"第一报"《中国政府采购报》已于2022年8月底开通了大学采购专栏。总体研究偏少使得研究尚不成规模和体系,从大学采购信息化基本概念的界定、理论基础、系统化开发的全生命周期管理到智能化采购,研究文献都少,也和大学采购信息化的发展程度基本呈现出正相关,即零散化发展、系统性不强、成熟产品少等。大多数的大学采购管理是根据管理需要就某一个方面进行研发,比如小额采购、采购管理、电子化招投标等。

(二)研究与实践结合较为紧密但理论高度有待提升

大学采购信息化的研究视角多为如何在大学实行采购信息化、信息化系统如何构建等具体而实际的问题,这和研究者的身份角色、研究背景、研究目的和现实需要有直接的关系。而从科研来说,理论是基础、实践是应用,如同鸟之双翼,缺一不可。从实践中来到实践中去具有较强的现实意义,但理论基础的缺失意味着这一工作的底层逻辑尚未梳理清楚,容易出现头痛医头、脚痛医脚的情况,现实中大学采购信息化的系统孤岛、信息孤岛现象也正验证了这

---

[1] 刘军,苗放,苏春波.高校设备采购档案数字化管理系统设计[J].兰台世界,2014(14):22-23.

一点。当然,只有理论也会造成空中楼阁,不接地气。关注理论和实践的研究者视角不一、需求不同,从学科和现实的发展角度来说都不可或缺。

(三) 研究者的身份背景致使研究存在一定的局限性

从研究者的身份来看,大多数是大学行政管理人员,而政府采购领域研究文章的作者身份还有学者、集采机构和代理公司的工作人员、监督部门工作人员、律师,还有少量的供应商。大学行政管理人员对于实践关注更多,多从如何解决采购工作问题或从实践进行总结来思考问题,对于政府采购法律法规的产生背景、发展脉络、改革方向等关注相对较少较浅。政府采购的研究者分散在法律、公共政策、工程管理、财务管理等多学科领域,关注视角和行政管理者有较大差异。比如政府采购合同,法律工作者经常探讨合同的性质属于行政合同还是民事合同,而行政管理人员则更关注合同如何签订、怎样进行风险防控、如何更好地履行等内容。不同的研究者从不同角度思考同一个话题,可以让思考更为全面和深入。研究者的单一身份致使这一领域的研究不免有些缺憾。

对于大学采购信息化,从研究现状和现实发展出发,在今后的研究中可以从以下方面入手:

1. 以预算一体化管理改革为契机,进行系统化梳理和研究

大学采购信息化是个系统课题,只有多方关注和研究才可能更好地推动。这两年,财政部大力推动预算一体化改革,这一改革将打破原有的就采购谈采购的局部思维模式,要求我们从财政性资金的进出全流程一体化的思路来思考。预算一体化改革的核心就是大学的每一分钱都要来源清楚、过程合规、去向明确、绩效合理。有人开玩笑说,全过程管理就是一分钱从生到死的全流程记录。政府采购作为财政性支出的重要组成部分,必然要融入预算一体化管理之中。预算一体化对管理工作提出了更高要求,诸多学者都在探讨这一话题,这对于大学采购信息化的研究既是挑战也是机遇。说是挑战,是因为采购从原先的流程化管理延伸渗透至支出全过程;说是机遇,是因为对大学采购信息化来说是新的契机,在预算一体化改革的要求下从全流程信息化进行系统化思考、开发和应用,会在一定程度上倒逼大学采购信息化的发展。在此过程中,用系统化思维对大学采购信息化进行理论梳理,运用信息化的方式解决管理问题,将信息技术与预算一体化、大学采购信息化紧密融合,可以达到多赢的成效。

2. 拓宽研究思路和视角,加强研究的广度和深度

研究思路和视角的拓宽与研究者身份关联较大,大学采购信息化不仅需

要从事采购工作的管理者关注,还需要政府采购相关人,包括评审专家、供应商、集采机构和代理机构人员、监督者等的关注。政府采购不同相关人的需求和关注角度不一,可以为大学采购信息化的发展提供更为广阔的思路。此外,学者们对于这一主题的探究有助于理论架构的搭建和底层逻辑的梳理,学科的交流和互动还可以碰撞出更多的智慧火花。在此过程中,需要有学术管理部门予以支持,带有导向性指向性的研究资助可以助力这一领域的学术繁荣,形成更多更高价值的研究成果,成果的实际应用可以促进高校采购信息化的蓬勃发展。通过实践应用累积的经验也可以不断总结、凝练和提升,为理论分析提供支撑论据,从而真正实现理论和实践的有效结合与互为补充。

3. 充分利用信息技术的优势成果并将其运用于实践

信息化的发展从数字化到网络化,迈向了智能化。相对于信息化的发展阶段来说,大学采购信息化实际有些滞后。信息技术在大学采购的应用主要停留在某一种类别的采购和采购管理过程中,信息技术的时代红利尚未被充分"享用"。比如"互联网＋"时代,大数据拥有巨大的社会价值和商业价值是大家的共识,但大数据在大学采购信息化中的应用,理论层面探讨居多,实践开展尚有不少空间,从海量数据中提取信息提供决策支持和提升治理能力,对大多数大学来说还处于纸上谈兵或思考摸索之中;人工智能技术的发展为信息化社会的发展提供了良机,通过机器学习、自然语言处理和图像识别等技术,实现采购过程自动化的成熟产品尚不多见。这种情况的发生和管理层认识不足、队伍素养不够、经费投入欠缺等都有关系。如果有更多的学者进行关注和呼吁,让更多管理层领导重视大学采购信息化,通过转变思维、顶层设计、加大投入、强化队伍等方式来全方位推动,建设技术支撑先进的大学采购信息化制度才不是一句空话。

第三节　大学采购信息化发展历程与现状

一、采购信息化发展历程

(一) 采购信息化政策发展历程

随着信息技术的高速发展,21 世纪开始,特别是近 10 年来,我国在采购领域的信息化政策方面持续发力,不断推出一系列新的政策措施,持续助力我国采购领域向更高质量、更高效益、更高效率方向迈上新台阶。2007年,国家发改委、国信办联合发布的《电子商务发展"十一五"规划》中明确指出,我国要加快电子商务平台在采购领域中得到运用的建设步伐,尽早实现采购全流程信息化与电子化,切实有效推进与落实行政管理部门在电子商务领域中的带头引领和示范作用。2009年,国务院办公厅发布《关于进一步加强政府采购管理的工作意见》,进一步强调政府部门在采购信息化建设与电子化运用方面需要发挥建设引领功能。2010年,国务院发布《中华人民共和国政府采购法实施条例(征求意见稿)》,鲜明指出进一步加强财政部对于全国采购工作的统一领导职能,强有力地推进采购工作向更加智能化与信息化方向前进,需要在财政部的牵头下尽快建立全国统一的采购电子化交易与管理平台。2013年,财政部又相继出台《全国政府采购管理交易系统建设总体规划》和《政府采购业务基础数据规范》,政策对于全国采购信息化建设总目标做了明确指示,同时确定了基础数据的管理和运用标准。2017年,财政部发布《财政部关于进一步做好政府采购信息公开工作有关事项的通知》,通知明确要求全国各地区各部门要进一步推进和落实采购信息化建设与信息公开等重点工作,依托信息化平台的建设,建立与健全采购信息发布制度及流程,加强对各类采购人主体发布的采购信息及公开程度的监督检查力度,通过大数据动态监管平台等信息化途径确保采购信息公开工作落到实处、见到实效。2017年12月,在全国采购工作会议上,特别强调深化采购制度改革与"放管服"改革要求,既要着眼长远又要立足当前,强调需要尽快适应"互联网+采购"的采购发展大趋势,强化采购信息化与电子化的运用与监督功能,建立全国统一的采购信息化平台,持续推进全国采购工作更有效率与更有效益、更公开与更透明。这次会议给今后一段时期我国采购事业的发展指明了道路,标出了重点。

(二)采购信息化建设发展历程

1993年,国务院启动"三金工程"("金桥工程""金卡工程""金关工程")和"政府上网工程",这一系列"工程"标志着我国正式迈向采购信息化建设的道路,自那时起全国各级行政管理部门也都纷纷开启了自己的门户网站,同时建立了相应的网络办事窗口。2000年,在财政部等中央部委的大力推动下,中国政府采购网(www.ccgp.gov.cn)正式完成建立,同时对中央与地方的采购信息发布作了区分,而网站逻辑层面则通过外网与内网的联动运行,外网主要用于采购人发布一系列采购信息,内网主要负责网站的后台管理与维护工作。

在这样的大背景下,全国很多省市从运用信息化手段发布采购信息到电子化方式执行采购活动进行了众多的试点。例如广西壮族自治区南宁市最早于1998年就率先应用了政府采购网上交易平台的模式;2002年,广东省珠海市集中采购部门也建立起了珠海政府采购网,实现了各个采购环节在网上就能全程执行完毕,网络将各类采购当事人与相关行政管理部门连接在了一起,监管部门则可以通过采购网站实时了解政府采购全流程动态化过程,标志着"电子化政府采购全链条"初具雏形;2003年,财政部在中国信息化应用大会中再一次强调全国各地区各部门需要尽快建立各自的政府采购信息平台,切实有力强化提升政府采购信息公开力度。大会结束后不久,各地纷纷响应并建立起自己的采购网站与服务平台,加大政府采购信息公示力度,与此同时,各地区的集中采购部门也同步开启政府采购电子化试点的探索之路。中央与国家机关政府采购中心自2004年起正式开启电子化采购平台,并于2010年起以电子辅助招投标系统的启用为契机开启全流程电子化采购新模式。2005年中共中央直属机关采购中心在中国政府采购网平台上建立了"中直频道"专栏,2007年又制定了《政府采购信息化建设规划》,2008年基本实现了中央直属机关政府采购电子化全流程覆盖。

自2016年起,随着信息与互联网技术的快速发展,采购电子化的步伐不仅满足了采购流程的电子化,更在数据分析与共享、云计算与数据存储、采购信息公开等领域方向形成了全方位全链条的采购信息化与智能化发展路径。近年来,浙江省打造了"政采云"平台、"电子卖场"平台,天津市政府采购中心创建了"一网二辅助三交易"①的发展模式,都得到了各采购人主体的广泛好评。

二、大学采购信息化建设现状

在信息化时代,"互联网+采购"毋庸置疑是大势所趋,采购管理的精细化亦是提升内控管理能力的必经之路。大学采购目前面临着诸多的矛盾,其中既有整个采购体系公平正义与各个不同学校、不同项目之间客观存在的个性

---

① "一网"指的是中心网站;"二辅助"指的是电子档案系统、采购人大数据行为分析系统;"三交易"指的是网上竞价平台、电子招投标系统、电子商城。

需求之间的矛盾，也有当前大学采购管理自主权不断扩大与其廉政风险的矛盾，如何才能解决各种现实需求与统一尺度之间的矛盾呢？大学采购信息化建设就是同时满足规范采购与效率采购的重要抓手。大学采购的信息化建设总体经历了如下三个时期：

第一时期为试点线上审批时期。

大学采购不是一个新生事物，大学采购自大学成立之初就已存在，但当时并不能称之为采购，只能称其为购买。大学需要运转，各个学院和部门都离不开购买这一行为，例如大型仪器设备、各类服务、图书资料，甚至是校园大型基础设施建设与装修装饰都可以视为购买的不同形式。在2003年《政府采购法》颁布实施之前，大多数的大学都没有成立独立的采购管理部门，物资采购一般是由财务处、国有资产管理办公室、后勤保障部等部门负责，基建工程或修缮工程则由基建处或房产处等部门负责，没有统一集中的归口管理。

在《政府采购法》颁布并实施不久以后，教育部也随即发布了《教育部政府采购管理暂行办法》，成立独立的采购管理部门逐渐在各个大学中蔚然成风。中山大学2003年成立了招投标管理中心，武汉大学2004年8月成立了招投标中心，截止到2021年底，已经有超过60所大学成立了独立的采购管理部门。

随着教育信息化在大学中的发展，基于互联网技术的线上办公系统逐渐在大学中普及开来，一部分大学开始试点在各类线上办公系统中执行线上审批，这其中也包括各类采购管理系统。采购领域的信息化建设最早就是从试点各个采购环节实施线上审批开始萌芽发展起来的，例如众多大学依托线上办公系统对采购项目进行立项审批，依托资产管理系统对购买物资的验收入库进行审批等，采购线上审批操作随着各个大学采购管理部门的独立而蓬勃发展。2015年，财政部的政府采购管理交易系统上线试运行，同年5月教育部召开了"政府采购计划管理系统工作部署会"，采购预算管理系统也在各个大学中慢慢推广使用，这标志着我国大学在采购管理的信息化方面取得了来之不易的成果。

第二时期为运用电子化交易时期。

大学的采购金额往往都比较大，所以廉政风险也较高，为了防范各种可能的廉政风险，实现全流程阳光采购，以信息化与电子化为采购基础设施的各种形式的电子交易开始在各个大学中广泛运用了起来。到了2007年，成立了高校竞价网协作组，依托互联网技术，一种针对小额仪器设备的电子化交易方式

（询价方式）的采购路径在全国各大学中迅速推广开来。网上竞价所倡导的阳光、高效、节约的采购理念，简捷快速的采购体验，迅速在全国众多大学中得到了普及。从2007年到2021年这短短的14年间，加盟的大学已经从最初的8所上升到了290多所，足足翻了36倍。

国家电网公司在2011年就提出一种全新的电子化采购模式，随后"国网电子商务平台"正式上线试运营，这一平台的启用正式开启了我国大宗货物电子化交易的新征程。发改委等8部委在2016年联合发布了《电子招标投标办法》，第一次对以数据电文形式开展招标投标活动的行为予以了认可与规范，同时还制定了一系列相关的规章制度，各省以及各地方都开始在工程采购领域上线电子招投标系统。例如，北京工程建设电子招投标平台于2015年正式上线运行；次年，中央国家机关政府采购中心上线"招投标电子辅助系统"，属于政府采购领域交易电子化的第一单；2018年，天津大学在吸收借鉴了中央国家机关政府采购中心招投标电子辅助系统的基础之上，结合大学采购管理的特点，开展了电子招投标系统在大学采购领域里的应用探索；同年，浙江大学、中山大学、西南大学等高校的电子招投标系统也开始应用在采购项目的交易环节。

第三时期为探索"交易＋管理"融合模式时期。

在大学采购信息化建设的前两个时期，虽然线上审批与电子化交易发展得越来越红火，但采购交易电子化与管理信息化之间的割裂却越来越显著，众多大学随后又开启了"交易＋管理"模式的融合探索工作，以期为采购人带来更好的"一站式"采购服务体验。例如，上海交通大学的"管理信息系统"就是运用"交易＋管理"的融合理念为采购人、职能部门、供应商、评审专家、监督小组、领导小组等多种角色提供了综合信息化服务平台；西安交通大学的采购管理系统将采购工作本身与进口货物外贸代理、采购合同审签集成在了一起，大大提升了采购效率与采购体验度；西南大学的"采购信息化平台"则将多平台集成在一起，使得采购人在完成采购任务时不再需要切换各种系统。

如果把采购的信息化发展之路用电子化1.0、数字化2.0、智能化3.0三个发展阶段来定义的话，目前，大学采购管理信息化总体水平相当于1.5代的水平，总体上完成了电子化替代纸质化的跃迁，但在各个系统集成与采购数据应用方面仍处于初级阶段，离中国移动、国家电网等大型央企的采购智能化和全链条管理数字化还有不小的差距，尤其要加速第三时期中提到的电子交易和采购管理的融合，为实现采购业务全流程智能化管理做好充分的准备，是当前大学采购信息化建设道路上的首要任务。

基于这个目标,各高校的采购管理人员、部分优秀供应商以及代理机构也经常会齐聚一堂,相互交流采购信息化建设方面的思路与见解。

2018年6月,天津大学主办了"高校采购管理与电子招标信息化建设研讨会",教育部政府采购中心时任副主任马建斌在本次研讨会上强调,务必要重视大学采购的信息化建设。在信息技术飞速发展的今天,采购信息化建设是提升采购治理能力与治理体系现代化的根本出路。采购信息化建设应当作为大学当前阶段的一项重要任务。马建斌副主任指出,信息化建设可以解决采购工作中的很多问题:一是信息化可以大大提升采购效率,降低采购成本;二是信息化可以实现采购全流程的公开透明以及可追溯,加大采购监督力度;三是信息化可以有效防范采购廉政风险。

在本次研讨会上,天津大学时任副校长张凤宝介绍,天津大学通过借鉴国采中心的招投标电子辅助系统后进行了适合学校自身发展的个性化开发,建立了全国高校中第一个"多平台互通互联、跨校区远程异地评标、可移动电子评标室"的全流程、全方式、无纸化电子招投标系统,并形成了以招投标管理系统、电子招投标系统为主要依托,学校招标信息网以及官方微信号等多形式的采购及招投标信息化管理平台。在此基础上,天津大学招标办在半年的时间里建设完成全国高校第一间多功能电子评标室,实现不同校区远程异地评标。2017年5月,天津大学与浙江大学通力协作,共同搭建了跨省市互通互联的远程异地评标系统,实现了全国首次不同高校间的跨校评标项目,同时也实现评标专家共享和评标过程的协同管理,该模式被称为"天大模式"。

2019年6月,"高校采购信息化与数字招标研讨会"在燕山大学举办,此次研讨会围绕落实"放管服"改革下的大学采购信息化建设这一主题,充分交流了大学采购管理与电子招标信息化建设工作,积极探讨了大学采购提质增效的发展之路,并且围绕公共预算单位集中采购政策解读及信息化平台建设、高校仪器设备采购全流程信息化建设、高校数字招标系统研究与实践等议题查找问题,交流经验,探讨思路。

在本次研讨会上,教育部政府采购中心时任副主任马建斌、中央国家机关政府采购中心时任副主任喻立新、清华大学实验室与设备处时任处长黄开胜、天津大学招投标管理办公室时任主任张社荣分别作了"提质增效、防范风险""提质增效建平台,业际合作共发展""高校仪器设备采购全流程信息化建设""高校数字招标系统研究与实践"的主题演讲,从监管部门到大学采购执行一线对采购信息化建设的成果进行了汇报与阐述,同时针对目前采购信息化建设之路上所面临的痛点难点也进行了热烈的讨论与思想火花的碰撞。本次研讨会各与会专家学者对采购信息化建设的未来之路均充满信心并表达了期许。

在"互联网+采购"的大趋势下,采购信息化在政府机关与事业单位中得到了较高的认同度,国内众多大学已经在采购信息化建设方面进行了积极的探索并取得了显著成绩。

上海交通大学上线了其智慧招标采购平台,该平台实现了全校采购业务的全覆盖。在该采购平台上,实现了报名、缴费、投标、专家抽取等一系列采购环节的无纸化操作,践行了数字采购新理念。更关键的是,该平台运用了双盲信息屏蔽机制,即供应商"盲报"与评审专家"盲抽"相结合,能更好地筑牢腐败防火墙,抵御采购廉政风险。同时,该平台还谋划了学校评审专家库建设,建立统一标准的评审专家库,建设期间还预留了校际共享的基础条件,能进一步有效对接各兄弟高校评审专家信息库的共建共享需求。

南京大学近几年来在采购信息化建设方面取得了快速进步。学校现在依托南京大学招标与采购管理系统进行采购业务,该系统包涵了信息发布门户、项目管理模块、招标业务模块、基础管理数据系统以及辅助评标系统。在这套系统中,申请立项、公告发布、编制采购文件、供应商报名、辅助评标、审核合同等采购全流程均可在线上无纸化完成。同时南京大学还开发了移动服务平台,实现了微信公众号及时推送采购信息与政策宣传以及招标采购业务可在手机端进行操作,每个采购环节均可向用户老师发出短信提醒等。这套招标与采购管理系统使得全过程留痕,践行"让数据多跑路、让师生少跑腿"的采购新目标。

天津大学于 2017 年底上线试运行了电子招投标系统,该系统采用"1+2+1"的模式,即 1 个网页端、2 个子系统以及 1 个移动端,这使得货物与服务的公开招标采购项目实现了完全的无纸化与电子化,在该系统上能够完成网上申请、审核、编制标书、开标、评标等全流程环节。该系统最大的特点即缩短了招标项目的时间、每天开标数量也有所提高、进一步缩短了评标报告的编制周期、项目成交后的归档也更加容易,大大提高了采购效率。

中山大学在采购信息化建设方面也卓有成效,学校近年来依照"只填一次表、最多跑一次"的建设理念,自主开发了采购管理信息系统。针对不同的采购金额与采购类型,采用多层次电子化采购系统。针对大额的政府采购项目,采用招投标管理系统；对于中额的采购项目则利用其快速采购系统；对于小额零星采购项目则通过网上竞价平台、实现预算编制与审批、采购执行、合同签订管理、采购档案管理、采购全流程监督等环节的信息协同与数据共享，实现了高效采购与廉洁采购的协同发展。最近，中山大学在其快速采购系统中优化了无纸化采购流程，通过数字证书 CA 电子签名功能代替传统纸质签名，实现一键签字、多专家同时签字、用户远程签字等功能，降低专家现场签字时间、用户老师来回跑动时间。这样的优化可进一步让用户老师、其他职能部门老师、供应商通过登录系统线上领取具有合规性的电子签章文件，无须再到采购管理部门领取，降低纸质文件的保管压力，释放办公空间。

第四节　大学采购信息化建设所面临的问题、原因及对策

一、面临的问题

从笔者对目前国内部分大学采购项目以及采购管理系统的调研结果可以看出，随着业务流程与数据信息的不断增多，一个采购项目从项目立项到执行完毕，采购人往往需要在不同的信息系统中来回切换才能操作完成，而整个项目的管理过程也是数据的输入、处理、输出的过程。基于数据视角看待目前的大学采购信息化管理系统，我们不难发现虽然采购信息化建设道路越走越快，但总体而言依然普遍面临以下几方面困境：

（一）信息化程度总体偏低

纵观当前大学采购信息化系统的流程，与国内大型央企国企以及各地政府采购机构相比，其信息化程度总体偏低，存在较大差距。一是大学采购管理系统目前依然主要仅满足于采购管理部门的业务操作需求，只是从纸质化操作转变为线上审批的最基本信息化管理模式。二是目前大部分大学的采购管理系统仅覆盖小额零星采购项目以及低值易耗常规办公用品与通用类设备的采购项目，对于大额设备、贵重仪器、精密元器件、个性化服务、大型工程建设与修缮等政府采购限额以上的采购项目依然主要委托社会代理机构执行采购，自身并无较完备的采购信息化管理系统。三是移动端的应用场景已经在

我们社会生活中的方方面面予以运用,且受到了广泛的好评,但是在大学采购领域运用不多。大学采购信息化系统建设是一项系统性工程,这不仅涉及硬件设施建设,更涉及制度保障、技术开发人员保障以及运行等多层次多维度保障。从这个角度来看,需要引起大学采购管理人员的高度关注与重视。

(二)信息孤岛现象依然严重

现在越来越多大学的采购管理部门将采购管理系统与电子交易平台作为日常采购业务中的标配,但其实他们中的大部分依然是孤立存在的,系统与系统、平台与平台之间并没有有效的对接机制,信息孤岛现象依然比较严重。具体来看,信息孤岛主要表现在两点:一是校内系统与校外系统的孤岛效应,二是校内各个不同系统间的孤岛效应。展开来说,前者主要体现在大部分学校的采购管理系统与属地财政部门的"计划管理系统"与"管理交易系统"是无法对接的,校内采购管理人员需要手动输入各种政府采购预算与批复数据,假设以每所大学每年政府采购项目100项计算,学校采购管理人员就要输入数千条相关记录,极大地浪费了人力物力;而后者则主要体现在学校内部的预算系统、采购系统、资产系统往往都是孤立的,用户老师需要在不同的系统中重复输入相同的采购参数,包含但不限于采购项目名称、采购预算、单价、数量、规格型号、成交总价等信息,大大地降低了采购效率,还会因为多环节操作影响到数据的准确性和一致性。

(三)未挖掘采购数据信息

虽然目前大部分大学都拥有自己的采购管理信息系统,但目前的运用总体仅限于线上审批与流转功能,对于采购项目所形成的采购数据的价值挖掘,依然还有非常大的提升空间。俗话说,信息系统只是基础设施,数据应用才是上层建筑。通过全校项目的采购行为,可以得到海量的采购信息,而如何建立并利用好预算信息库、商品信息库、合同信息库、供应商库、评审专家库等数据信息,让其价值充分得到挖掘,利用对数据的研究、分析、运用为学校的发展决策提供有力的支撑与保障,将是一个可以很有作为的方向。试想一下,如果我们能够充分及时掌握每年学校中的某一常用设备的采购信息,便可以对其采购量、规格、型号、技术参数、生产商、供应商等多维度的大数据进行整合分析,通过采购管理部门一次性招标入围纳入校内电子商城,让用户老师可以随时随地方便快捷地下单购买,这样既可以减轻采购管理部门的工作量,又能大大提升采购效率与满意度。

(四) 用户体验需要提升

由于目前很多大学的采购管理系统是从原来资产管理系统中剥离转型而来的,所以其主要流程都是依照申报、审批制而设计的,这就造成了整个信息管理系统是从管理需要的角度建设的,在用户体验上则大打折扣。一般会有以下几种表现形式:一是采购人填报的都是附件形式的信息,采购系统无法有效识别与获取;二是刚好相反,需要采购人填写大量与需求本身无直接关联的信息,造成大量的无效工作;三是采购数据链条未打通,依然有大量工作需要线上线下结合完成;四是审核流程过于烦琐,任何一个步骤都需要进行审核,一个项目执行下来涉及众多部门众多环节审核,一旦有一个环节走错了,那补偿机制的审核更是源源不断,以上几种情况极大降低了采购人的用户体验。

(五) 网络与数据安全问题依然严峻

从我国大学采购信息系统的建设路径来看,大多是基于互联网开发模式,这就意味着所有的采购数据都将通过互联网进行传递,这就相当于所有互联网领域相关的信息技术安全问题在采购信息系统的运行环节均有可能发生,包含但不限于网络漏洞与黑客攻击等。除了外部的网络与数据安全问题外,来源于内部的风险同样不容忽视,那就是为采购管理系统保驾护航的软件开发公司内部的安全策略是否同样可靠,值得我们关注。

(六) 大学采购信息化相关制度体系仍不完备

如果提到我国电子招投标方向的纲领性文件,那必然是国家发改委20号令《电子招标投标办法》与其附件《电子招标投标系统技术规范》。纲领性文件的出台为规范采购行为,提升采购透明度与便利性,降低采购各类资源与成本奠定了扎实的基础,具有举足轻重的意义和作用。另外在财政部87号令《政府采购货物和服务招标投标管理办法》中明确指出了"政府采购货物服务电子招标投标、政府采购货物中的进口机电产品招标投标有关特殊事宜,由财政部另行规定",这在规则上为采购电子化操作指明了方向。但目前我国采购领域改革的重点依然偏于建章立制,而在电子化采购实操指导上略有短板。随着大家对"互联网+高校采购"的发展共识日趋一致,在实操上就出现了越来越多上位制度不可取但基层实操绕不过的尴尬窘境,这既可能涉及采购范围等管理体制机制层面,也可能涉及支付结算方式等具体执行层面。鉴于目前并没有针对大学采购信息化方面的明确法律条文,大家参考的依然是《政府采购法》来执行大学采购项目,在构建大学采购信息化建设方面的法律法规的出台与完善依然任重而道远。

(七) 大学采购信息化系统建设缺乏顶层设计

众所周知,目前大学采购信息化系统的建设与维护主要基于采购管理部门自身,并没有学校层面统一的顶层设计,这就会造成以下几种情况与问题:一是各部门数据标准没有统一。因为没有学校层面统一的顶层设计与规划,各部门之间的数据标准并不一致,这就会导致学校层面的数据报表统计的准确性与及时性较差,这会影响到校领导的总体决策分析和计划部署。二是各部门数据共享程度比较低。采购系统与预算系统、资产系统无法实现实时且有效的数据对接传递,形成数据孤岛,导致采购人在多个环节重复填报,疲于奔命,这不利于科研老师更好地沉下心专心做研究。三是不同部门之间对于数据的管理职责界定不清晰。由于没有形成采购数据全生命周期管理,一旦采购数据信息出现错误,很难进行追根溯源。四是缺乏数据管理。由于并没有一个统一的数据管理顶层设计,很容易造成采购数据的泄密与滥用,存在巨大的法律风险,也容易造成其他不必要的纠纷。

通过以上7个方面的问题剖析可以看出,我国大学采购信息化建设与发展道路依然面临相当多的问题,距离采购管理精细化与监督科学化的要求尚有较大差距,需要各部门各学校认真研究大学采购信息化发展方面遇到的现实问题,着力解决诸如信息孤岛、数据价值挖掘、网络与数据安全、制度与顶层体系建设等问题,切实有力地推动我国大学采购信息化的发展。

二、问题的原因分析

(一) 资源保障力度不够

目前导致我国大学采购信息化建设难以推进的最大原因在于组织资源保障力度明显不足。我国大学的采购管理部门大多数属于正处级或副处级单位,科级资源相当紧张,这就导致发展重心往往会向采购执行环节明显倾斜,仅仅成立与采购执行环节直接相关的综合管理科、货物服务科、工程采购科等。在笔者调研的中央高校中,仅有北京交通大学设立有信息化建设科,但其政府采购事务交由学校国有资产管理处负责。经综合调研,全国仅有不超过1/3的大学设置了信息化建设专属职位,且大多隶属于综合管理科。

（二）信息化建设相关制度缺位

总体而言,目前我国采购领域信息化建设方面的法律法规等相关制度较为缺失。这可以从两个层面来看,第一个是国家层面的相关制度,虽然目前采购的法律法规发展制定速度较快,但关于采购信息化与电子化方面的相关制度却甚少提及。虽然《政府采购法实施条例》（国务院令第658号）第十条提到的"国家实行统一的政府采购电子交易平台建设标准,推动利用信息网络进行电子化政府采购活动"明确了电子化采购的合法地位,但相较于信息化电子化高速进步的今天显然是不够的。在部委层面,目前仅可查阅到财政部发布的《全国政府采购管理交易系统建设总体规划》与《政府采购业务基础数据规范》,在落实落地层面则缺乏部门规章与相关规范性文件。相关部委出台过《电子招标投标办法》,该文件是迄今为止采购电子化领域规格最高的政策性文件。不过细心的人可以发现,该办法的参与部门中并没有财政部,其是否适配大学采购领域,目前来看尚不明确。财政部87号令中提到的"政府采购货物服务电子招标投标、政府采购货物中的进口机电产品招标投标有关特殊事宜,由财政部另行规定",尚未有相关规定,这就可能导致采购电子化路径与传统现场路径存在的冲突无法化解。第二个是学校层面的制度,经综合调研,目前我国仅有10%左右的大学对采购信息化领域制定了专门的管理制度,更多的大学则对信息化建设的职能权限分配、数据与信息安全管理等重要方面的管理制度尚未建立。

（三）数据标准和规范尚不统一

目前,国家层面的数据标准和规范依然还在设计规划阶段,尚没有统一的技术标准。虽然《政府采购法实施条例》第十条中提到"国家实行统一的政府采购电子交易平台建设标准",但由于财务数据标准与资产数据标准分属于不同的主管部门制定,在实务中采购业务的数据并不是独立运行的,需要与前端的财务预算数据、后端的资产入库数据进行对接。而由于目前数据类型较多、行业主管不同的特点,数据标准难以统一,导致相互打通衔接上有诸多不便。

与此同时,大部分学校层面的数据标准和规范同样没有统一,由于缺乏校级层面的统筹协调,导致各部门系统对接推进缓慢。

数据标准和规范的不统一会引发很多麻烦和连锁反应。由于数据标准的不统一,采购数据挖掘就难以深入。采购业务连接着前端与后端,数据挖掘自然不能局限于采购业务本身,还需要分析预算信息、合同信息、入库信息,甚至使用绩效信息等。采购管理改革亦是大学行政管理改革的重要一环,对采购全流程数据的挖掘和研究有利于学校管理层更科学地作出统一决策部署。而数据标准不统一导致的采购数据信息挖掘不充分,不但会影响学校全盘的决策部署,也会导致决策层对采购管理工作的忽略,更会进一步影响信息化建设经费的投入。

(四) 信息技术专业人才比较匮乏

采购信息化方面的专业人才存在着结构性矛盾。一方面,现在大学采购管理岗位的员工大多属于财务、基建、资产业务出身或具有相关从业经历的人,很少由具有计算机领域丰富经验的员工来担任,这也就造成了大学"地处人才高地,却无相关专业人才可用"的矛盾窘境,采购管理部门的员工面对需要信息化改革与优化的好思路,往往心有余而力不足,只能借助于社会化软件公司的外包形式来推进。另一方面,社会化软件公司的技术人员相关业务能力亦参差不齐,同时了解采购与信息技术的人员少之又少。由于我国采购信息化建设的高速推进也就是近几年才开始的,而对于一个领域的资深复合型人才培养往往需要十年之久,软件巨头公司对大学采购领域往往并不关注,而能够关注到的多数属于规模较小的公司,留不住高水平复合型人才。

(五) 采购信息化建设目标不够明确

当前众多大学采购信息化管理系统的用户界面不够友好,审批流程不够清晰,归根到底问题还是出在建设目标不够明确上。现有的采购管理系统往往是基于行政管理部门而非用户老师的角度设计而成的,这就不得不提到一个理念——服务型采购管理部门。党的十八大报告中提到,要建立"职能科学、结构优化、廉洁高效、人民满意"的服务型政府,同样,作为大学行政改革的重中之重,建立教学科研老师满意的服务型采购管理部门,就是应有之义。虽然将采购管理系统的建设定位于服务型系统要比定位于管理型系统的难度大许多,因为这涉及不同业务部门之间的沟通衔接,涉及多重利益分配,即使在同一个部门不同岗位的衔接依然会有困难。但"放管服"的重点应该落在"服"字上,归根到底"让用户老师满意"是行政部门不变的宗旨,有了这个理念,管理部门转型升级效率将大大提升,而建立一个怎样的服务型采购管理系统,答案也就呼之欲出了。

(六)信息化建设理念各有不同

当前,由于不同大学采购业务类型(货物、服务、工程等)、业务规模、发展重点各有不同,所以采购信息化系统建设的理念也各有不同。在建设采购信息化系统理念中,有的学校侧重采购业务环节(公平公正的评审流程、评审专家的体验流畅度),有的学校注重采购数据的挖掘与分析角度,也有的学校更关心采购业务监督监控环节等。在开发理念上,有的学校从核心系统开始部署后向其他方向开枝散叶,有的学校则优先搭建大框架,而后在内部逐渐进行填充。

(七)经费支撑力度差别较大

虽然绝大部分大学采购管理部门的经费来源基本为财政性支出,但由于部门级别、人员配置、经费管理制度、信息化建设实际需求等诸多方面存在不同,导致每所大学用于信息化建设的经费占比各不相同。而信息化建设的推进速度、信息系统的完善程度以及相关技术的应用水平与相应的经费支撑力度总体呈现正相关关系。

三、对策与建议

充分利用高速发展的现代信息技术提升采购智能化信息化水平,已经是全国各个大学的普遍共识,也是提升采购效率和降低廉政风险最有效的途径之一。虽然目前很多大学在采购信息化建设方面进行了诸多的探索和实践,也取得了阶段性成果,但总体上来说依然处在初级阶段。通过上述对于现有问题的罗列和原因分析,我们也发现了一些解决思路和对策建议,为了能够更好地打造服务型采购管理部门及其采购管理系统,践行"让用户老师满意"的根本目标,可以从以下几个方面着手完善:

(一)进一步加强信息化建设

全面提升信息化采购管理系统和电子招投标系统,实现从项目立项、预算编制、采购需求管理、开标评标、履约验收等一系列环节均在线上完成,同时实现对外信息共享以及对内相互监督,打破信息孤岛,提升采购效率。同时进一步运用大数据分析手段,联合优质的供应商,接入网上交易平台,对接学校财务部门与资产部门,实现小额零星报销统一办理模式,简化采购报销流程,打造服务型行政管理部门。

(二)加大软硬件资源保障

要做好大学采购信息化建设,各方面的软硬件资源保障是首要条件。主要需要保障以下几类资源:

第一,信息化建设向来都是自上而下的,需要决策层的统筹协调,否则信息化建设难以有效开展。信息化是新时代最重要的生产力之一,在高等教育事业普遍迈向"双一流"建设的关键时期,认识好利用好信息技术这一优势工具,需要依靠每一位校级领导以及部门领导的决策。软硬件的投入,都需要人力和财力的支撑,只有各位领导重视了,并且制定清晰的发展目标,才能调动各种资源以及基层员工的积极性,所以说领导的重视是采购信息化建设的核心。

第二,采购领域向来不是独立存在的,它的前端有财务部门的预算资金管理,后端有资产部门的履约验收管理,中间环节还牵涉教学、科研、后勤、基建、设备等部门的项目管理,同时还需要信息管理部门与综合协调部门的支持。可以看出,一项采购项目涉及半数以上的行政管理部门。而采购管理系统的用户,对内涵盖学校中的每一位老师,甚至还会包含学生,对外更是面向遍布全国的供应商以及众多各领域的评审专家等群体。没有众多管理部门与群体的支持与配合,采购数据共享与流程再造就无从谈起,所以说各部门的支持与配合是采购信息化建设的基础。

第三,采购管理部门是采购信息化建设的排头兵和引领者,关于采购信息系统,绝对不能奉行"拿来主义",照搬其他学校的系统直接套用到自己学校,信息化建设只能走自主开发的道路,开发主体责任一定是落在采购管理部门头上的。虽然大部分学校暂时都没有专门的信息化建设内设机构,但是既懂得采购业务又懂得信息化技术,还能够涉猎管理职能的复合型人才,是部门不可或缺的宝贵资源。所以要善于引进这类复合型人才并吸纳到采购关键岗位中,复合型人才是采购信息化建设的关键。

第四,信息系统在上线运行之初,一定会不可避免地存在各类缺陷与错误,需要不断对其完善与优化,在一些突发的情况下,学校健全的规章制度就是其强有力的支撑,如果制度缺失,可能致使信息系统产生不可挽回的后果。如果因为缺乏有力的规章制度而使得开发出来的采购信息系统或相关模块功能建而不用、束之高阁,那付出的心血就都白费了,所以学校健全的规章制度是采购信息化建设的保障。

总结来说,在大学信息化建设的道路上,领导重视是核心,部门配合是基础,复合人才是关键,规章制度是保障。这四项是大学开展采购信息化建设不可或缺的软硬件资源。

(三)建设全生命周期业务系统

目前,大部分大学的采购管理系统涵盖的范围只是狭义的采购管理,即仅仅是从填报采购申购单到确定成交供应商的过程,依然侧重于采购执行环节的管理。而采购的全生命周期不仅仅涵盖狭义的采购,更是包含从预算立项到履约验收的完整生命周期。要打造"服务型"采购管理系统,数据治理与分析是基础,而要能实现数据治理,狭义的采购显然无法应对,只能从全流程环节中才能体现。

目前各种格式的数据既要遵循《政府采购业务基础数据规范》,也要遵循国家与行业标准。随着信息技术的发展,不同部门之间的系统不可避免地会面临更新速度不同、新旧系统不兼容的问题,从某种意义上来说,信息孤岛存在有其客观必然性。因此解决这个问题不一定非要把预算系统、采购系统、资产系统整合成一整个大系统,这既不经济也非必要,最合理的方式是打通各个系统之间的快速路,能够统一数据共享标准,为不同系统之间创造集成效应。

(四)以用户为导向的建设理念

很多人认为,采购管理系统默认就是为采购管理部门服务的,但其实仔细思考,采购行为的主体是采购人也就是校内的各位用户老师,他们的采购目的是实现学校事业更好发展。作为采购管理部门,有责任也有义务为用户老师提供更好更便利的服务。

党的十九大报告中提出,要转变政府职能,深化简政放权,创新监管方式,建设人民满意的服务型政府,寓意着行政从管理向服务转变的总方针。作为大学行政管理部门,更要主动领会十九大精神,把建设让师生满意的服务型机构作为宗旨和目标。采购部门打造服务型行政管理部门,要从采购管理系统的建设理念开始转变。与此同时,采购管理系统的优化离不开真正使用系统的用户老师,他们的使用建议和反馈,不可或缺、至关重要。综合来说,无论是采购管理还是信息化建设,提升用户体验才是不变的核心与宗旨。

(五)培养采购专业型人才

追溯大学采购的历史,其实到了最近一二十年才有了大规模的发展,一方面,目前虽然尚没有形成一个独立的学科,但我们也欣喜地发现有些大学已经开设了采购管理专业,例如云南财经大学、西南财经大学天府学院等高校,这意味着未来将有更多采购管理专业人才,现有人员也有机会接受系统性的采购管理专业教育。另一方面,财政部、教育部以及各地方关于开展采购业务知识的培训成为从业人员继续教育的渠道,2017年成立的"中国教育会计学会高校政府采购分会"截止到2021年底更是已经吸引了153所大学入会,成为全国众多大学沟通与学习的平台,其中关于采购与信息化建设的探索讨论越来越热烈,形成了良性的互动与提升。江苏、四川等地还相继成立了省级层面的大学采购的分会,为大学采购从业者提供了更多的学习交流机会。可见,培养大学采购专业人才,已在业内形成高度一致的观点。

采购管理归根结底还是以人为核心,信息化建设更需要汇聚各个领域的人才前来参与,包括采购管理部门、信息管理部门、用户代表以及软件公司的技术开发人员。在各个方面充分聚集了多元化人力资源后,大学采购管理信息化的道路一定会越走越宽、越走越快。

(六)进一步完善采购信息化相关法律法规

目前我国采购领域的法律法规已日趋完善,但关于采购信息化方面的法律法规尚有空缺。我们要对当前采购信息化建设之路上遇到的各类问题进行详细的梳理与分析,不断总结后通过法律法规的形式予以约束与解决。除了对采购电子化、合同电子化等方面进行阐述解释以外,还需要加强对传统采购与电子化采购的区别进行定义、规制,明确其权利、义务、边界以及监管部门的责任,真正让采购信息化、采购电子化有法可依,让采购信息化之路拥有更强大的制度保障。

(七)维护互联网信息安全

大学采购中所涉及的数据是多维度的,而传递数据的媒介是互联网,这就导致数据在传递的过程中对信息安全和网络安全有极高的要求。总体而言可以从三个方面强化与优化互联网信息安全。一是需要持续完善互联网安全规章制度。各个大学需要全面研究采购相关法律法规与网络信息安全相关法律法规，以保护采购信息安全为落脚点，构建一整套完整的校级采购网络安全规章制度。二是进一步提升网络安全等级。学校层面要重视采购网络安全等级要求，需要采用最高等级的安全要求，制定严格的信息安全保护方案。三是不断提升信息技术水平。学校层面要持续提升信息安全技术水平，可通过持续监测与更新认证的形式加强网络安全的保护。对于采购门户网站与信息系统，需要不断加强入侵监测、配套双层防火墙等，同时还要持续关注保密监督检查，确保采购信息安全。

第五节　大学采购信息化建设案例

通过上述的描述与分析，我们可以发现在"互联网＋采购"的大趋势下目前大学采购信息化建设方面存在信息技术高速发展与采购信息化率较低、信息孤岛、数据挖掘不充分等的矛盾。为此，上海大学自2019年11月成立采购与招标管理办公室以来，一直致力于学校采购信息化建设，现已拥有自主采购管理系统以及采购信息管理平台，并针对不同的业务模块开发了电子化快速采购平台以及零星采购综合智能竞价平台，同时注重采购数据的汇总统计与分析，采购大数据监管平台也初具雏形，以期为学校各项发展决策提供数据支撑。本节将分别从学校现有的全流程采购信息管理平台、电子化快速采购平台、零星采购综合智能竞价平台、采购大数据监控平台、知识图谱助力采购信息化等五个方面作简要介绍，以供兄弟院校参考与交流。

一、全流程采购信息管理平台

上海大学现有独立的采购管理门户网站，即采购与招标管理办公室（以下简称采招办）网站（https：//czb.shu.edu.cn/），在首页中，不仅展示了部门常规通知与信息，同时也将各业务模块的采购公告与成交公告清晰展示，做到了最大程度的信息及时公开。对于校内用户老师、校外供应商、评审专家等不同的采购主体，在首页显著位置均设置有对应的业务入口，可一站式满足各类采购主体的一键注册与申购填报需求。

在上海大学采购管理系统中，按照不同业务类型，分别划分有申购管理、采购管理、合同管理等模块，用户老师可一键进行货物类、服务类、工程类采购项目的快速申购、采购、合同签订等工作，实现了全程无纸化操作，达到了"不见面，云采购"的效果（如附图 6 所示）。

对于高校普遍存在某些项目经费卡号未及时生成、随着采购过程的进行需要变更经费卡号等现实需求，采购管理系统亦添加了"申请临时经费卡"与"在线自主变更经费卡号"的功能，使得用户老师不再奔波于各职能部门，显著提高了满意度。

此外，同步开发了手机端，将采购接口嵌入到学校企业微信中，用户老师与采购职能部门可以通过 app 随时随地完成在线申购与审核环节，进一步提高了采购的灵活性与便利度。

二、电子化快速采购平台

以前，针对上海市政府集中采购目录以外 10 万～50 万元的货物类与服务类采购，采用由用户老师三方比价的方式进行采购。通过采招办这几年在采购信息化建设方面的先行先试，目前该类采购项目统一通过电子化快速采购平台（上大迅采）进行。上大迅采的采购流程通常首先由用户老师提出申购需求，分管部门审批后由用户老师在线编制需求文件，采购管理部门复核后挂网公示，来自全国的供应商均能免费查阅全部信息，经自身评估或与用户老师沟通交流后全程在线电子响应（免去了传统方式中需要准备厚重的响应材料），响应期限结束后通过在线资格审查，加入用户老师用户在线初选机制，对于符合要求的项目快速发布成交公告（如附图 7 所示）。同时开发并优化了项目存档管理模块，使得项目可以一键归档，真正实现无纸化以及在满足相关监管要求的前提下释放有限的办公空间。

近期对上大迅采的专家评审模块进行了较大的升级优化，从原先由专家对不同供应商所有指标逐个分别评审打分转变为以同一指标为最小单元的并列显示，评审专家可对同一指标不同供应商提交的响应材料进行横向对比判定，同时每个界面增加了各供应商实时得分显示，在评审意见界面新增参考模板等功能，使专家在评审项目过程中能够更客观、公正、高效。

上海大学上大迅采平台自上线以来，已完成超过 500 个货物类与服务类项目的采购成交,累计成交金额超过 1.5 亿元,有来自全国超过 25 个省、自治区、直辖市的供应商参与各类项目响应。本平台尽可能做到采购信息全公开,降低采购廉政风险,同时落实"放管服"政策,加强采购人主体责任,助力大学采购信息化建设。

三、零星采购综合智能竞价平台

针对政府集中采购目录以外 10 万元以下的小额零星货物类采购项目,2021 年 6 月起,上海大学开发并上线了零星采购综合智能竞价平台,包含有竞采星、上大慧采、上大晨光、上大喀斯玛等 4 大采购电商平台与渠道,用户老师可以直接进入对应平台,选购商品后直接下单。采购管理部门与财务部门将会先行冻结经费卡金额,通过每月一次的账单结算,由采购管理部门直接与财务部门对接,完成报销手续,免去了用户老师经常疲于报销事务的烦恼。

针对需要入库的 10 万元以下货物类固定资产采购,2022 年 3 月起,多部门联合主动对接并打破了采购管理系统与学校资产管理系统的壁垒,下单并由用户老师确认收货后,采购信息将自动推送到资产管理系统,用户老师可直接在资产系统中点击导入后补充完善入库信息,无须再输入重复内容。用户老师完成入库操作后,相关信息将自动回传到采购管理系统中,后续由采购管理部门完成报销操作,实现了采购与资产系统的衔接,很大程度上解决了信息孤岛问题。

在各大高校中,墨盒、硒鼓、复印纸等集市采购的办公耗材采购量一直都比较大,供应商也较为集中,原先均通过集市专员联系供应商,确定成交商后对每单开发票,交由老师自行报销,财务报销工作量较大。自 2022 年上半年起,上海大学探索参考零星采购综合智能竞价平台的集中统一支付模式,对于集市采购的办公耗材,在提交申购单时即时冻结经费,用户老师收到货物后供应商统一向采购专员提供发票,由采购专员与财务部门进行统一结算,进一步减轻用户老师的报销压力(如附图 8 所示)。

零星采购综合智能竞价平台与集采材料集中支付的出现,形成学校小额零星采购新格局,更好地满足不同采购人的多样化需求,为老师提供多途径采购寻源机制,借助平台物流配送能力和智慧采购能力为采购提质增效,提高老师便利度、获得感和体验感,真正让老师们安全采、实惠采、便捷采。

四、采购大数据监管平台

为了解决采购数据利用率低的问题,自 2021 年下半年起,上海大学先行先试开发了采购大数据监管平台。首先,在《政府采购需求管理办法》出台的大背景下,采购管理系统进一步加强与预算环节的衔接,采购管理系统与预算系统、资产系统数据对接,及时知晓采购计划并进行需求管理。其次,对于项目在某个环节停滞时间较长的共性问题,大数据监管平台会定期为采购管理部门与用户老师发出警示信息,做到及时跟进各类采购项目,确保采购效率。同时上线采购日历,让各类采购主体均能第一时间跟踪自己所关心项目的进度计划等。最后,对于已经完成的采购项目,采购大数据监管平台亦可以直观显示各类采购业务的同比、环比信息以及采购执行效率,重点项目持续跟进,重大项目推出采购作战图等(如附图 9 所示)。

采购大数据监管平台的上线,能够让学校采购管理部门更清晰地明确总结本年度及历年来各项采购项目的进展、特点以及存在的问题,同时也能为学校各项事业发展提供采购数据支撑与建议,更好助力学校的综合发展。

五、采购知识图谱

近年来,大数据与云计算等信息技术的发展愈发迅猛。目前大学采购信息化建设及成果主要是将采购数据通过柱状图与饼状图等形式进行呈现,虽然这样的对比可以将不同学院、不同部门的采购数据直观地展示出来,但是缺乏对其结构化信息的可视化展示,而通过知识图谱的方式对采购数据进行结构化分析,有利于对采购信息进行更全面的挖掘和梳理。知识图谱在采购领域运用的主要功能在于将采购数据可视化,其中技术架构包含知识获取、构建、存储以及推理。采购数据的知识图谱构建流程主要分为 4 个步骤,首先对采购数据进行采集,通过预处理后得到预处理数据,再通过知识图谱技术构建采购知识图谱数据库,最后将数据库可视化处理后在网页上进行知识图谱展示。附图 10 为采购数据知识图谱的构建流程图。

上海大学试点将知识图谱运用到采购拆单的场景中,通过 TOPSIS 方法对采购拆单可能性进行了分析,通过 D3 库(如附图 11 所示)和 Neo4j(如附图 12 所示)进行可视化,完成了采购知识图谱的构建,探讨采购拆单风险防控。

未来可通过知识图谱的推理进一步拓展知识图谱在采购信息化建设中的运用。

【参考文献】

［1］ 左鹏飞.信息化推动中国产业结构转型升级研究［D］.北京：北京邮电大学,2017.

［2］ 芦艳荣.信息化背景下的政府采购问题研究［M］.北京：国家行政学院出版社,2012.

［3］ 袁用军.中央高校政府采购管理信息化问题研究［D］.重庆：西南大学,2020.

［4］ 袁瑞娟.推进信息化实现高校采购提质增效和风险防范［N］.中国政府采购报,2019-06-25(1).

［5］ 董晓雯."放管服"改革视阈下政府采购与互联网深度融合研究［D］.呼和浩特：内蒙古师范大学,2020.

［6］ 柏玲.高校信息化采购怎么做？［N］.政府采购信息报,2019-06-17(6).

［7］ 马建斌.以信息化助力高校采购提质增效［N］.中国政府采购报,2019-06-28(3).

［8］ 刘竞虹,荆莹.破除瓶颈 砥砺前行：加快推进高校政府采购信息化建设［J］.中国政府采购,2018(5).

［9］ 贾延江,胡国庆,李达亮.高校采购领域落实"放管服"实践与探索［J］.中国医学装备,2017,14(12).

［10］ 李达亮,杨元红,周玲,柯丽,郑有旭,刘慧兵.高校快速采购智能评审及其自动评审机制研究［J］.实验技术与管理,2021,38(5).

［11］ 赵婷,戴咏梅."放管服"背景下的高校采购信息化建设实践与探索［J］.实验室研究与探索,2020,39(12).

［12］ 吴琼雷,欧平,戴丽萍,等.校院一体化招标采购信息平台设计与实现［J］.实验室研究与探索,2020,39(3).

［13］ 孙红霞.放管服下高校采购管理的权限界定与职能转变［J］.会计之友,2019(17).

［14］ 陈婕,王艳青,李青.新形势下高校政府采购信息化平台建设刍议［J］.中国现代教育装备,2021(15).

［15］ 花永盛,王林军,王瑞.新形势下高校采购能力提升的探索与实践［J］.中国招标,2021(9).

［16］ 苟燕楠,王林军,王瑞,花永盛.贯彻新发展理念 探索提升大学采购治理能力［J］.中国财政,2021(11).

［17］ 俞玮,花永盛,王瑞,王林军.高校采购数据知识图谱的构建与实现［J］.中国招标,2021(12).

第六章　大学采购前沿实践

成文法是指国家机关根据法定程序制定发布的法律文件。我国是典型的成文法国家,是以制定法为唯一正式法律渊源的国家。财政部处理结果、司法判例等实际上并不具备可引用的法律效力,但随着互联网特别是无线通信和智能手机的兴起,各种处理结果、司法判例信息公开化,各界对其日益重视,致使其地位随之逐年上升。作为大学采购从业人员,在熟悉相关法律法规的同时,理应深入研究财政部处理结果、司法判例等,以期推动我国政府采购与国际接轨。

本章收集整理了政府采购相关案例并进行了分析,试图归纳出具有大学特点起指导性作用的政策解读。当然,这项工作的难度较大,其中不足之处还请批评指正。谨望以此抛砖引玉,共同提升。

第一节　大学国产货物服务采购

大学采购货物服务是政府采购的重要组成部分,既会涉及通用型货物服务采购,也会因大学研究需要的特殊性购置高精尖设备和专业化特殊服务。总体而言,大学采购货物服务是一项以政策为导向,非常专业且涉及领域广泛的工作,具有自身的特点:一是大学采购货物和服务是精细化到各个项目且较为复杂的。大学首先是非营利性单位,其预算多源于财政拨款,主要承担科技研发、培养人才等重要工作,采购涉及的种类繁多,范围非常广。大学采购的货物服务根据《政府采购法》规定都应纳入政府采购体系中,采购的品类涵盖方方面面,内容亦是繁杂,管理难度相对一般行政事业单位高了不止一个级别。采购范围主要涵盖科学研究仪器设备、软件系统定制开发、专业化定制加工服务、图书教材和数据库(包括进口)、行政办公用品、后勤服务等诸多领域。二是大学采购货物服务对专业性、时效性要求较高。随着我国对人才培养重要性的认识程度不断加深,国家对大学的支持逐年提高,财政拨款呈现逐年递增趋势。大学购买的服务主要服务于教学、科研和专业人才培养工作,我国大学还承担了大量的军工任务,使得采购需求较为个性化,尤其是专业科研仪器设备的购置,不仅要符合科技发展前沿性需求,还需符合特定领域科研工作的个性化需求,且对采购的政策性、专业性和时效性都有较高要求。

要做好大学采购工作,不能只重视组织实施环节,更应当在前后两端即需求管理阶段和履约验收环节花大力气。财政部于2021年发布的《政府采购需求管理办法》,就是倒逼采购人加强内部管理控制和提升主体责任,使采购人重视加强政府采购前后两端的工作。

一、大学国产货物服务采购难点问题

(一)大学使用防疫捐赠款采购是否属于政府采购

要判断大学使用防疫捐赠款采购是否属于政府采购,应遵循相关法律法规。《政府采购法》第二条第二款规定,政府采购是指各级国家机关、事业单位和团体组织,使用财政性资金采购依法制定的集中采购目录以内的或者采购限额标准以上的货物、工程和服务的行为;《政府采购法实施条例》第二条第一款明确纳入预算管理的资金为财政性资金;《预算法》第四条,政府的全部收入和支出都应当纳入预算;《政府会计制度》中"捐赠收入"科目相关规定进行财务会计处理,同时按照"其他预算收入"科目相关规定进行预算会计处理。

大学作为公益二类事业单位,根据财政部的要求,应当按照《预算法》规定,将所有收入全部列入部门预算管理。凡使用纳入部门预算管理的资金开展的采购活动,无论资金来源,均属于政府采购范畴。因此,大学以防疫捐赠款采购防疫物资的,应当按照政府采购要求进行采购。

需强调的是,大学全部资金都应纳入预算管理,属于财政性资金,采购项目也须纳入政府采购管理。

(二)大学房屋资产对外出租是否属于政府采购

出租房屋不符合《政府采购法》第二条第四款规定的"采购"的定义(有偿+取得),所以不属于政府采购。

《政府采购法》第二条第四款规定:采购是指以合同方式有偿取得货物、

工程和服务的行为。

（三）大学工会采购是否需要执行政府采购流程

大学工会采购是否需要执行政府采购流程需要明确以下几点：要看工会是不是国家机关、事业单位或团体组织；要看资金来源是否属于财政性资金；要看是否属于集采目录内产品或者预算达到采购限额标准以上。

如果以上三条均满足，则需要按照《政府采购法》进行采购。

大学工会属于人民团体，一般具有独立法人，是"团体组织"的一种，采购主体符合《政府采购法》对采购主体的规定。若其使用的资金为财政性资金或与财政性资金无法分割的资金采购货物或者服务，在政府集中采购目录内或采购预算达到限额标准以上，就应当适用《政府采购法》及其实施条例，不符合前两点则应该按照内控制度采购。

（四）校医院药品如何购买——以上海市为例

一般大学校医院的主要任务是面向校内师生和教职工诊治常见多发病症，处置一般外伤等。因此，校医院采购常备药有其特殊性：药品价格。因面向群体问题，药品价格不能太高，高档药品难以被接受；药品种类需求繁多，而用量不大；药品采购计划定制的科学性较差，一般为非专业人员管理，专业性较差；药品采购计划实施中常因库存、放假等原因发生变化。

以上海市为例，根据上海市发布的《关于进一步做好本市医药机构药品"阳光采购"有关事项的通知》，内设医疗机构的所有药品必须通过该平台采购，采购渠道已非常明确。供应商的选择方面可以采用公开遴选服务的方式，遴选几家在阳光采购平台内的中标供应商进行配送服务。药品可按需分批在中标供应商处通过平台购买，既保障了校医院药品采购的品种多样性，又能在服务及时性上满足师生需求。

（五）党费、团费采购是否属于政府采购范围

大学团委、党委不属于独立的预算单位，因此不符合《政府采购法》规定的采购主体范围，采购活动不受《政府采购法》的规范。

国库司曾答复：行政机关、事业单位和团体组织使用党费和团费采购不属于政府采购范围。

实践中我们应当注意几点：采购内容是党团活动还是用于党团部门自身

运行;经费来源是否有属于单位拨款部分,是否纳入预算管理;自行采购的,应参照政府采购建立内控制度。

(六)大学食堂购买米、面、油、菜是否需要政府采购

是否通过政府采购,要根据《政府采购法》中对"政府采购"的定义来进行判断。大学自营食堂的所有资金均应纳入预算管理,属于财政性资金;采购标的如属于集中采购目录以内的或者采购预算达到采购限额标准以上,均应按照《政府采购法》规定的程序和方式采购,集中采购目录以外的或者采购限额标准以下的,按内控制度采购。

(七)大学采购货物和服务如何组织履约验收

政府采购项目的履约验收是政府采购的重要环节,但在实际中却常常被人忽视。那么如何才能做好政府采购货物、服务和工程的履约验收呢?

1. 货物

货物类项目验收,包括出厂检验、开箱检验、安装、调试、技术验收。实施主体包括采购人、供应商等。

(1)出厂检验。

根据采购项目特点,可以设置出厂检验。设置出厂检验的,采购人、采购代理机构应在采购合同中载明。出厂检验应注意以下事项:出厂验收在设备制造商工厂进行,采购人派人参加出厂验收全过程;出厂验收用检测设备和相关装置由供应商提供;出厂验收内容由采购合同约定;出厂验收合格后需采购人、供应商双方签字确认,对于采购合同约定由国家认可的质量检测机构检测的出厂验收内容,质量检测机构需出具检测报告,出厂验收合格后需质量检测机构、采购人、供应商三方签字确认;由于供应商或制造商原因,设备未能按时通过出厂验收而需重新组织出厂验收的一切费用由供应商承担;出厂验收完成后,须经双方代表签署出厂验收报告,确认设备达到发货状态,供应商方可包装、发货,如果出厂验收报告内容包含整改项目,须完成全部整改内容并经采购人确认后才能包装、发货。

(2)开箱检验。

开箱检验,是指合同设备交付后检查其外包装是否完好无损,合同设备数量是否与合同一致,文档资料是否齐全。具体包括:合同设备交付后,采购人和供应商应按合同约定进行开箱检验;在开箱检验中,如发现合同设备的短

缺、损坏或其他与合同约定不符的情形,供应商应采取补齐、更换及其他补救措施直至开箱检验合格;如合同条款约定由第三方检测机构对合同设备进行开箱检验或在开箱检验过程中另行约定由第三方检验的,则第三方检测机构的检验结果对采购人和供应商均具有约束力;开箱检验结束后,验收双方应共同签署开箱检验验收书,开箱检验验收书应列明合同设备数量、文档资料、外观等开箱检验的验收情况及评价意见。

(3) 安装、调试。

开箱检验完成后,供应商应按合同约定对合同设备进行安装、调试,以使其具备技术验收的状态;采购人和供应商应对合同设备的安装、调试情况共同及时进行记录。

(4) 技术验收。

技术验收是指合同设备在安装、调试完成后,采购人按照采购合同规定的技术、服务、安全标准,对供应商的履约情况进行确认的验收方式。具体包括:合同设备在安装、调试完成后,采购人按照采购合同的约定进行技术验收;合同设备在进行技术验收时,不符合采购合同规定的技术、服务、安全标准,供应商应在双方同意的期限内采取措施消除合同设备中存在的缺陷,并在缺陷消除以后再次进行技术验收直至符合采购合同规定;合同设备不符合采购合同规定,技术验收不合格的,采购人和供应商应就采购合同的后续履行进行协商,协商不成的,采购人有权解除合同。如采购合同约定由第三方检测机构对合同设备进行技术验收或在技术验收过程中另行约定由第三方检验的,则第三方检测机构的检验结果对采购人和供应商均具有约束力;技术验收结束后,验收双方应共同签署技术验收书,技术验收书应列明合同设备的技术、服务、安全标准等技术验收的情况及项目总体评价意见。

2. 服务

对于服务项目,可根据项目特点分阶段评估服务期内的服务实施情况,并结合评估和服务效果进行验收。

属于提供过程服务的,如物业管理采购项目,应根据采购合同规定的评价考核标准,分阶段对供应商在服务期内的服务实施情况进行评估,并结合评估和服务效果进行验收;属于交付成果的,如设计、规划采购项目,应根据采购合同规定,按采购文件的验收标准对供应商的交付成果进行验收。

二、大学国产货物服务采购案例分析

案例 1　大学招标代理机构如何选择

【案例要旨】

招标代理机构的选择是采购人的权利,任何人都不得为采购人指定代理机构。

【案例概述】

某大学以公开遴选的采购方式确定多家代理机构建成符合本大学要求的代理机构库,设置服务期限为 3 年,使用时按内控规则从库中选择。遴选建库的目的,一是减少人为干预和直接指定的盲目性,二是减少每个项目都由内控决策代理机构或通过政府采购程序确定代理机构所带来的非必要工作量。组织公开遴选时,一般通过内控集体决策或比选的方式选择一家招标代理机构具体实施,即"代理的代理"。

【分析见解】

招标代理机构的规范化管理是政府采购工作有序开展的前提条件,亦是招标工作开展的基础条件。《政府采购法》中明确规定,招标代理的选择是法律赋予采购人的权利,采购人有权采用自主方式选择代理机构。自 2021 年 4 月 1 日发改委废止《中央投资项目招标代理资格管理办法》后,招标代理行业正式进入零门槛时代,大大小小各类代理机构让采购人选择时眼花缭乱,更重要的是无法鉴别其业务能力是否达到采购人的需求,代理机构的选择成为大学采购人面对的难点问题之一。实践中,使用频率较高的招标代理机构选择方式有四种:直接指定、随机产生、通过政府采购程序产生、遴选建库按规则确定。

(1) 直接指定。

直接指定一般通过考察、他人介绍、自我推荐等方式指定。根据《政府采购法》第十九条之规定,采购人有权"自行确定"招标代理机构,也是最常见的选择代理机构方式,该方式的优点是方便快捷,在代理机构选择环节无须耗费大量精力,缺点是通常会有一定的盲目性。由于代理机构的专业性,指定代理机构所代理的采购项目可能会存在与其不相适应的情况。另外,"他人介绍"或"自我推荐"在实操中可能会演变成领导打招呼、熟人拉关系、代理项目靠公关的人情关系和不正当竞争关系。

(2) 随机产生。

随机产生一般通过摇号等随机方式,从政府采购网上注册登记的政府采购代理机构名单中随机产生。该方式有便利、快捷,避免人情关系的优点,但因是完全随机产生的,代理机构具体实力事先并不清楚,其对本地政府采购管理系统和具体的操作环境未必熟知,不确定性比较大,可能会影响采购效率;再则与直接指定的情况类似,同样会出现业务偏重和实际承接项目不相适应的情况,如有的代理机构业务偏重于代理工程项目,仅对招标投标法律法规及相关业务流程熟悉,有的代理机构偏重于代理货物服务项目,只对政府采购法律法规及相关业务流程熟悉。

(3) 通过政府采购程序产生。

大学通过政府采购程序产生代理机构是指在采购项目启动前先以购买服务方式确定一家招标代理机构的情形。其前提是代理费达到政府采购限额标准,且由采购人支付(财政性资金),采购主体、资金来源和采购内容(需求)均符合《政府采购法》相关规定。首先,满足政府采购对采购主体的要求(大学为事业单位);其次,根据《政府采购品目分类》(财库〔2013〕189号)中列有"采购代理服务"品目,以"采购代理服务"为品目实施政府采购,符合购买服务要求(采购内容);最后,就是采购资金问题,采用此方法的须特别注意,仅适用于代理费由采购人支付且超过分散采购限额标准的情形,更重要的是该做法有悖于《政府采购代理机构管理暂行办法》(财库〔2018〕2号)第十五条规定,即代理费超过分散采购限额标准的,原则上由中标、成交供应商支付的相关规定。总体来说该方式合理合法,确定代理机构的过程真实可靠,但存在采购时间长、效率略低、使用范围局限性较强的情况。

实践中,采购人很少采用政府采购程序确定代理机构。一是普遍认为采购周期长、流程烦琐,在实际项目启动前须通过政府采购确定代理机构,再由该代理机构代理政府采购项目确定供应商,效率低下。二是可能会存在部分代理机构为打开市场或赢得特定行业用户,在自身没有优势的情况下低价竞标,导致后期服务跟不上的情况。

(4) 遴选建库按规则确定(以下简称建库)。

建库是指通过遴选的方式选择多家代理机构组成本单位的代理机构库,需要时按规则从代理机构库中确定一家提供服务。该方式结合了上述几种程序,通过借鉴政府采购程序,比照政府采购框架协议方式,选择出一定数量的代理机构为本单位建成代理机构库。这种做法既体现了采购人主体责任,又避免了权利失控和风险的产生。

目前,我国大学本着公开、公平、公正的原则多采用公开遴选的方式征集招标代理机构,例如清华大学、复旦大学、上海交通大学、南京大学、苏州大学、深圳大学、上海大学等。

尽管代理建库是较好的代理机构选择方式,但采购人在选择时仍需注意:库内直接指定可能造成分配不公和权力失控,重点要防范不正之风的出现;库内竞价则易使库内代理机构形成"默契",长时间使用同一库内代理机构容易造成垄断,不利于项目推进,使采购人处于被动状态。

因此,为避免大学陷入被动,受制于招标代理,借鉴政府采购程序,公开遴选时设置3年服务期限非常有必要,同时还应在招标代理机构业务操作规范程度、售后服务质量等多个环节制定考核标准,并落实退出和补录机制,便于采购人动态调整。《政府采购法》规定采购人拥有自行选择代理机构的权利,是为了落实采购人的主体责任,实现权责对等。采购人是政府采购活动的第一责任主体,既要在法律规定的范围内依法行使权力,更要切实认识到自己的责任,增强责任感,招标代理机构只在招标代理服务协议规定的事项内开展业务活动。采购人在实施政府采购活动前完善政府采购内控制度,建立健全确定代理机构的规则和决策机制特别重要,这样可以将权力关进制度的笼子里,避免权力滥用导致选择代理机构不当,进而影响政府采购。

探索和研究大学采购代理管理工作专业化、规范化体系建设,使大学采购代理机构管理工作进一步发展,并实现科学化、现代化管理,为大学持续发展提供坚实保障,是每个大学采购从业人员义不容辞的责任。

案例2 分散采购也是政府采购

【案例要旨】

分散采购也是政府采购,适用《政府采购法》。采购结果应当在政府采购指定媒体公开发布。

【案例概述】

某大学分散采购项目由采购人自行招标。招标结束后,因未按《政府采购法》相关规定及时公布中标结果受到供应商质疑投诉。但采购人认为,本项目属于分散采购,可由采购单位内控程序研究决定,无须在指定平台公布采购结果。

【分析见解】

（1）分散采购也是政府采购，适用《政府采购法》。

根据《政府采购法》第二条规定，在中华人民共和国境内进行的政府采购适用本法。第七条明确，政府采购实行集中采购和分散采购相结合。因此，分散采购也是政府采购，应当适用《政府采购法》。根据《政府采购法实施条例》第十五条，采购人进行自行采购，需要有编制采购文件、组织采购的能力和条件（场地、设备等），以及有与采购项目专业性相适应的专业人员。纳入集中采购目录的政府采购项目，属于本单位有特殊要求的项目，经省级以上人民政府批准，可以自行采购。本例中采购人以单位会议形式集体研究决定并不合法。

（2）采购结果应当在政府采购指定媒体公开发布。

既然分散采购适用《政府采购法》，那就意味着整个采购程序都要符合《政府采购法》的规定，包括采购结果应及时在指定媒体公布。《政府采购法》第三条规定，政府采购应当遵循公开透明原则、公平竞争原则、公正原则和诚实信用原则。第十一条规定，政府采购的信息应当在政府采购监督管理部门指定的媒体上及时向社会公开发布，但涉及商业秘密的除外。第六十三条规定，政府采购项目的采购标准应当公开。采用本法规定的采购方式的，采购人在采购活动完成后，应当将采购结果予以公布。

《政府采购法实施条例》第四十三条规定，采购人或者采购代理机构应当自中标、成交供应商确定之日起2个工作日内，发出中标、成交通知书，并在省级以上人民政府财政部门指定的媒体上公告中标、成交结果，招标文件、竞争性谈判文件、询价通知书随中标、成交结果同时公告。

《政府采购信息公告管理办法》（财政部令第19号）第八条规定，除涉及国家秘密、供应商的商业秘密，以及法律、行政法规规定应予保密的政府采购信息以外，下列政府采购信息必须公告：……招标投标信息，包括公开招标公告、邀请招标资格预审公告、中标公告、成交结果及其更正事项等。

本例中，采购信息未依法在政府采购指定媒体及时公布。

案例3　合同履行完毕添购标的适用单一来源采购
【案例要旨】

跟单采购，视不同情形可分别采用直接签订补充合同和采用单一来源采购两种情形。采购人在实践操作中要正确区分两种情形的适用条件，否则有可能给项目顺利实施带来麻烦。

【案例概述】

某学校新校区搬迁项目,于 2016 年 5 月通过公开招标方式采购一批学生课桌椅,合同金额 220 万元,该合同于当年 8 月履行完毕。2017 年该学校因增设专业扩大招生,与原供应商商议,依据原合同规定的价格和商务条件,向原供应商追加采购了一批同样规格、技术要求的课桌椅,金额为 20.5 万元,并签订了补充协议。

2017 年 9 月,该学校向财政部门申请拨付该批采购资金,财政局以本次采购没有履行政府采购程序为由,不予拨付资金,并责令其改正。

【分析见解】

(1) 跟单采购有两种不同方式。

在《政府采购法》中,跟单采购有两种处理方式:第一种方式是采用单一来源方式添购。《政府采购法》第三十一条规定:符合下列情形之一的货物或者服务,可以依照本法采用单一来源方式采购:……必须保证原有采购项目一致性或者服务配套的要求,需要继续从原供应商处添购,且添购资金总额不超过原合同采购金额 10% 的。第二种方式是直接补签合同。《政府采购法》第四十九条规定:政府采购合同履行中,采购人需追加与合同标的相同的货物、工程或者服务的,在不改变合同其他条款的前提下,可以与供应商协商签订补充合同,但所有补充合同的采购金额不得超过原合同采购金额的 10%。

这两种方式有很多相同和相似之处:一是新增的订单都是从原中标或成交供应商处采购;二是新增的金额都不得超过原采购合同金额的 10%;三是新增的采购资金均需通过预算管理;四是新增采购部分的合同均需依法备案和公开。由于两种跟单采购方式存在着诸多相同或相似之处,容易导致实操人员对其适用情形产生困惑和迷茫,甚至认为只要跟单采购金额在 10% 以下的,可由采购人自行决定采用单一来源采购方式或直接补签合同。

(2) 按项目的执行情况采用不同的跟单采购方式。

研究《政府采购法》中的相关法条我们可以发现,采用"单一来源方式添购"和"直接补签合同"两种方式,分别适用于不同情形下的采购活动。主要区别有如下几点:一是发起采购的时间点不同。对于适用"直接补签合同"这种方式的采购活动,《政府采购法》第四十九条强调应在"政府采购合同履行中";对于采用单一来源方式进行采购的项目,相关法条没有刻意强调其时间点,结合上下文,一般认为是指在原政府采购合同履行完毕之后。二是发起采购的目的不同。依据《政府采购法》第四十九条的规定,适用直接补签合同方式的采购活动,其目的是采购与原合同标的"相同的货物、工程或者服务";而依据《政府采购法》第三十一条第三款的规定,采用单一来源方式采购的目的,是"保证原有采购项目一致性或者服务配套的要求",需要继续从原供应商处添购相关产品。三是对于可以补充采购的标的的要求不同。如前所述,适用于直接补签合同方式的采购活动,《政府采购法》第四十九条强调,采购标的必须与原合同标的相同;而采用单一来源方式采购的项目,法律没有刻板、机械地要求采购标的必须保持一致,而只要出于"保证原有采购项目一致性或者服务配套的要求"的添购活动均可。打个比方:某设备采购项目,原货物采购合同规定,供货商只需将该设备送达指定地点安装完毕即完成合同义务。在联机试运行过程中,发现须由原供货商协助提供相应服务,采购人如与原供应商补签设备试运行调试服务合同,则应当通过单一来源采购方式添购。

(3) 本例采购人应履行单一来源采购程序。

综上所述,为便于区分,笔者将跟单采购的两种不同情形以表格方式归纳如表6-1所示。

表6-1 追加与添购

简称	采购时间	采购目的	标的要求	采购方式	适用法条
追加标的	合同履行中	采购与合同标的相同的货物、工程或者服务	必须与原合同标的相同	直接签订补充合同	《政府采购法》第四十九条
添购标的	合同履行后	须保证原有采购项目一致性或者服务配套的要求	可以与原合同的标的不一致	单一来源采购	《政府采购法》第三十一条

本案例背景资料中介绍,该学院拟增加的采购订单系前一学年已经履行完毕的采购合同,尽管采购标的与之前的合同标的完全一致,但不属于在政府采购合同履行过程中需要追加采购标的,不能适用《政府采购法》第四十九条直接补签合同的相关规定,而应当适用《政府采购法》第三十一条第三项关于添购标的的规定,履行单一来源采购程序。

案例 4　同品牌多供应商的处理

【案例要旨】

同一品牌产品只能有一家投标人，但应当在招标文件中对此作出明确规定。

供应商质疑、投诉应当有明确的请求和必要的证明材料，且投诉事项不得超出已质疑事项的范围，更不能进行虚假、恶意投诉。

【案例概述】

Z代理机构采用公开招标方式为学校采购一批国产科研仪器，采购预算200万元。A、B、C、D 4家供应商参与投标，且全部通过资格审查和符合性检查。顺利进入评标环节，A供应商报价186万元，B供应商报价172万元。评标委员会按照招标文件规定的综合评分法进行了评分，最终B供应商综合得分最高，被评标委员会推荐为第一中标候选人，A供应商排第二。评标结束后，A供应商提出质疑，认为B供应商恶意低价竞争，与此同时，B供应商宁可违约被没收投标保证金也要退出该项目。

经调查，A、B两供应商均为国内某品牌代理商，B供应商在开标后得知A供应商也参与了该项目，与公司协商后，为避免供应商扰乱产品市场定价，公司要求B供应商退出让A供应商顺延中标。

最终，该项目重新招标，A供应商在截止时间之前未参与投标，中标方为新参与的E供应商，中标金额172万元。

【分析见解】

（1）同一品牌不同供应商处理。

《政府采购货物和服务招标投标管理办法》（财政部令第87号）第三十一条明确了同一品牌不同供应商的处理：使用综合评分法的采购项目，提供相同品牌产品且通过资格审查、符合性审查的不同投标人参加同一合同项下投标的，按一家投标人计算，评审后得分最高的同品牌投标人获得中标人推荐资格。其中，同一品牌不同供应商数量的确认是在通过资格审查和符合性审查后立即开展。按法条顺序：资格审查—符合性审查—同品牌不同供应商判别。

本例中，A、B供应商提供相同的产品虽是不同供应商，但应根据招标文件先对A、B进行综合评分，评审后得分高的同品牌供应商获得代表该品牌参与本项目的资格，且A、B两供应商应视为一个投标人。

（2）中标供应商不得放弃中标项目，否则将承担法律责任。

《政府采购法》第四十六条规定，中标、成交供应商放弃中标、成交项目的，应当依法承担法律责任。B供应商的做法明显是对法律法规理解不够深入，其做法已触及法条。另外，从旁观者角度来看，不论采购人还是采购代理机构都不会同意B供应商放弃中标，一旦执行，采购人将多花费至少14万元购买相同设备，充分竞争的目的也未达到，重新招标不失为一种较为妥当的办法。

（3）质疑投诉应当有明确的请求和必要的证明材料，不得进行虚假、恶意投诉。

A供应商提出质疑，认为B供应商恶意低价竞争，应提供相关证据，在没有证据的情况下到处举报属于诬告。投标文件中，供应商都已就所提供的产品的承诺满足招标文件要求，在没有其他实质性证据的前提下没有取消其中标资格的依据。如B供应商在签订合同后却无履行合同的能力，采购人可依据《民法典》相关法律法规，依法作出处理。

（4）政府采购招标信息应当由监管部门在指定媒体上及时向社会公开发布。

本项目二次招标后A、B供应商并未参与此次投标，原因可能是多种多样的，为避免质疑投诉影响项目执行进度，采购人应当根据法律法规发布招标公告。

案例5　兼投不兼中：有效投标人数量、中哪包

【案例要旨】

采购人如要求供应商兼投不兼中，应当在招标文件中清晰说明并明确中标原则。

【案例概述】

假设案例：某政府采购信息化项目采用公开招标综合评分方式采购，项目总额超过400万元，分两包采购，其中每个包件都超过200万元，招标文件要求兼投不兼中，分别有A、B、C、D 4家供应商前来响应投标，两个包件4家供应商全都参与且全部通过资格审查和符合性检查，顺利完成项目评分，经依法组建的评标委员会评审，给出如表6-2所示推荐：

表6-2　投标情况表

投标供应商包件	包件1	包件2
投标供应商A	250万元	200万元
投标供应商B	255万元	220万元

续 表

投标供应商包件	包件 1	包件 2
投标供应商 C	260 万元	215 万元
投标供应商 D	258 万元	219 万元

问题一：需要几家供应商才能开标评标？

问题二：两包都排第一最终怎么选，谁说了算？

【分析见解】

(1) 合格投标人不足 3 家的，不得评标。

财政部国库司曾就该问题进行回复：如果一个项目分 3 个包组进行招标，且项目允许兼投不允许兼中。假设有 3 个供应商参加了这 3 个包的投标，则第一包可以确定一个中标人。其余两包投标人不满足 3 家，根据财政部 87 号令第四十四条之规定不得评标。

《政府采购货物和服务招标投标管理办法》第四十四条规定：公开招标采购项目开标结束后，采购人或者采购代理机构应当依法对投标人的资格进行审查。合格投标人不足 3 家的，不得评标。

回到本案，该项目分为两个包件共 4 家供应商参与项目且全都通过审查，因此无论第一包结论如何，第二包都满足 3 家合格投标人要求可以展开评标活动。

(2) 两包都排第一，中哪包，谁说了算？

实践中一般有两种做法。

第一种做法，由采购人自主决定中标人。法律已赋予了采购人确定中标人的权利，由采购人来决定合法、合规、合理，权责对等，理应由采购人确定 A 供应商中哪包。《政府采购法实施条例》第四十三条规定，采购人应当自收到评审报告之日起 5 个工作日内在评审报告推荐的中标或者成交候选人中按顺序确定中标或者成交供应商。

第二种做法，采用合同仲裁时对于歧义解释使用的"反义居先"（Contra Proferentum Rule）原则处理。简单来说就是原则上将按照对编写者最不利的情况进行解释。即对采购人不利，按 A 供应商利益最大化方式处理，主动权掌握在 A 供应商手中，由其自由决定成为两包中某一包的第一中标人，并放弃另一包候选资格。

我们可以看到,如包件1由A供应商中标,那么包件2根据兼投不兼中原则中标人顺延为C供应商,正常来看毫无问题,但从采购人角度来看,1、2包先后顺序的选择会直接产生10万元的差额。

方案1:包1由A中标,包2则由C中标,成交金额:250+215=465万元。

方案2:包1由B中标,包2则由A中标,成交金额:200+255=455万元。

两套方案相差10万元,根据《政府采购法》第一条规定:为了规范政府采购行为,提高政府采购资金的使用效益,维护国家利益和社会公共利益,保护政府采购当事人的合法权益,促进廉政建设,制定本法。我们认为方案2体现出提高资金使用效益的目标,符合采购人切身利益,用最小的代价完成了所有相关包件的工作,合情合理。

当然,为了避免这种情况发生,建议采购人在分包招标文件中明确这类情况的中标规则,避免发生不必要的质疑投诉。

案例6 竞争性磋商项目只有两家供应商响应是否可以继续

【案例要旨】

在竞争性磋商过程中,除规定的特殊情形外,邀请的供应商、提交最后报价的供应商和成交候选供应商都应当在3家以上。政府购买服务项目在采购过程中符合要求的供应商只有两家时,采购活动可以继续进行。

财库〔2015〕124号文中规定的"符合要求的"供应商,不宜理解为采购人"可以邀请的"供应商,不宜理解为"购买了采购文件的"供应商,也不宜理解为"提交了响应文件的"供应商,而应当理解为"通过资格审查、符合性审查的"供应商比较妥当。

【案例概述】

某大学变电站运维服务项目,经预算主管部门批准采用竞争性磋商方式进行采购。经集中采购中心受理,通过指定媒体发布公告,邀请不特定的供应商参与竞争性磋商采购活动,并于指定日期将竞争性磋商文件公开,挂政府采购网公示,以提供意向供应商下载。至截止日期,共有3家供应商下载了磋商文件。截至响应文件所要求的递交截止时间前,发现只有两家供应商提交响应文件。

针对本项目采购活动是否可以继续进行,采购中心内部出现了3种不同意见：

第一种意见认为，采购活动应当终止。根据《政府采购竞争性磋商采购方式管理暂行办法》(财库〔2014〕214号)第三十四条的相关规定，在采购过程中，除市场竞争不充分的科研项目和需要扶持的科技成果转化项目外，如出现符合要求的供应商或报价未超过采购预算的供应商不足3家，应当终止竞争性磋商采购活动，发布项目终止公告并说明原因，重新开展采购活动。

第二种意见认为，采购活动可以继续进行。根据《财政部关于政府采购竞争性磋商采购方式管理暂行办法有关问题的补充通知》(财库〔2015〕124号)规定：采用竞争性磋商采购方式采购的政府购买服务项目(含政府和社会资本合作项目)，在采购过程中符合要求的供应商(社会资本)只有两家的，竞争性磋商，采购活动可以继续进行。本案例属于政府(大学为事业单位)购买服务项目，适用该文件的规定继续进行竞争性磋商活动。

第三种意见认为，采购活动不可以继续进行。根据财库〔2015〕124号文的规定：符合要求的供应商只有两家的，采购活动可以继续进行。本案例中出现的情形为提交响应文件的供应商只有两家，不符合要求的供应商只有两家，应当重新组织采购活动。

【分析见解】

(1) 除特殊情形外，竞争性磋商采购项目的供应商应当满足3家以上的要求。

竞争性磋商采购方式，是财政部为深化政府采购制度改革，适应推进政府购买服务、推广政府和社会资本合作(PPP)模式等工作需要，根据《政府采购法》第二十六条第一款的规定所创新的一种采购方式。该采购方式弥补了竞争性谈判、询价等非招标采购方式只能适用"最低价法"进行评审的缺陷，同时在采购程序的灵活性方面也具有较大的优势。

根据《政府采购竞争性磋商采购方式管理暂行办法》(财库〔2014〕214号)第六条、第二十一条和第三十四条的相关规定，在竞争性磋商活动中，除规定的特殊情形外，邀请的供应商、提交最后报价的供应商和成交候选供应商都应当在3家以上，即供应商自始至终应当保持3家以上。

(2) 供应商不足3家可以继续磋商的项目共有3类。

根据财库〔2014〕214号文第三十四条的规定，在采购过程中，出现符合要求的供应商或报价未超过采购预算的供应商不足3家的情况下，可以继续采购活动的项目有两类：市场竞争不充分的科研项目；需要扶持的科技成果转化项目。除此之外,其余项目如在采购过程中出现供应商不足3家的情形时,应当重新组织采购活动。

2015年6月,财政部又专门发布《财政部关于政府采购竞争性磋商采购方式管理暂行办法有关问题的补充通知》(财库〔2015〕124号),对竞争性磋商方式出现供应商不足3家时,采购活动可以继续进行的情形作了补充。该文件规定,政府购买服务项目(含政府和社会资本合作项目),在竞争性磋商过程中出现符合要求的供应商(社会资本)只有两家的,采购活动可以继续进行。

综合上述文件的相关规定,截至目前,采用竞争性磋商方式进行采购的项目,如在采购活动中出现供应商不足3家的情况,下列3类项目可以继续进行:市场竞争不充分的科研项目;需要扶持的科技成果转化项目;政府购买服务项目(含政府和社会资本合作项目)。除此之外的其他项目,出现上述情形时,应当终止采购活动并重新组织采购。

(3)正确理解"符合要求的供应商只有两家"这一概念。

关于采用竞争性磋商采购方式采购的政府购买服务项目,财库〔2015〕124号文的原文是:"在采购过程中符合要求的供应商(社会资本)只有两家的,竞争性磋商采购活动可以继续进行。"对于"在采购过程中符合要求的供应商(社会资本)只有两家"这一表述,可以从两个层面进行解读:一是特指已进入采购程序的项目。该文件中采用了"在采购过程中"的表述,表明了可以适用采购活动继续进行的该类项目,出现供应商只有两家的时间点必须是在采购活动开始以后,而不是指采购人或采购代理机构在邀请供应商时,更不是在采购活动开始之前。二是特指符合采购文件要求的供应商只有两家。不是指采购人或代理机构邀请供应商可以邀请两家,也不是指提交了响应文件的供应商只有两家。根据政府采购相关法律的规定和采购操作实践,政府采购项目的评审,通常包括资格审查、符合性审查和商务技术评估3个阶段。通过资格审查的供应商,称为"合格供应商",或称为"符合资格条件的供应商";通过符合性审查的供应商,称为"符合要求的供应商",或称为"实质性响应的供应商"。

综上分析,财库〔2015〕124号文所称的"在采购过程中符合要求的供应商",应当是指通过资格审查和符合性审查的供应商,而不是指购买或下载了磋商文件的供应商,也不是指首次递交了响应文件的供应商。本案例3种处理意见中,第三种意见最符合相关政策文件的立法本意。

第二节 大学进口仪器设备采购

仪器设备是大学教师在教书育人和科学研究过程中不可或缺的硬件设施,尤其在高精尖研究领域,进口设备更是不可或缺。但是,初次购买进口仪器设备的老师往往觉得手续烦琐,政策颇多,不知从何入手。本节将具体介绍进口仪器设备采购细节。

一、大学进口仪器设备采购难点问题

(一)大学采购进口产品的特殊要求

1. 主管部门核准

(1)采购人需要采购的产品在中国境内无法获取或者无法以合理的商业条件获取,以及法律法规另有规定确需采购进口产品的,应当在获得财政部门核准后,依法开展政府采购活动。

采购人报财政部门审核时,应当出具以下材料:《政府采购进口产品申请表》;关于鼓励进口产品的国家法律法规政策文件复印件;进口产品所属行业的设区的市、自治州以上主管部门出具的《政府采购进口产品所属行业主管部门意见》;专家组出具的《政府采购进口产品专家论证意见》。

(2)财政部门审核同意购买进口产品,应当在采购文件中明确规定可以采购进口产品,但如果因信息不对称等原因,仍有满足需求的国内产品要求参与采购竞争的,采购人及其委托的采购代理机构不得对其加以限制,应当按照公平竞争原则实施采购。

2. 进口论证专家要求

(1)进口产品论证专家组应当由5人以上的单数组成,其中,必须包括一名法律专家,产品技术专家应当为非本单位并熟悉该产品的专家。

(2)采购人代表不得作为专家组成员参与论证。

(3)参与论证的专家不得作为采购评审专家参与同一项目的采购评审工作。

(4)进口产品专家论证意见原则上由采购人自行组织,其论证专家应当

熟悉该产品且与采购人或采购代理机构没有经济和行政隶属等关系。

3. 采购方式及变更

政府采购进口产品应以公开招标为主要方式。因特殊情况需要采用公开招标以外的采购方式的，按照政府采购有关规定执行。

4. 采购文件

采购人及其委托的采购代理机构在采购进口产品的采购文件中应载明优先采购向我国企业转让技术、与我国企业签订消化吸收再创新方案的供应商的进口产品。

5. 追加与添购

（1）采购人因产品的一致性或者服务配套要求，需要继续从原供应商处添购原有采购项目的，不需要重新审核，但添购资金总额不超过原合同采购金额的10%。

（2）政府采购进口产品合同履行中，采购人确需追加与合同标的相同的产品，在不改变合同其他条款的前提下，且所有补充合同的采购金额不超过原合同采购金额的10%的，可以与供应商协商签订补充合同，不需要重新审核。

6. 合同履行

政府采购进口产品合同应将维护国家利益和社会公共利益作为必备条款。合同履行过程中出现危害国家利益和社会公共利益问题的，采购人应立即终止合同。

7. 支付资金

采购人向财政部门申请支付政府采购进口产品资金时，应当提供财政部门审核同意文件、采购合同和产品报关单等材料，以确保所采购的产品规格、数量金额等与审批或采购文件规定的一致，否则不予支付。

（二）大学购买进口仪器设备须明确采购需求

根据《政府采购需求管理办法》（财库〔2021〕22号）要求，采购进口设备应当开展需求调查。采购需求，是采购人对进口仪器设备的技术和商务要求。首先应明确5个方面：设备是否需要根据特殊要求进行定制；在全球范围内有几家制造商能够生产；国内是否已经有客户在使用这种设备；如果国内有研究机构在使用此类型设备，是否了解过设备的运行情况；是否已经和此类型的设备供应商沟通了解过设备的情况（含技术、价格、交货期、付款方式、保险、维保等）。如果这5个问题都能清晰肯定地给出答案，那么初步工作已经完成。

（三）申请采购预算及完成相关论证等手续

采购人需要关注本校编制年度采购预算工作，提交符合管理规定的项目预算申请，并尽可能在申请材料中突出采购该进口仪器设备的重要性和必要性，提交相关的调研资料。在采购预算获批后，尽快启动贵重仪器设备论证和进口设备论证工作。采购金额在本地区限额采购金额以上的还需要申请政府采购编号，并进行至少 30 天的采购意向公示。一句话总结：申请到了经费，还要有两个论证、一个编号、一个公示。

（四）完成采购流程

这个环节一定要和采购管理部门工作人员、招标代理项目经理协商做好采购策划。

要注意招标文件中技术指标的设计在符合国家的法律法规的前提下能否买到技术最优的设备，而商务指标则决定了是否能获得最好的服务。在编制招标文件时，务必要严谨、公正，尤其文字的表述、指标的范围等细节方面，直接影响招标结果和后期履约，尤其是在设备验收环节，如若买卖双方对招标内容的理解不一致，会导致无法完成验收工作甚至产生法律纠纷。此阶段，建议采购人及时与大学采购管理部门及招标代理沟通，共同完成招标工作。

（五）外贸合同如何履约验收

根据惯例，进口仪器设备在正式打包发货前，供应商应当提前告知实验室的安装环境及条件，如温度、湿度、防爆、防腐蚀等。采购人需要根据具体要求准备好实验室，如果在招标文件中已经明确要求需要供应商完成实验室环境改造和设备安装，那么用户老师就可以安排供应商进场改造实验室了。

进口仪器设备从出厂到安全送达实验室，外贸代理公司全权负责具体事宜。具体内容包括办理银行 LC，买汇、付款、向海关申报免税、办理货物到港的清关、送货等。优质的外贸代理公司将会在每一个环节为大学教师提供最专业的服务，在控制外贸风险的同时实现效益最优。

在收到进口仪器设备后，应当根据外贸合同中条款，与供应商确定安装验收事宜。如果在验收过程中技术指标不符合技术条款，应当尽快联系学校采购管理部门和外贸代理公司，就验收问题与供应商进行沟通，维护自己的合法权益。一旦完成验收工作，采购人和供应商应双方共同签署设备验收报告，该验收报告将作为外贸代理公司最后向供应商支付设备尾款的重要凭证。质保期从签订设备验收报告日期的第二天开始计算。

（六）进口仪器设备售后服务如何解决

质保期内。如进口仪器设备发生质量问题，请立即联系外贸代理公司和供应商派专业工程师上门服务，检测设备情况。如需换货，外贸代理公司会安排对该设备进行商检，取得商检报告后向海关申请办理换货手续。质保期内的相关费用由供应商承担。

质保期外。进口仪器设备需要更换配件或维护，可联系外贸代理公司和供应商，先确认设备情况和费用，然后根据外贸合同条款中有关质保期外收取费用的约定与供应商沟通。若外贸合同中未约定此项内容，则需根据市场价格更换配件或提供售后服务。

二、大学进口仪器设备采购案例分析

案例1 投标文件技术指标正偏离一定好吗

【案例要旨】

进口仪器设备国际招标活动中，招标公告对技术条款有明确要求。投标文件应当正确理解技术条款要求，技术指标正偏离未必能满足招标人需求。

【案例概述】

2021年11月，招标代理机构A公司就某大学某进口仪器设备进行国际招标，投标截止时共有3家供应商前来投标。招标代理机构A公司依法在商务部机电产品评审专家库中抽取专家，组建评标委员会。

经评审，投标供应商L公司，在投标文件中有一项"*"技术条款不满足招标文件要求，技术评议不合格，不进入价格评议。最后推荐技术和商务条款都符合招标文件需求且价格最低的T公司为中标候选人。

评标结果进行公示后，L公司向招标代理机构A公司提出异议。

招标代理机构A公司收到异议后，会同招标人对有争议的"*"技术条款进行了解释。

招标文件中，招标参数关键指标光源：镭射二极管（波长830 nm，输出功率：200 mW）设定为"*"指标。因为在科学实验过程中，对于给定波长的激光，1纳米的偏离都会对实验结果有影响。针对光刻胶材料，其本身树脂和颗粒均为聚合物材料,830 nm 激光获得颗粒散射信号最强,并非 835 nm 激光可以满足。另外随着激光光源波长变宽,对缺陷的灵敏度会随之降低,故技术指标指定波长为 830 nm。经过前期市场调研,该技术指标至少有 3 家供应商能满足。而 L 公司投标文件的响应指标为:第八代双激光窄光光源(波长 835 nm,输出功率 220 mW),不符合招标方的实验需求。因此在评审过程中,评标专家一致认为,L 公司的投标文件未能正确理解招标方的技术需求,投标文件虽然自认为对该指标的响应为正偏离,但实际结果并不符合招标人的技术要求,技术评议不合格。评审结果无误。

L 公司收到异议回复后,接受评审结果。

【分析见解】

在招投标过程中,货物类采购不同于其他项目,因为产品是已经存在的,各个产品的型号参数都已确定,与招标文件要求有差异;同时,大学的科学研究设备精度要求高、技术复杂、专业性强。因此,在投标过程中,供应商应当认真仔细阅读招标文件,及时与招标技术联系人沟通确认技术指标问题,切不可抱有侥幸心理,认为技术指标正偏离一定是更"优"的做法。

案例 2 外贸合同条款必须以招投标文件为准

【案例要旨】

进口仪器设备国际招标公告对技术和商务条款有明确要求。投标文件在响应招标需求时是一种法律行为,需承担相应的法律责任。

【案例概述】

2021 年 9 月,招标代理机构 Z 公司就某大学某进口仪器设备进行国际招标,经评标委员会评审,推荐技术和商务条款都符合招标文件需求且价格最低的 Y 公司为中标候选人。

学校收到招标代理机构 Z 公司出具的中标通知书后,委托外贸代理机构 J 公司签订外贸合同。J 公司根据 Y 公司的投标文件,拟定外贸合同,合同报价方式为 DDP。Y 公司不同意,认为其投标报价是 CIP,以 DDP 报价签订合同直接损害其权益,于是向某大学提出异议。

学校采购管理部门收到 Y 公司异议后,会同用户老师、招标代理机构 Z 公司和外贸代理机构 J 公司对为何用 DDP 报价签订外贸合同向 Y 公司进行了解释。

招标文件中,学校已明确要求:投标人可以用人民币报价(免税),但投标方必须具备以下两点：一是投标人或受益人的银行账户必须开通跨境人民币业务交易，并提供跨境贸易人民币结算的账号。二是投标人或受益人的开户行必须提供中国人民银行出具的 12 位联行号码（英文缩写：CNAPS）。境外账号名称与投标方不一致或不提供 12 位联行号码，招标人将不予办理该投标产品的海关免税。

Y 公司的投标文件是以 CIP/CNY 格式报价，但是没有提供相关的跨境贸易人民币结算的信息。根据招标要求，如果没有以上所需的相关信息，招标人将不予办理该投标产品的海关免税。因此，根据国际贸易规则，外贸合同应当以 DDP/CNY 格式。学校委托的外贸代理机构 J 公司拟定的外贸合同完全符合招投标文件实际情况，也符合国际贸易规则。

L 公司收到异议回复后，同意以 DDP/CNY 格式签订外贸合同。

【分析见解】

我国加入 WTO 后，进口仪器设备采购需要遵循国际贸易规则。具体的商务条款信息都有特定含义及法律规则。外贸合同的信息来源于招投标文件，所以大学采购进口仪器设备是从招标过程开始进行管理。采购人和供应商都应慎重设置具体条款信息，招投标和签订外贸合同的每一步都需符合法律法规要求。

案例 3　外贸合同的汇率管理能为学校节省经费

【案例要旨】

外贸合同履约过程中的汇率管理是非常重要的环节。汇率受国际形势影响波动，专业的汇率管理能在保证外贸合同履约的同时为学校节省财政经费。

【案例概述】

2019 年 10 月，某大学委托外贸代理机构 K 公司就某进口设备签订外贸合同，该合同为 DAP/USD 报价格式，交货期为 6 个月。K 公司为确保该项目采购经费不超出预算上限，在签订外贸合同开具银行信用证后，派专人负责汇率风险管理，时刻关注外汇汇率波动。在 6 个月时间内，美元兑人民币汇率最高为 7.126 4，最低为 6.840 8，K 公司管理人员凭多年外汇管理经验，估算购汇后的金额低于采购预算金额前提下的汇率区间，当汇率波动在既定范围内，果断提前购汇，以 6.856 7 汇率买入美元。在进口设备开始安装验收过程时，主动联系用户老师及供应商，确认验收进度，再次以 6.617 2 的汇率买入美元。该项目结算时共为学校节省了 30.5 万元财政经费。

【分析见解】

大学采购进口仪器设备,在国际贸易中常用的计价货币有美元、欧元、日元、人民币等。选择何种货币进行投标报价是供应商根据自身情况和国际贸易形势作出的判断。外汇汇率波动频繁给国际贸易带来巨大风险,国际货币的升值或贬值都会直接影响进口设备最后的结算费用。大学应当遴选经验丰富、有优质银行资信的外贸公司作为代理机构,专业的服务不但能够提前预判、规避、化解国际贸易中的各种风险,还能为大学节省采购进口设备的财政经费,实现双赢。

案例 4 质保期内进口仪器设备如何换货

【案例要旨】

在质保期内,进口仪器设备在使用过程中发生质量问题,需要返回国外原厂进行换货处理。

【案例概述】

2021 年 4 月,某大学委托外贸代理机构 J 公司采购的某进口设备在使用过程中发生故障,无法正常运行。该设备已于 2019 年 7 月 8 日完成设备验收手续,质保期 2 年。用户老师发现问题后即刻邮件联系了 J 公司和供应商,告知相关情况并提供照片等资料。J 公司和供应商联系后,供应商派专业工程师上门查验设备情况,判定设备故障在国内无法完成修理,需要返回原产国工厂进行免费维修。

J 公司获悉以上信息后,与用户签订委托代理出口返修协议,随即与供应商签订返修协议明确返修责任义务。同时 J 公司调出该设备在进口阶段的所有原始单据,包括进口合同、免税证明、运单、发票、箱单、报关单、验收报告等书面资料;安排专员来校对该进口设备进行关键信息的拍照取证留底,包括设备的铭牌、整体照片等。查验完成后按照出口包装要求,进行设备的固定包装,确保运输过程中万无一失,同时对设备的尺寸重量进行测量,便于后续出口运输。J 公司向海关提交相关资料后按照出口返修的要求进行申报,预定好出口航班,与国外返修工厂收货人沟通好收货事宜,及时将相关的出口运单返修单据发给国外返修工厂收货人。该设备送抵国外工厂后,J 公司实时跟进维修进展,在货物修理完毕后,第一时间拿到国外发货的空运提单和相关单据,提前向海关报备。设备返回到 S 市港后,完成海关查验,J 公司安排专车将货物送至用户老师的实验室,完成现场的再测试。用户老师确认设备运行情况,非常满意。至此该进口设备返厂维修事宜全部完成。

【分析见解】

进口设备如果需要返厂维修,手续较为复杂,需要准备多种材料向所属地海关申报,还要安排国际运输和保险,费用较高。所以用户老师如果在质保期内发现质量问题,务必第一时间联系外贸代理公司和供应商,留存好邮件、短信、影像资料等信息,维护自己的合法权益。

第三节 大学工程采购

大学工程采购首先须厘清大学采购领域内两部最重要的法律《政府采购法》和《招标投标法》之间的关系,若将两者混为一谈则相关工程项目容易被质疑投诉。两法的区别具体如表6-3所示。

表6-3 《政府采购法》和《招标投标法》的区别

两法的区别	《政府采购法》	《招标投标法》
立法的目的不同	是为了规范政府采购行为,提高政府采购资金的使用效益,维护国家利益和社会公共利益,保护政府采购当事人的合法权益,促进廉政建设而制定的法律	立法初衷是为了规范招标投标活动,保护国家利益、社会公共利益和招标投标活动当事人的合法权益,提高经济效益,保证项目质量
适用范围不同	根据采购主体和资金性质是否为财政性资金来判断	多用于工程建设项目的招标投标活动
规范主体不同	政府在采购过程中占有主动地位,该法律主要针对采购人和采购代理机构	明确确定了招标投标活动及其当事人——招标人、投标人以及招标人组建指定的招标委员会和评标委员会的责任和义务
投资者选择方式不同	规定了公开招标、邀请招标、竞争性谈判、单一来源、询价、竞争性磋商和框架协议采购方式7种政府采购方式,并对每一种采购方式的适用范围和操作流程进行了详细的说明	仅分为公开招标和邀请招标两种方式,并且规定在确定中标人前,招标人不得与投标人就投标价格、投标方案等实质性内容进行谈判

续 表

两法的区别	《政府采购法》	《招标投标法》
作用时效不同	采购文件的保存期限为从采购结束之日起至少保存15年	招标人和中标人应当自中标通知书发出之日起30日内,按照招标文件订立书面合同,至此,招投标整个过程结束
监督管理主体不同	各级人民政府财政部门是采购活动的监管主体	国家发展和改革委员会部门是招标投标活动的监管主体

《政府采购法》属于特别法,对于同一机关制定的法律,特别规定与一般规定不一致的,适用特别规定;新的规定与旧的规定不一致的,适用新的规定。作为公益二类事业单位的大学,使用财政性资金采购依法制定的集中采购目录以内的或者采购限额标准以上的货物、工程和服务的应首先适用《政府采购法》。

同时应当注意,政府采购工程进行招标投标的,根据《政府采购法》第四条应当适用《招标投标法》。《招标投标法》第三条规定:"在中华人民共和国境内进行下列工程建设项目包括项目的勘察、设计、施工、监理以及与工程建设有关的重要设备、材料等的采购,必须进行招标:(一)大型基础设施、公用事业等关系社会公共利益、公众安全的项目;(二)全部或者部分使用国有资金投资或者国家融资的项目;(三)使用国际组织或者外国政府贷款、援助资金的项目。"

《必须招标的工程项目规定》(国家发展和改革委员会令第16号)明确了公开招标数额标准,第五条规定:"本规定第二条至第四条规定范围内的项目,其勘察、设计、施工、监理以及与工程建设有关的重要设备、材料等的采购达到下列标准之一的,必须招标:(一)施工单项合同估算价在400万元人民币以上;(二)重要设备、材料等货物的采购,单项合同估算价在200万元人民币以上;(三)勘察、设计、监理等服务的采购,单项合同估算价在100万元人民币以上。同一项目中可以合并进行的勘察、设计、施工、监理以及与工程建设有关的重要设备、材料等的采购,合同估算价合计达到前款规定标准的,必须招标。"总而言之,大学工程采购既要执行政府采购政策,也须实行招标投标程序。

一、大学工程采购难点问题

(一) 大学工程采购中《政府采购法》与《招标投标法》的适用

《政府采购法》规定，政府采购的对象包括货物、服务和工程；《招标投标法》规定的必须进行招标的工程建设也包含政府采购工程。为了做好两法的衔接，避免政府采购通过招标方式采购工程在适用法律时产生混乱，《政府采购法》第四条规定："政府采购工程进行招标投标的，适用招标投标法。"采用竞争性谈判、单一来源和竞争性磋商等非招标方式的，适用《政府采购法》及其条例。

建筑物和构筑物的新建、改建、扩建及其相关的装修、拆除、修缮等，以及与工程建设有关的货物（指构成工程不可分割的组成部分，且为实现工程基本功能所必需的设备、材料等），与工程建设有关的服务（是指为完成工程所需的勘察、设计、监理等服务），施工单项合同估算价达到必须招标的规模标准以上的，必须招标，适用《招标投标法》及其条例；施工单项合同估算价在必须招标的工程项目规模标准以下、达到政府采购采购限额标准以上的，适用《政府采购法》及其法实施条例。

法律依据：《政府采购法实施条例》第七条规定："政府采购工程以及与工程建设有关的货物、服务，采用招标方式采购的，适用《中华人民共和国招标投标法》及其实施条例；采用其他方式采购的，适用政府采购法及本条例。

前款所称工程，是指建设工程，包括建筑物和构筑物的新建、改建、扩建及其相关的装修、拆除、修缮等；所称与工程建设有关的货物，是指构成工程不可分割的组成部分，且为实现工程基本功能所必需的设备、材料等；所称与工程建设有关的服务，是指为完成工程所需的勘察、设计、监理等服务。政府采购工程以及与工程建设有关的货物、服务，应当执行政府采购政策。"

(二) 非必须招标的政府采购工程项目应采用何种采购方式

非必须招标的政府采购工程项目应该采用竞争性谈判、单一来源方式或者竞争性磋商采购。采用竞争性谈判、竞争性磋商采购方式更具操作性。如采购人采用公开招标方式则会产生适用法律错误的问题。

法律依据：《政府采购法实施条例》第二十五条规定："政府采购工程依法不进行招标的，应当依照政府采购法和本条例规定的竞争性谈判或者单一来源采购方式采购。"

(三) 大学新建建筑物电梯采购的法律适用

电梯是新建房屋实现其基本功能所必需的设备，因此电梯采购属于与工程建设相关的货物采购。

采购预算达到公开招标数额标准以上的，必须招标，就适用《招标投标法》及《招标投标法实施条例》；采购预算在公开招标数额标准以下、达到政府采购限额标准以上的，适用《政府采购法》及《政府采购法实施条例》。

(四) 大学工程招标是否需要执行政府采购政策

大学采购工程进行招标投标的，适用《招标投标法》，但是依然要执行政府采购政策。《招标投标法实施条例》第四条第三款明确规定，财政部门依法对实行招标投标的政府采购工程建设项目的预算执行情况和政府采购政策执行情况实施监督。

法律依据：《政府采购法实施条例》第七条第三款规定："政府采购工程以及与工程建设有关的货物、服务，应当执行政府采购政策。"

(五) 大学信息化工程采购方式

采购主体(大学)、资金来源(纳入预算管理资金)、采购对象均符合《政府采购法》第二条，应当适用《政府采购法》及其实施条例。这里的"工程"并非建筑物和构筑物的新建、改建、扩建，因此不适用《招标投标法》及其实施条例。

法律依据：《政府采购法》第二条第二款规定："本法所称政府采购，是指各级国家机关、事业单位和团体组织，使用财政性资金采购依法制定的集中采购目录以内的或者采购限额标准以上的货物、工程和服务的行为。"第六款规定："本法所称工程，是指建设工程，包括建筑物和构筑物的新建、改建、扩建、装修、拆除、修缮等。"

(六) 如何确定工程是否必须招标

施工单项合同估算价达到《必须招标的工程项目规定》(国家发展和改革委员会令第 16 号)规模标准以上的，必须招标，适用《招标投标法》及《招标投标法实施条例》。

施工单项合同估算价在必须招标的工程项目规模标准以下、达到政府采购采购限额标准以上的,适用《政府采购法》及《政府采购法实施条例》。通常采用的采购方式有：竞争性谈判、单一来源和竞争性磋商。

法律依据：《必须招标的工程项目规定》(国家发展和改革委员会令第16号)第五条规定："本规定第二条至第四条规定范围内的项目,其勘察、设计、施工、监理以及与工程建设有关的重要设备、材料等的采购达到下列标准之一的,必须招标：(一)施工单项合同估算价在400万元人民币以上；(二)重要设备、材料等货物的采购,单项合同估算价在200万元人民币以上；(三)勘察、设计、监理等服务的采购,单项合同估算价在100万元人民币以上。同一项目中可以合并进行的勘察、设计、施工、监理以及与工程建设有关的重要设备、材料等的采购,合同估算价合计达到前款规定标准的,必须招标。"

《政府采购法实施条例》第七条规定："政府采购工程以及与工程建设有关的货物、服务,采用招标方式采购的,适用《中华人民共和国招标投标法》及其实施条例；采用其他方式采购的,适用政府采购法及本条例。"

(七) 非招标工程合同已履行,未履行政府采购程序

施工单项合同估算价未达到招标规模标准的、达到政府采购限额标准以上的,采用非招标方式的,适用《政府采购法》及《政府采购法实施条例》。采购人应当根据集中采购目录、采购限额标准和已批复的部门预算编制政府采购实施计划,报本级人民政府财政部门备案。未履行政府采购程序,应该由财政部门责令限期改正,给予警告,对直接负责的主管人员和其他直接责任人员依法给予处分,并予以通报。

法律依据：《政府采购法实施条例》第二十九条规定："采购人应当根据集中采购目录、采购限额标准和已批复的部门预算编制政府采购实施计划,报本级人民政府财政部门备案。"第六十七条规定："采购人未按照规定编制政府采购实施计划或者未按照规定将政府采购实施计划报本级人民政府财政部门备案的,由财政部门责令限期改正,给予警告,对直接负责的主管人员和其他直接责任人员依法给予处分,并予以通报。"第六十八条规定："采购人、采购代理机构未依照政府采购法和本条例规定的方式实施采购的,依照《政府采购法》第七十一条、第七十八条的规定追究法律责任。"

(八) 大学采购工程如何组织履约验收

工程类项目应当按照行业管理部门规定的标准、方法和内容进行验收。

工程类项目验收,包括工程施工质量的过程验收和竣工验收。实施主体包括施工单位和监理、设计、建设单位等。

1. 主要内容

(1) 工程质量的验收程序与组织:施工单位在隐蔽工程隐蔽前通知建设单位(或工程监理单位)进行验收,并按规定形成验收文件;分部分项工程完成,应在施工单位自行验收合格后,通知建设单位(或工程监理单位)验收,重要的分部分项工程应请设计单位参加验收;施工单位应在单位工程完工后,自行组织检查、评定,符合验收标准,向建设单位提交验收申请;建设单位收到验收申请后,应组织施工、勘察、设计、监理单位等方面人员进行单位工程验收,并适时根据有关规定实行全项目(如群体工程)的验收,明确验收结果,形成验收报告;按国家现行管理制度,房屋建筑工程及市政基础设施工程验收合格后,尚需在规定时间内将验收文件报政府管理部门备案。

(2) 建设工程施工质量验收的要求:在工程质量验收之前,施工单位应完成自行的检查评定;应安排具有规定资格的人员参加施工质量验收;工程建设项目的施工过程,应符合工程勘察、设计文件的要求;隐蔽工程应在隐蔽前由施工单位通知有关单位进行验收并形成验收文件,单位工程施工质量应该符合相关验收规范的标准;涉及结构安全的材料及施工内容,应有按照规定对材料及施工内容进行见证取样的资料等;对涉及结构安全和使用功能的重要部分工程、专业工程应进行功能性抽样检测;工程外观质量应由验收人员通过现场检查后共同确认结果。

(3) 建设工程施工质量检查评定验收的基本内容及方法:分部分项工程内容的抽样检查;施工质量保证资料的检查,包括施工全过程的技术质量管理资料,其中以原材料、施工检测、测量复核及功能性试验资料为重点检查内容;工程外观质量检查和确认。

(4) 工程质量不符合要求的处理:勘察、设计成果存在缺陷时,应根据规定及时实施完善;经返工或更换设备的工程,必须重新检查验收;经有资质的检测单位检测鉴定达到设计要求的工程应予以验收;经返修或加固处理的工程,虽局部尺寸等不符合设计要求,但仍然可以满足使用要求的,可按有关规定进行验收;经返修和加固后仍不能满足使用要求的工程严禁通过验收。

2. 其他要求

(1) 完善验收方式:采购人和使用人分离的采购项目,应当邀请实际使用人参与验收;采购人、采购代理机构可以邀请参加本项目的其他供应商或第三方专业机构及专家参与验收,相关验收意见作为验收书的参考资料;政府向社会公众提供的公共服务项目,验收时应当邀请服务对象参与并出具意见,验收结果应当向社会公告。

（2）严格按照采购合同开展履约验收：采购人或者采购代理机构应当成立验收小组,按照采购合同的约定对供应商履约情况进行验收;验收时,应当按采购合同的约定对每一项技术、服务、安全标准的履约情况进行确认;验收结束后,应当出具验收书,列明各项标准的验收情况及项目总体评价,由验收双方共同签署;验收结果应当与采购合同约定的资金支付及履约保证金返还条件挂钩;履约验收的各项资料应当存档备查。

（3）严格落实履约验收责任：验收合格的项目,采购人应当根据采购合同的约定及时向供应商支付采购资金、退还履约保证金;验收不合格的项目,采购人应当依法及时处理;采购合同的履行、违约责任和解决争议的方式等适用《民法典》,供应商在履约过程中有政府采购法律法规规定的违法违规情形的,采购人应当及时报告本级财政部门。

二、大学工程采购案例分析

案例1 招标程序不规范,中标结果被否决

【案例要旨】

未通过资格预审的申请人不具有投标资格。通过资格预审的申请人少于3个的,应当重新招标。

【案例概述】

某学校改扩建工程总投资为800万元人民币,其中土建及装修工程费用为550万元。招标代理机构按照招标程序在建筑工程交易中心的监督和见证下组织了开标、评标工作。资格审查采用的是开标后由评标专家进行资格后审的方法。开标时,有6家单位递交了有效投标文件。开标当日,由评标专家组建的评标委员会在进行资格后审时发现,有4家投标单位存在企业安全生产许可证过期未年检,拟委派的项目经理未进行安全考核,未取得B证(项目负责人安全考核合格证),近3年来没有相同或相近工程业绩,资产负债率过高等一项或多项问题不符合招标文件中资格审查合格条件标准,因此这4家投标企业资格审查不通过。由于有效投标人数少于3个,建筑工程交易中心要求招标人宣布招标失败。但学校考虑到近期评估专家要来学校进行专项验

收，而土建装修工程施工工期要 3 个月，且考虑到假期施工对教学影响较小，于是学校内部组织会议决定联系本次招标中资格审查符合要求的两家单位采用竞争性谈判的方式确定施工单位。考虑到 A 公司近期在教育系统有两个项目正在施工，且本次招标的学校中有一栋教学楼原来是 A 公司施工的，对情况比较熟悉且与教育系统关系处理得比较好，建议该项目交由 A 公司承包施工。谈判小组最后确定由 A 公司中标该学校的土建和装修工程，并签订了工程承包合同。通过资格审查的 B 公司认为学校对其进行了排斥，于是向上级部门进行投诉，请求取消 A 公司的中标并要求招标人对其投标过程产生的费用给予补偿。

【分析见解】

学校在招标过程中存在的不妥之处和建设行政主管部门处理的决定依据分析如下：

（1）按照《招标投标法》的规定，该学校改扩建工程是全部使用国有资金投资，关系社会公共利益、公众安全的项目，必须进行公开招标，且在《工程建设项目招标范围和规模标准规定》中更加详细地说明了关系社会公共利益、公众安全的公共事业项目的范围包括科技、教育、文化等项目。该规定第七条规定，施工单项合同估算价在 200 万元以上的项目必须进行招标。

依法必须进行招标的项目，全部使用国有资金投资或者国有资金占控股地位的，应当公开招标。招标投标活动不受地区、部门的限制，不得对潜在投标人实行歧视待遇。

（2）《工程建设项目施工招标投标办法》第十九条规定："经资格后审不合格的投标人的投标应作废标处理。"

《招标投标法》第二十八条规定："投标人少于三个的，招标人应当依照本法重新招标。"

《工程建设项目施工招标投标办法》第三十八条规定："提交投标文件的投标人少于三个的，招标人应当依法重新招标。重新招标后投标人仍少于三个的，属于必须审批的工程建设项目，报经原审批部门批准后可以不再进行招标；其他工程建设项目，招标人可自行决定不再进行招标。"

学校在有效投标人少于 3 个的情况下，没有依法重新招标，并且该项目属于必须审批的工程建设项目，即使在重新招标失败后，也要报经原项目审批部门批准后方可以不再进行招标。

（3）《工程建设项目施工招标投标办法》第八十六条规定："依法必须进行

施工招标的项目违反法律规定,中标无效的,应当依照法律规定的中标条件从其余投标人中重新选定中标人或者依法重新进行招标。中标无效的,发出的中标通知书和签订的合同自始没有法律约束力,但不影响合同中独立存在的有关解决争议方法的条款的效力。"

《中华人民共和国招标投标法实施条例》第十九条规定:"资格预审结束后,招标人应当及时向资格预审申请人发出资格预审结果通知书。未通过资格预审的申请人不具有投标资格。通过资格预审的申请人少于3个的,应当重新招标。"

学校在有效投标人数少于3家时,为争取早日开工,没有重新招标,因此建设行政主管部门认定为招标无效,应立即取消向A公司发出的施工通知书(即中标通知书),解除与A公司签订的该学校改扩建工程土建和装修改造部分的施工合同,妥善解决A公司的退场问题,并重新组织招标。因此,早日开工的做法是合理的,但不顾程序是违法的。要防止出现违法的情况,最好的办法是严格按照法律办事,把工作做在前面,早日争取项目立项、招标和建设。

案例2 工程设备采购没有进行招标是否可以在事后补招标程序

【案例要旨】

对于建设工期比较紧张的项目,业主单位应该提早着手准备有关招标投标工作,避免出现依法必须招标的项目因时间原因来不及组织招标,更不能通过事后补办招标手续的方式搞虚假招标。

【案例概述】

某学校建设项目因急需采购一批工程设备,项目业主未经招标直接与之前合作过的A厂家签订了设备采购合同。后考虑到该批设备金额较大,属于法定必须招标的范围,于是决定补办招标投标手续。项目业主在招标代理公司的配合下,由A厂家自行邀请了另外两家企业配合"投标",经过评标委员会的"评审",最终A厂家以综合评分最高,获得"中标"。

后工程审计时,审计人员发现设备实际交货日期早于招投标和签约日期,项目业主虚假招标的行为受到了有关部门的查处。

【分析见解】

在本案中,招标投标工作尚未进行,"中标人"已经开始供货,属于典型的"明招暗定"或者说是虚假招标。实践中,部分招标人以工期紧张等为借口,未通过招标投标手续即选定熟悉的实施单位先期开展工作。由于担心规避招标受到查处,往往又自作聪明地补办虚假的招标投标手续,认为只要招标程序走过了就符合法律的规定。

《招标投标法》规定,任何单位和个人不得将依法必须进行招标的项目化整为零或者以其他任何方式规避招标。本案中的项目业主虽然事后补办了招标投标手续,但该次招标属于明显的虚假招标,是不具有法律效力的。根据《招标投标法》的规定,必须进行招标的项目不招标或规避招标的,责令限期改正,可以处项目合同金额 5‰ 以上 10‰ 以下的罚款,对于国有投资项目的主管人员还将给予处分。

第四节 大学采购存在的问题

一、采购程序倒置

【案例要旨】

采购程序倒置:先进行采购实施或者先签订合同,后面再进行采购申请审批。

通俗地讲,就是没有进行采购申请就先做了,程序反了。

表现形式:未进行采购申请审批就已经签订采购合同,或已收到发票、货物,或已完成服务实施、工程施工;采购合同签订时间或合同中服务起始时间早于申购审批时间。

【案例概述】

案例1:某学院采购人与 H 公司于 2021 年 2 月 20 日签订了 5 万元信息技术服务合同,合同签订前未履行采购程序,去财务处报销时被退回。然后该采购人于 2021 年 3 月 11 日通过采购管理系统申请采购程序。属采购程序倒置。

案例2:W 学院与 S 出版社签订了 3 万元图书出版服务合同,未提交采购申请直接去财务报销被退回。

【分析见解】

哪些项目必须先进行采购申请?

(1)采购主体:学校各二级单位。

(2)采购金额:纳入学校管理的各类资金。某学校规定预算金额 1 000

元(含)以上的仪器设备、家具等货物,预算金额 2 万元(含)以上的材料、服务,以及所有工程项目,须通过采购系统填写采购申请,审批通过后方可签订合同、实施采购。政府集中采购目录内的货物、服务无论金额大小均须采购申请,采购与招标管理办公室统一组织政府采购。

(3) 采购对象:工程、货物和服务。货物,是指各种形态和种类的物品,如仪器设备、家具、信息系统、材料等。工程,是指建设工程,包括建筑物和构筑物的新建、改建、扩建、装修、拆除、修缮等,以及与建设工程有关的货物和服务。服务,是指除货物和工程以外的其他采购对象。如图书出版服务、物业服务、信息技术服务、展览服务、印刷服务等。

上述案例中使用学校资金,通过合同方式有偿取得服务,且采购金额达到该校采购申请限额标准(2 万元),因此必须先规范完成采购申请程序,根据采购金额采用不同的采购方式实施(本例未达学校 10 万元统一采购限额标准,可自行完成采购)。实践中如果二级单位不确定拟采购的项目是否必须进行采购申请,以及采用何种采购方式,可事先向学校采购与招标管理相关部门咨询。

二、随意更改采购名称

【案例要旨】

采购人在预算立项时,为顺利通过预算评审或购置论证而更改仪器设备原本的通用名称,给后续采购、使用管理及审计检查带来风险。

【案例概述】

某学院采购人在预算申请时,为规避同类仪器论证检索以达到顺利获批立项的目的,将仪器名称由"光学显微镜"更改为"××分析及制样设备"。

【分析见解】

仪器设备属于国有资产,根据国家相关管理条例规定,仪器设备的名称必须在申请预算及政府采购编号、执行采购、签订合同至仪器设备验收入库的全过程中保持一致。

本案例中所采购的仪器为进口产品,因采购人在预算阶段将名称定为"××分析及制样设备",后续在招标采购及签订合同阶段,仪器名称必须符合财政批复信息,不可修改变更。但是,该进口设备在合同执行过程中,必须向海关关税处申请报关免税。海关关税处审核免税材料时,判定该仪器应当归属于光学显微镜大类,申报免税的仪器名称与实际免税品目不一致,不符合免税规定,因此不予免税。

根据国家税务总局规定,不能予以免税的进口仪器设备必须征收进口关税(税率根据相应品目征收)和进口环节增值税(13%税率)。但是,供应商与采购人对于由哪一方承担税费有争议。如若双方不能达成一致,则面临法律诉讼,进口设备的法律纠纷将通过国际仲裁解决。同时,该设备也因未能缴清税费无法交付采购人使用,以致采购人的科研项目无法按原计划执行。

对通用类仪器设备,应规范填报名称,遵循优化资源配置和高效使用的原则,能共享使用的尽量避免低水平重复购置。确需购置的,立项时可充分挖掘申请理由,有理有据,以便能获批。尤其对于进口仪器设备,涉及免税事宜,建议事前先与学校采购与招标管理相关部门沟通咨询。

三、规避政府集中采购

【案例要旨】

政府集中采购是指将列入集中采购目录的项目委托集中采购机构实施的采购。纳入政府集中采购目录及标准的采购项目,必须进行集中采购。只要列入集中采购目录,不论数量多少,也不论金额大小,都要提出采购申请,由采购管理部门统一进行集中采购。

表现形式:

将应当执行集中采购的政府采购项目,故意变更、虚构或伪造采购项目名称,规避政府集中采购。

【案例概述】

某学院采购人在采购申请时,为规避政府集中采购,将本是工作站的台式计算机更改为"计算控制系统"。

【分析见解】

列入政府集中采购目录及标准的采购项目,如计算机设备(服务器、台式计算机、便携式计算机)、打印设备(喷墨、激光、针式)、显示设备(液晶显示器)、扫描仪、办公设备(复印机、投影仪、多功能一体机、LED显示屏、触控一体机)、复印纸以及会计服务、审计服务、资产评估等,不能自行采购,必须由采购管理部门统一委托集中采购机构组织协议或者定点采购,依法确定协议、定点供应商,纳入政府采购网电子集市或政府采购中心。

本例中,尽管项目名称更改为"计算控制系统",但根据技术需求明显为计算机设备,属于目录内应当实行集中采购的政府采购项目。项目判定不合规,采购申请予以退回改正。

四、采购项目拆单

【案例要旨】

采购项目拆单:在一个预算年度内,把学校统一采购数额标准(某学校货物、服务为10万元)以上的采购项目人为故意拆分为数个小项目,使得每个项目的金额都未达到统一采购数额标准,以此规避快速采购、招标等采购方式,直接向特定供应商采购。

表现形式:

市场成熟的货物、服务,供应商多、竞争性强,在实际工作中,有个别采购人为压缩法定采购周期、减少工作量或进行利益输送,而化整为零或拆分时段向特定供应商直接采购。

【案例概述】

某学院采购人将10万元的相同材料分开为3.3万元、4.2万元、2.5万元进行3次采购,这样3次采购金额均低于学校统一采购数额标准(10万元),采购人进行自行采购,以规避快速采购方式。

【分析见解】

采购人以缩短采购周期、方便实施等为由,对采购项目进行故意拆分,一方面违背采购政策,同时对合同履行、产品质量的责任约束可能降到最低,供应商偷工减料、不执行合同等行为发生的概率也会大大增加,导致履约质量堪忧,甚至有可能出现双方串通、掩盖问题的情况。

针对一些科研特殊需求,不能事先明确采购量的情况下,年度内确需分多次采购的情形,采购申请时可提交情况说明。

五、仓促突击采购

【案例要旨】

招标采购是法律框架下的工作,必须经过法定程序,无法压缩必要的流程周期。为保障项目质效,应预留充足的采购时间,充分做好准备,避免仓促上马、突击采购。

【案例概述】

某学院要组织召开一项大型活动,临近既定的执行时间,才提出采购服务的申请,并希望尽快完成采购,缩短采购公告期限。

【分析见解】

采购人希望尽快完成采购,缩短采购时间,其原因大部分是没有提前计划,临近项目执行才准备采购事宜,少部分可能是经费下达较迟、项目要求时间紧。法律法规及学校相关制度对学校统一采购流程时间有硬性要求,涉及法规和制度,这类时限是无法缩短的。政府采购公开招标方式项目完成时间约 1 个月(从发布招标公告到成交,下同),政府采购非招标方式(竞争性磋商、竞争性谈判、单一来源等)完成时间约两周,快速采购约 7~10 天,加上采购过程中可能遇到的流标、质疑投诉等情况,应该尽可能在项目或事项实施前预留足够的时间实施采购。

采购只是项目全周期的一个环节,采购前期还可能涉及立项、论证、申请政采编号和 1 个月的采购意向公示等环节,后期有签订合同、验收、固定资产入库报账等环节,采购人需要对此有全面的了解,以便拟定可行的时间表和实施计划。

除了重点重大采购项目(如大型仪器设备、工程项目等)需要提前准备,大学普遍存在的一些经常性和延续性的采购项目都需要根据执行时间早谋划、早行动。主要采购项目如表 6-4 所示。

表 6-4 大学普遍存在的一些经常性和延续性采购项目

序 号	事 项
1	会计、审计服务
2	开学活动(典礼)、迎新活动、毕业活动
3	节日活动(学术节、节日、庆典等)、福利采购
4	考试报名系统、招生招考宣传、考场维护服务、考场监控服务等
5	军训相关采购

续 表

序 号	事 项
6	学生社区相关采购(宿舍调整搬迁、家具等)
7	通知书邮寄服务、论文送审服务
8	数据库服务、数据访问服务
9	课程制作服务、视频录制服务
10	图书出版服务、印刷服务
11	保险服务、体检服务
12	信息技术服务(系统运维、数据处理等)
13	会议服务、咨询服务、培训服务
14	赛事服务、租赁服务
15	物业服务(安保、保洁、绿化等)
16	修缮工程
……	……

六、国产进口界定错误

【案例要旨】

进口产品是指通过中国海关报关验放进入中国境内且产自关境外的产品。只要仪器设备经由海关入境,无论是否已由国内代理商办理入关,均属进口设备,包含产自港、澳、台的设备。部分进口零件经国内商家组装成品后可不纳入进口产品范畴。

【案例概述】

某学院老师在提出预算为 120 万元的设备采购申请时,在选择"是否进口"时选择了"否",但实际该设备产自国外,只是已由国内代理公司办理运入国内。在进行招标采购审核时,予以退回并履行进口论证手续。

【分析见解】

《政府采购进口产品管理办法》第三条规定：本办法所称进口产品是指通过中国海关报关验放进入中国境内且产自关境外的产品。也就是说，是否为进口产品只根据是否来自关境外判断。国产与进口设备，采购路径是不同的，包括采购组织形式、采购方式、合同签订方式等。政府采购进口设备要进行国际公开招标。一般由采招办委托外贸代理公司签订外贸合同，在科教免税清单里的产品并符合免税政策的可海关申请免税。国际招标时，因信息不对称等原因，也有满足需求的国内产品要求参与采购竞争的，采购人及其委托的采购代理机构不能对其加以限制，若成交后则可签订内贸合同。即使国外产品投标，因中标公司采用人民币报价，但是没有提供境外银行的人民币结算账户信息和中国人民银行出具的12位联行号码(英文缩写：CNAPS)等原因也无法签订外贸合同，进而无法享受免税政策。

采购政府采购限额标准以上的进口产品时，必须在采购活动开始前向有关部门申请进口产品论证；论证通过后，向财政部门提出进口申请并获得财政部门审核同意后，才能开展采购活动。在政府采购活动开始前没有获得财政部门同意而开展采购活动的，视同为拒绝采购进口产品。本例中，老师因信息不对称等原因误认为设备已在国内就不算进口设备，没有履行进口论证、获得进口批复，也就不能启动招标。

需要注意的是，要合理确定进口设备的采购预算。预算应包括货款和进口合同执行费用，货款：按报价(合同)金额×预估汇率，预估汇率＝货期＋1个月的远期汇率报价；进口合同的执行费用约2％～3％，最终由学校委托的外贸代理公司按实结算。若因国家政策调整，出现不予减免税或加征税费等情况，由此产生的费用由项目单位另行承担或解决。

七、降低批复金额以规避采购方式

【案例要旨】

未按批复核定的预算执行，将预算金额人为降低，以规避相应的采购方式。未经预算调整审批，擅自改变预算中的采购金额、采购数量、采购内容等进行采购。

【案例概述】

某学院采购项目预算批复是50万元，按该校规定应该委托代理采用竞争性磋商方式采购，而项目负责老师在采购系统填报时自行将采购金额填为

49.9万元,相应的采购方式改变成该校自主快速采购方式。

【分析见解】

经审批、核准确定的预算金额、采购范围,未经批准不得通过人为降低批复的预算等途径而故意变更采购方式。国家发展改革委等部门《关于严格执行招标投标法规制度 进一步规范招标投标主体行为的若干意见》中指出,依法必须招标项目拟不进行招标的,必须符合法律法规规定情形并履行规定程序;不得以支解、化整为零、招小送大、设定不合理的暂估价或者通过虚构涉密项目、应急项目等形式规避招标。本例中,老师将采购金额自行调整为49.9万元,非常接近学校招标采购限额标准50万元,有规避相应采购方式的嫌疑,存在风险;经与老师沟通,采购项目予以退回,重新以50万元提交采购申请。

八、滥用单一来源

【案例要旨】

部分老师对市场未充分调研,对采购方式规定不了解,希望直接采用单一来源向指定供应商采购。单一来源采购是针对仅有唯一供应商等极少情况采用的采购方式,大部分采购项目都不具备唯一性的条件。

【案例概述】

某学院老师申请以单一来源采购方式向某公司采购12万元信息技术服务。采购用户老师的单一来源理由为该公司技术实力好,过往有过合作,能够提供高效、满意的服务,满足项目的需求。

【分析见解】

单一来源是指采购人从某一特定供应商处采购货物、服务和工程的采购方式。与招标采购需要履行竞争程序的采购方式不同,单一来源是一种向唯一供应商采购的特殊采购方式。符合下列5种情形之一的,方可采用单一来源方式:使用不可替代的专利、专有技术,或者公共服务项目具有特殊要求,只能从唯一供应商处采购;因工作需要,采购特定地点办公用房;特殊领域的课题研究,需要委托该领域具有领先地位的学术机构或者自然人开展研究;邀请具有特定专业素养、特定资质的文化、艺术专业人士、机构表演或者参与文化活动;其他依法只能从唯一供应商处采购的情形。

本案例中所采购的信息技术服务,市场中有多家供应商可供选择,也不是具有特殊要求的公共服务项目,因此不符合单一来源的适用情形。用户老师提交的单一来源申请理由中,对该服务只能从唯一供应商处采购的理由不够充分。因此,本项目在采购方式的选择上是不合理的。除了适用情形合理、理由充分,单一来源的论证、公示程序也要合规,为保证采购质量,还需要与供应商就采购价格、质量进行协商,保留完整记录。

单一来源方式是各类审计、巡查监督的重点,如果不符合单一来源的5种情形,须采用其他采购方式,以降低采购风险。单一来源的采购程序包括提交申请理由说明、专家论证、单一来源公示、采购实施(供应商响应、组织与供应商协商)等程序,400万元以上的项目还需要向财政局申请;同时,单一来源缺乏竞争性,采购方处于不利地位,有可能导致采购价格偏高,质量良莠不齐,给学校造成损失。

九、设定排他性条款

【案例要旨】

采购人可以根据采购项目的特殊要求,规定供应商的特定条件,但不得以不合理的条件对供应商实行差别待遇或者歧视待遇,不能制定有利于特定投标人的资格条件、技术需求、评标标准等,为特定供应商度身设定条款,主观排斥其他合格潜在投标人。

【案例概述】

采购人不了解采购政策,或为避免有效竞争或经意向供应商授意,在招标文件中设置特定条款,如公司组织形式、注册资金、特定专利技术、商标品牌、原产地、将特定技术指标作为废标条款、在评分标准中设定特定区域和金额的合同业绩等。某采购老师提交的招标文件注明的合格投标人资质必须满足:注册资金在2 000万元以上;在评分细则类似业绩项中规定,高校200万元以上合同成功案例,每个得1分。

【分析见解】

《政府采购货物和服务招标投标管理办法》(财政部第87号令)第十七条规定,采购人、采购代理机构不得将投标人的注册资本、资产总额、营业收入、从业人员、利润、纳税额等规模条件作为资格要求或者评审因素,也不得通过将除进口货物以外的生产厂家授权、承诺、证明、背书等作为资格要求,对投标人实行差别待遇或者歧视待遇。我们可以根据采购项目的特殊要求,规定供应商的特定条件,但不得以不合理的条件对供应商实行差别待遇或者歧视待遇,更不得以任何手段排斥其他供应商参与竞争。在招标中,如果以不合理的条件限制、排斥其他潜在投标人公平竞争的权利,这就等于限制了竞争,不利于实现优化营商环境的政策目标和质优价廉的采购目标。量身定做衣服,合情合理;度身定向招标,违法违规。本例中,"注册资金在2000万元以上"和"高校200万元以上合同"属于对投标人实行差别待遇或者歧视待遇,以不合理条件限制、排斥其他潜在投标人。虽然老师的初衷可能是限定实力较大的供应商,但与现行采购政策背离,经沟通最终删除注册资金和合同地域、金额的限定。

采购文件中,业绩可以作为评审因素,但这5种特定业绩不能用:一是不得要求特定金额合同业绩,比如要求供应商提供"合同金额在300万元以上物业管理服务"业绩;二是不得要求特定数量业绩,比如要求供应商承接过县级机关20套以上地下水监测设备采购合同;三是不得要求特定行政区域业绩,比如采购文件约定"供应商提供一份在本地承揽的合同业绩得1分,最高得6分";四是不得要求特定行业业绩,比如采购文件要求"供应商提供的类似业绩必须是学校维修改造工程";五是不得要求特定服务主体业绩,比如采购文件约定"与高校有合作案例的供应商优先考虑"。

十、随意委派评标代表

【案例要旨】

采购项目的评审工作由招标代理机构依法组建的评标委员会或评审小组负责,评标委员会或评审小组成员由采购人委派的代表和评审专家组成。采购人应当委派熟悉采购项目、具有专业能力的代表参加评审,积极行使权利,认真参与评审,以客观公正的评审维护采购人的权益。

【案例概述】

采购人未正确理解参加评审的作用,不委派或者随意委派不具有专业能力的人员参加采购项目的评审,可能影响采购目标的实现。

某采购项目负责老师不愿参加项目的评标,认为这是职能部门的事情,全权由招标代理机构负责即可。

某采购项目按既定时间评标,采购负责老师临时出差不能参加,想委派他的一个学生参加评审。

【分析见解】

从法律法规以及加强采购人主体责任的角度,采购人应当委派代表参与评审,履行好职责,确保采购工作顺利开展,而不能以"我不参与评审,采购好坏与我无关,我不用承担什么责任"的态度放弃应有的权利和义务。另外,采购人代表应该具有与采购项目相关的专业知识并熟悉评审流程,不建议委托学生等其他不具备评审条件的人员参加。如果老师临时有事,可委托部门或课题组其他熟悉采购项目的老师参加。对于重大的或本部门不具有评审条件的采购项目,采购用户部门应当履行内部决策,委托合适的人员参加。采购人代表参加评审时,要向招标代理机构出具或展示身份证明材料;除了有一票评审(打分)权,专家有可能对采购需求了解不透彻,采购人代表应当规范地作出技术性解释,确保评标委员会或评审小组按照采购文件的要求评审,维护好本单位的利益。

采购人代表参加评审还须遵守相应规则:一是要坚持回避规则,与参加采购活动的供应商有劳动关系、姻亲关系、领导关系等利害关系的均要回避。二是要坚持保密规则,要做到保守商业秘密,不泄露身份,不透露评审细节。三是坚持廉洁规则,遵纪守法,维护采购人权益,不得收受贿赂或者获取其他不正当利益。四是要坚持独立原则,应以客观公正的评审维护采购人的权益,不得滥用评审权力,同时采购人不得让采购人代表带着任务去评审,干扰评审活动的正常进行。法律赋予了采购人代表解释说明项目背景和采购需求的权利,但采购人代表在行使这项权利时应当注意不能发表歧视性、倾向性言论,不得超出采购文件所述范围,评标过程中也不得向评审专家作倾向性、误导性的解释或者说明。

规范评审专家和代理机构在评审现场的言行,也是采购人代表的职责,比如制止评审专家和代理机构的倾向性言论、发现未回避的评审专家要求其回避、要求代理机构做好评审过程录像等。发现供应商具有行贿、提供虚假材料或者串通等违法违规行为的,应当及时向单位报告。

第五节 框架协议采购方式在大学采购中的应用

一、什么是框架协议

(一)协议与合同

所谓协议,是指有关国家、政党、企事业单位、社会团体或者个人等,在平等协商基础上订立的一种具有政治、经济或者其他关系的契约。协议应用的范围十分广泛,如国家之间订立的自由贸易协议、政党之间订立的友好合作协议、校企之间订立的技术合作协议、个人之间订立的遗赠抚养协议,等等。

合同是民事主体之间设立、变更、终止民事法律关系的协议①。协议与合同都是确立当事人之间法律关系的法律文书,是当事人意思表示一致而达成的一种契约。在一些情况下,协议与合同只是表述不同,两者是可以通用的。只要内容合法,订立的手续合法,不论称之为合同还是协议,都是有效且受法律保护的。比如,采购人委托采购代理机构代理政府采购活动而订立的法律文书,可以叫委托代理协议,也可以叫委托代理合同,法律效果是一样的。

不过,协议与合同也有明显区别。其一,在应用上,协议的范围更宽泛。合同主要应用于经济领域,而协议则广泛应用于政治、经济以及婚姻、收养、监护等各种社会领域。其二,在内容上,合同的要求更严格。协议的内容一般较为概括、原则,而合同的内容必须明确、具体,具备标的、数量、质量、价款等具体内容②。可以说,协议是比合同更大的概念,合同是一种协议,但并非所有协议都是合同。

不过,在实践中,协议与合同有时候会被混用。因而看一份契约到底是协议还是合同,不能仅从名称上来区分,需要根据其实质内容来确定。如果约定的标的内容比较明确、具体、齐全,并涉及违约责任,即使其名称写的是协议,它同样也是合同;如果约定的内容比较简单、原则、不确定,也不涉及违约责任,即使其名称写的是合同,也不能认为其是合同,而是一种协议。

(二)框架协议

顾名思义,框架协议是一种框架性质的协议,如战略合作框架协议、供应链框架协议等。框架协议是协议的一种,不过,框架协议的内容更为抽象、原则,一般只是表明当事人在某些方面进行合作的意向。

与采购有关的框架协议一般是指当事人就合同标的交易达成意向并对主

---

① 《中华人民共和国民法典》第四百六十四条:"合同是民事主体之间设立、变更、终止民事法律关系的协议。婚姻、收养、监护等有关身份关系的协议,适用有关该身份关系的法律规定;没有规定的,可以根据其性质参照适用本编规定。"

② 《中华人民共和国民法典》第四百七十条:"合同的内容由当事人约定,一般包括下列条款:(一)当事人的姓名或者名称和住所;(二)标的;(三)数量;(四)质量;(五)价款或者报酬;(六)履行期限、地点和方式;(七)违约责任;(八)解决争议的方法。当事人可以参照各类合同的示范文本订立合同。"

要内容予以确定而订立的协议,后续在框架协议约定的基础上,再明确具体的交易细节并形成正式的合同。为了很多小的重复交易建立长期合作关系,需要通过协议达成一个稳定的合作机制,这就是所谓的框架协议。

与上文所述的协议一样,实践中的框架协议也形式多样,因其内容的差异,性质也有所不同。通常的框架协议,一般只是表明签订具体合同或其他合作的意向,没有合同应当具备的完整内容。比如企业为了保障其供应链稳定,与其原材料供应商签订年度原材料供应框架协议,由于原材料市场价格波动较大,企业每年的原材料采购数量又受制于其终端产品市场销售情况、具有较大不确定性,为了减少商业风险,框架协议约定了原材料的具体品种、规格和质量要求,并约定原材料供应商在协议有效期内优先保障该企业的原材料供货,具体采购数量根据甲方通知,价格按照实际供货时的市场价格确定。这种框架协议就只是框架协议,不具有合同的效力,违反框架协议只需负缔约过失责任。但有的框架协议,除了表达合作意向,同时还有完整的合同要素。例如,企业为了降低采购成本,与其供应商签订的年度原材料供应框架协议,不仅约定了原材料的具体品种、规格和质量要求,还约定了年度采购数量(根据生产情况,实际采购数量可以在一定幅度内微调)、单价、供货(月度供货计划,根据甲方通知分批分期供货)和付款方式,并约定了双方各自的违约责任。这个虽然名为框架协议,实质上已属于合同。违反这个框架协议,需要承担的将是违约责任,而不是缔约过失责任。

(三)框架协议在政府采购领域的应用

通常意义上的框架协议是指当事人之间订立的一种契约、一种法律文书。但在政府采购领域,框架协议除了这一本来含义之外,它还被赋予了全新的内涵:一种新兴的采购工具或采购管理模式。对单次采购金额较小、但在一定期限内需要频繁采购相同或类似采购标的的采购活动,通过与一个或者多个供应商达成长期的框架协议,不仅可以简化采购流程,提高采购效率,同时还可以发挥一定的采购规模效应,在国际政府采购领域中得到普遍运用。许多国家、地区的采购法和国际公共采购规则中,都有关于框架协议采购方面的相关规范。例如,美国国内法中的"联邦供应计划"(Federal Supply Schedule,FSS),也称为"多项合同授予安排"(Multiple Award Schedule,MAS),欧盟公共采购指令中的"框架协议"(Framework Agreement,FA)等,联合国国际贸易法委员会《公共采购示范法》也对框架协议(Framework Agreement,FA)作出了专章规定。

由于同样面临大量的重复性采购需求,国内政府采购实践中也早已出现了框架协议采购的雏形,最具代表性的是集中采购机构对集中采购目录内一些通用的货物和服务所实施的协议供货和服务定点采购。除此之外,实践中带有框架协议采购特征的各种探索也"百花齐放",如药品带量集中采购,政府采购电子卖场(或称网上超市、网上商城等),入围式招标(即同一个采购项目或者同一个采购包,由多个供应商同时"中标"入围)等。由于以往法律层面对于框架协议并没有明确的定义和具体的规范,这类采购活动难免鱼龙混杂,如一些协议供货项目粗放地针对某一类产品面向生产厂家搞入围,没有具体的采购需求,缺乏有效的价格竞争,引发了市场封闭、"专供机型"、价格虚高等乱象。还有一些违规设置供应商备选库、名录库、资格库、中介库的做法,也以公开招标或协议定点采购为名大行其道。其实质是通过资格预选圈定一部分供应商,直接作为某一类采购项目后续竞标或合同授予的对象,并且在成交供应商确定方面缺乏透明度和规范性。这种遴选性质的资格入围,相当于变"公开招标"为"选择性招标"[①],给供应商市场准入设置隐性门槛,妨碍了正常的市场竞争。为了优化政府采购营商环境,财政部2021年初专门发文对此进行了清理[②]。

为了规范框架协议采购活动,财政部2022年初发布了《政府采购框架协议采购方式管理暂行办法》(财政部令第110号,以下简称110号令)。随着110号令的出台,框架协议采购的含义和其边界进一步清晰,它正式成为我国政府采购的一种法定采购方式。

二、对政府采购框架协议采购方式的理解

(一) 政府采购框架协议有其特定含义

1. 框架协议采购是一种独立的采购方式

根据110号令规定,框架协议采购,是指集中采购机构或者主管预算单位

---

① 世界贸易组织《政府采购协定》(GPA)将政府采购方式分为公开招标、选择性招标和限制性招标三种类型。通过公开性的资格预审建立供应商常用名单,用于某一个或某一类采购项目的后续采购,这就是 GPA 所称的选择性招标。

② 财政部《关于开展政府采购备选库、名录库、资格库专项清理的通知》(财办库〔2021〕14号)。

对技术、服务等标准明确、统一，需要多次重复采购的货物和服务，通过公开征集程序，确定第一阶段入围供应商并订立框架协议，采购人或者服务对象按照框架协议约定规则，在入围供应商范围内确定第二阶段成交供应商并订立采购合同的采购方式。

在110号令起草过程中，有一种较有代表性的观点认为，框架协议采购不应是一种采购方式，而是一种采购模式或机制，根据不同的需求特点，框架协议可以通过公开招标、竞争性谈判、单一来源等采购方式而订立。应该说，这个观点不无道理。不过，考虑到框架协议采购的独特性和复杂性，其两阶段采购（即框架协议订立阶段和合同授予阶段）、同一采购包可以多个供应商入围等特征，与公开招标等其他采购方式有重大区别，其采购操作与管理也更为复杂，也正因如此，2017年修订的《政府采购货物和服务招标投标管理办法》（财政部令第87号）不再将协议供货和定点采购纳入其规范范围。为了更有利于框架协议采购的规范管理，与时俱进创新政府采购方式，110号令最终还是将框架协议采购定位为一种新的采购方式加以规范。

框架协议采购是公开招标、邀请招标、竞争性谈判、询价、单一来源和竞争性磋商之外的第七种法定政府采购方式，也是继竞争性磋商方式之后，财政部依照《政府采购法》第26条的授权所创设的第二种采购方式。

2. 框架协议采购的采购主体具有特定性

在采用招标、询价等其他采购方式的单一项目采购中，各层级的采购人（即各级预算单位）都可以作为采购主体。但与之不同的是，根据110号令规定，实施框架协议采购并订立框架协议的主体一般仅限于集中采购机构和主管预算单位。主管预算单位之外、数量更加庞大的其他预算单位，一般不能订立框架协议，而只能作为第二阶段的合同授予主体。其他预算单位确有需要的，必须经过其主管预算单位批准，才可以订立框架协议。

主管预算单位是指负有编制部门预算职责，直接向本级财政部门申报预算的国家机关、事业单位和团体组织。例如，市教委负责编制市本级教育系统的部门预算，并直接向市财政部门申报预算，属于主管预算单位，而其所属的各级各类公办学校，以及教育督导事务中心、教育技术装备中心等众多事业单位，则都属于其他预算单位，这些单位的预算需要通过市教委向市财政部门申报。

3. 框架协议采购的采购范围具有特定性

框架协议采购的适用范围是110号令规范的重点之一，也是起草过程中争论的一个焦点。一种观点认为,既然对框架协议采购已经有了专门的制度规范,对于多频次、小额度的采购需求,无论其是集中采购还是分散采购,也不管是主管预算单位还是一般采购人,都应该放开,以方便广大采购人。另一种观点认为,框架协议采购虽能提高采购效率,满足采购人多样化需求,但框架协议采购第一阶段合同标的及采购数量不确定、多供应商入围,第二阶段合同标的确定后竞争范围受到限制、入围供应商实际合同成交量难以预计甚至部分入围供应商可能并无合同成交,这些固有特点决定了相对于其他竞争性采购方式,框架协议采购总体上是竞争成色不足的一种采购方式。假如放开框架协议采购的适用,可能对目前的单一项目采购形成冲击,影响采购绩效。而且,从国内外政府采购实践看,框架协议采购容易变相形成"利益小圈子",相对采用其他竞争性采购方式的单一项目采购,道德和廉政风险更大。有学者研究,以美国 2003 年政府采购数据为例,框架协议采购占美国联邦政府合同的比例为 30% 左右,而其引发的争议则高达 70%[①]。在框架协议采购制度化以后,如果不加限制,各种名目的框架协议采购很可能"遍地开花",反而给那些"挂羊头卖狗肉"的行为披上合法的外衣。鉴于框架协议采购管理制度是从无到有,在试行阶段还是谨慎一点为好,今后根据试行情况可再考虑是否进一步放开。

经过反复权衡,最终 110 号令对框架协议采购的适用范围进行了审慎管理,尤其是对集中采购目录之外的分散采购项目采用框架协议采购方式作出了严格限制。关于框架协议采购的具体适用范围,后面再作详细介绍。

4. 框架协议采购的技术支撑具有特定性

《公共采购示范法》规定,开放式框架协议必须通过互联网建立和维持运行,以方便供应商随时申请和有利框架协议履行,对封闭式框架协议则无此要求。但 110 号令规定,框架协议采购全部实行电子化采购。框架协议采购一般具有多采购标的、多供应商、多用户、运行期限长的特点,框架协议订立主体需要将入围供应商(包括名称、地址、联系方式等)、入围产品(包括入围产品的详细技术规格或者服务内容、服务标准、协议价格等)、合同文本等信息展示给适用框架协议的所有采购人或者服务对象,用户反馈和评价情况要向采购人和服务对象公开,以方便大家选购;征集文件和入围信息要在整个框架协议有

---

① 谷辽海. 纠纷最多的"框架协议"——美国公共合同扶持小企业(8)[EB/OL].(2022 - 02 - 06)[2022 - 08 - 15]. https://mp.weixin.qq.com/s/vmlD9ZwYL3AQei8O2RE3Dw.

效期内随时可供公众查阅，大量成交结果需要公告，以接受社会监督；等等。可以说，框架协议采购的透明度要求和操作运行需要，决定了电子化采购是框架协议采购的必要选择。

（二）框架协议采购的适用范围

1. 适用框架协议采购的采购项目（品目）

根据110号令规定，可以采用框架协议采购方式采购的有下述4种情形：

情形一：集中采购目录以内品目，以及与之配套的必要耗材、配件等，属于小额零星采购的。对此适用情形的理解，需注意以下几点：

第一，集中采购目录以内品目，既包括集中采购机构采购项目，也包括部门集中采购项目。对本部门、本系统基于业务需要有特殊要求，可以统一采购的项目，主管预算单位可以通过规定程序，申请将其列入部门集中采购目录，这样就可以对这些项目实施框架协议采购。

第二，未列入集中采购目录，但属于集中采购目录以内品目配套的必要耗材、配件等，也可以实施框架协议采购，例如专用的复印机配件、打印机耗材等。110号令特意针对一些产品配套的必要耗材、配件等作出规定，主要是针对政府采购实践中"买得便宜用得贵"的问题，一些产品通过低价销售占领市场，后续专用耗材、配件等价格远超正常市场价格，攫取超额利润。希望在框架协议采购中也引入全生命周期成本理念，将主机产品及其专用耗材、配件等一起进行采购，在一定程度上抑制厂家对其产品专用耗材、配件的价格垄断。

第三，必须属于小额零星采购。关于"小额零星采购"的标准，财政部在《关于做好政府采购框架协议采购工作有关问题的通知》（财库〔2022〕17号）中明确：严格限定在采购人需要多频次采购，且单笔成交金额未达到政府采购限额标准。那么，已经实施框架协议采购的品目，不属于小额零星的采购怎么办？例如，集中采购机构对复印机实施了框架协议采购，如果某采购人要采购50台复印机，采购预算超过了政府采购限额标准，该采购人能否通过集中采购机构订立的框架协议进行采购？答案是否定的，采购人对该采购项目，只能作为单个采购项目依法委托集中采购机构采用其他采购方式进行采购。这主要因为，相对招标、谈判等其他竞争性采购方式，框架协议采购是一种效率高、采购人选择面大但竞争程度不足的采购方式，如果允许超过政府采购限额标准的采购项目走框架协议采购的通道，将会冲击采用其他竞争性采购方式的单一项目采购，影响政府采购竞争和绩效。

情形二：集中采购目录以外、采购限额标准以上，本部门、本系统行政管理所需的法律、评估、会计、审计等鉴证咨询服务，属于小额零星采购的。对此适用情形的理解，需注意以下几点：

第一，关于"采购限额标准以上"的含义。这里所称的"采购限额标准以上"，既不是指整个框架协议有效期的成交总额，更不是指单笔成交金额或单笔成交的预算金额，而是指拟实施框架协议采购的同一品目或者同一类别的货物、服务年度采购预算要达到采购限额标准以上。在第一项适用情形中，对集采目录内品目实行框架协议采购并无这一要求，为什么对集采目录外品目要有此规定呢？这主要是因为，依据现行政府采购法律法规，集采目录以外且未达到采购限额标准的采购活动不受政府采购法规制，而框架协议采购是国务院财政部门依据《政府采购法》授权创设、用以规范政府采购活动的采购方式。为了于法有据，故作以上规定。例如，某主管预算单位本系统内当年度初步估计至少有10个工程项目需要聘用工程监理，单个项目工程监理费用最高不超过50万元，最低的只有几万元，但所有工程项目合计的工程监理费用预计在200万元左右，超过了政府采购限额标准。这些工程监理项目单个预算都未达到政府采购限额标准，如果一个个实施，则都不属于法定政府采购项目（集中采购目录外、且未达到政府采购限额标准），但主管预算单位可以将这些项目归集后实施框架协议采购。假如这10个工程监理项目预算合计都未达到政府采购限额标准，主管预算单位是否还能对这些项目实施框架协议采购？这个问题在本书第199页"政府采购之外的项目"部分再作解释。

第二，对"本部门、本系统行政管理所需"的理解。即这类采购项目属于主管预算单位（采购人）"自采自用"的项目。例如，同样是法律服务项目，假设某政府部门为了更好依法行政而聘请法律顾问，这属于"自采自用"的法律咨询服务；假如是司法行政主管部门购买法律援助服务，服务对象是依法需要法律援助服务的特定群体，而非司法行政主管部门自身，这就不属于"自采自用"，因而该项目不能适用本项情形进行框架协议采购（但可以适用第三项适用情形）。

第三，"法律、评估、会计、审计等鉴证咨询服务"的具体范围。关于鉴证咨询服务的概念及其范围，目前可以找到的相关规定是《财政部 国家税务总局关于全面推开营业税改征增值税试点的通知》[①]：鉴证咨询服务包括认证服

[①] 《财政部 国家税务总局关于全面推开营业税改征增值税试点的通知》（财税〔2016〕36号）附件1《营业税改征增值税试点实施办法》《销售服务、无形资产、不动产注释》。

务、鉴证服务和咨询服务。认证服务是指具有专业资质的单位利用检测、检验、计量等技术,证明产品、服务、管理体系符合相关技术规范、相关技术规范的强制性要求或者标准的业务活动。鉴证服务是指具有专业资质的单位受托对相关事项进行鉴证,发表具有证明力的意见的业务活动。包括会计鉴证、税务鉴证、法律鉴证、职业技能鉴定、工程造价鉴证、工程监理、资产评估、环境评估、房地产土地评估、建筑图纸审核、医疗事故鉴定等。咨询服务是指提供信息、建议、策划、顾问等服务的活动。包括金融、软件、技术、财务、税收、法律、内部管理、业务运作、流程管理、健康等方面的咨询。根据以上有关鉴证咨询服务的解释,本项情形中的"等"应该属于"等外等",即不限于法律、评估、会计、审计这四类,只要属于上述鉴证咨询服务的范围,都可以实施框架协议采购。

第四,必须属于小额零星采购。具体内容可参见本书第 186 页"必须属于小额零星采购"部分。

第五,本项情形中有禁止适用的情形。即虽然符合第二项适用情形,但主管预算单位能够归集需求形成单一项目进行采购,通过签订时间、地点、数量不确定的采购合同满足需求的,不得采用框架协议采购方式。这一规定同样是防止滥用框架协议冲击单一项目采购。为便于理解,以前文所举工程监理案例为例,假如该主管预算单位本系统内当年度要聘请工程监理的工程项目都已确定,由于采购标的既定,采购需求明确,该主管预算单位可以归集后形成单一采购项目进行采购,达到带量采购的竞争效果。即使考虑到工程项目多,需要多家监理单位提供服务,也完全可以通过一个采购项目、多个采购包的方式来实现。类似这种项目应当按照项目采购实施,不得采用框架协议方式进行采购。

情形三:集中采购目录以外、采购限额标准以上,为本部门、本系统以外的服务对象提供服务的政府购买服务项目,需要确定两家以上供应商由服务对象自主选择的。对此适用情形的理解,需注意以下几点:

第一,关于"集中采购目录以外、采购限额标准以上",具体内容可参见本书第 187 页"关于'采购限额标准以上'的含义"部分。

第二,关于"为本部门、本系统以外的服务对象提供服务的政府购买服务项目,需要确定两家以上供应商由服务对象自主选择"。这类采购项目属于"自采他用"性质,仅限于政府购买服务项目,为了方便服务对象和促进竞争,需要确定两家以上入围供应商由服务对象自主选择。例如,政府为防控新冠疫情购买的核酸检测服务,为特定人群购买的养老、体检、失业培训等服务,财政、发改等部门为项目实施单位购买的投资监理、绩效评价服务等。

第三,对本项情形没有规定单笔采购金额上限。主要是因为这类项目大都是公共服务项目,单笔成交金额一般都不大,而且成交供应商的确定是由广大服务对象"用脚投票",不用担心供应商入围后缺乏竞争问题。

情形四:国务院财政部门规定的其他情形。本项属于兜底情形。在适用情形上设立兜底条款,主要是考虑到110号令对框架协议采购适用范围的规定十分严格,但政府采购实践在不断发展,列举式规定难免挂一漏万,为提升其面向未来的可适用性,所以设置了兜底情形。但需要注意的是,仅国务院财政部门有权规定可以采用框架协议采购方式的其他情形,其他部门包括省级财政部门都不能自行扩大框架协议采购方式的适用范围(调整集中采购目录除外)。

2. 框架协议采购适用范围特点

从以上框架协议采购适用范围的介绍,可以明显看出110号令对框架协议采购方式应用的谨慎态度。适用上的限制主要表现在以下4方面:

第一,在采购对象上,仅限于所列举的技术、服务等标准明确、统一,需要多次重复采购的货物和服务,不包括工程。由于集中采购目录之内品目天然就符合"技术、服务等标准明确、统一,需要多次重复采购"的特点,因而集中采购目录之内货物和服务品目全覆盖(还作了适度延伸:将与集中采购目录内品目配套的必要耗材、配件等,也纳入了框架协议采购涵盖范围);但对集采目录之外品目则严格限制,仅限于"自采自用"的法律、评估、会计、审计等鉴证咨类询服务,以及"自采他用"的政府购买服务项目。也就是说,对分散采购项目,仅有部分服务项目可以实施框架协议采购,货物项目全部未列入。

在公开征求意见过程中,有关方面曾强烈建议将小额零星的政府采购工程也纳入框架协议采购适用范围。考虑到框架协议采购的两阶段特点和工程项目计价的复杂性,如对工程项目实施框架协议采购,在具体工程标的未确定的情况下,无法形成有效的工程量清单,一般只能进行"费率招标"。而"费率招标"情况下,在入围阶段竞争中,只有费率(即施工管理费和利润等间接费用占工程直接费用的百分比)是确定的,在合同授予和合同履行中,工程单价要套相关工程定额或者工、料、机取费标准,工程量要按实结算,入围阶段的费率对整个工程造价的影响事实上是相当有限的。同时,建筑、水利、交通等不同行业的工程专业跨度比较大,在具体工程标的未确定的情况下,对施工组织设计等技术方案也难以进行有效比较和评审。这也就意味着入围阶段的竞争意义其实并不大。为了防止框架协议采购在实操中又演变成为资格入围，经过慎重研究，决定暂不将政府采购工程纳入框架协议采购的适用范围。

第二，在采购主体上，除集中采购机构外，实行框架协议采购的主体一般仅限于主管预算单位。其他预算单位，只有确有需要并经其主管预算单位批准，才可以采用框架协议采购方式采购。

第三，在采购金额上，定位为小额零星采购。超过小额零星标准的，应当按照单一项目依法适用其他采购方式进行采购。

第四，对规避项目采购作出禁止性规定。即对于"自采自用"的法律、评估、会计、审计等鉴证咨询服务，能够归集需求形成单一项目进行采购，通过签订时间、地点、数量不确定的采购合同满足需求的，不得采用框架协议采购方式。

（三）框架协议采购的类型

1. 封闭式与开放式框架协议

框架协议采购包括封闭式框架协议和开放式框架议两种类型。封闭式框架协议采购是指通过公开竞争订立框架协议后，除经过框架协议约定的补充征集程序外，不得增加协议供应商的框架协议采购。开放式框架协议采购是指明确采购需求和付费标准等框架协议条件，愿意接受协议条件的供应商可以随时申请加入的框架协议采购。

2. 封闭式与开放式框架协议的特点

封闭式框架协议有两个显著特点：一是第一阶段必须实行公开竞争和有淘汰。第一阶段提交响应文件和符合资格条件、实质性要求的供应商应当均不少于两家，淘汰比例采用价格优先法的一般不得低于20%、采用质量优先法的不得低于40%，且均须至少淘汰一家供应商。二是在框架协议有效期内，不得随意增加协议供应商，供应商一旦入围，无正当理由也不得主动放弃入围资格或者退出框架协议。这表明封闭式框架协议一旦建立就是"封闭"的，这也正是封闭式框架协议名称的由来。只有当剩余入围供应商不足入围供应商总数70%并且影响框架协议执行的，征集人才可以启动补充征集供应商程序。征集人补充征集供应商的，补充征集规则应当事先在框架协议中约定，补充征集的条件、程序、评审方法和淘汰比例应当与初次征集相同，并遵守原框架协议的有效期。

开放式框架协议的主要特点：一是第一阶段没有竞争，也无须淘汰。采购需求、付费标准、履约方式等框架协议条件，都是征集人事先确定好，而不是通过入围竞争形成的。申请加入的供应商只要符合征集公告规定的资格条件，并申明愿意接受征集公告中载明的付费标准、费用结算及支付方式等协议条件，经审核即可成为入围供应商。二是在框架协议有效期内，供应商不受限制，可以随时申请加入和退出框架协议。

3. 封闭式与开放式框架协议的适用

关于两种类型的框架协议，110号令明确了"封闭式为一般，开放式为例外"的适用原则。即封闭式框架协议是框架协议采购的主要形式，所有符合前文所述的框架协议采购适用情形的，原则上都应当采用封闭式框架协议采购。而只有符合下列情形之一的，才可以采用开放式框架协议采购：一是集中采购目录以内品目，以及与之配套的必要耗材、配件等，属于小额零星采购，因执行政府采购政策不宜淘汰供应商，或者受基础设施、行政许可、知识产权等限制，供应商数量在3家以下且不宜淘汰供应商的。比如国家免疫规划疫苗采购、基础电信服务、加油服务等。二是集中采购目录以外，采购限额标准以上，为本部门、本系统以外的服务对象提供服务的政府购买服务项目，需要确定两家以上供应商由服务对象自主选择，能够确定统一付费标准，因地域等服务便利性要求，需要接纳所有愿意接受协议条件的供应商加入框架协议，以供服务对象自主选择的。比如政府购买核酸检测、婚检等公共服务。

其实，110号令在起草之初并没有区分框架协议类型，默认全部都是封闭式框架协议。当时的考虑主要有两方面：一是开放式框架协议仅在第二阶段有竞争，而从国内协议供货、定点服务采购实践看，"宽进严管"的模式，理想很丰满，现实却骨感。第二阶段的竞争往往流于形式，价格虚高现象屡禁不绝。二是框架协议采购本身比较繁杂，制度规范又是从无到有，不宜一下子搞得太复杂。但在征求意见后，考虑到对一些特殊类型的采购项目，采用开放式框架协议更有利于提高采购绩效，因而引入了开放式框架协议。如敬老、核算检测、疫苗接种、再就业培训等一些公共服务项目，接纳所有愿意接受协议条件的供应商加入框架协议，以方便服务对象自主选择，不仅有利于提高服务便利性，还有利于通过竞争提高服务质量。但考虑到开放式框架协议竞争性弱的特点，对开放式框架协议的适用条件作了严格限制。

4. 封闭式与开放式框架协议的差异

封闭式与开放式框架协议的差异如表6-5所示。

表 6-5 封闭式框架协议与开放式框架协议的主要区别

对比事项	差异	
	封闭式框架协议	开放式框架协议
适用范围	是框架协议采购的默认形式,除另有规定外,均应采用封闭式框架协议	仅限于因执行政府采购政策等原因、供应商数量极少且不宜淘汰供应商的集采目录内品目,以及集采目录外的特定政府购买服务项目
框架协议订立	适用公开招标程序,通过公开竞争和淘汰,确定入围供应商,与之订立框架协议	通过征集公告明确采购需求标准和付费标准等框架协议条件,愿意接受协议条件的供应商可以随时申请,经征集人审核通过即成为入围供应商,达成框架协议
签订框架协议	须签订书面框架协议	可不再签订书面框架协议
增加入围供应商	框架协议订立后,除剩余入围供应商不足入围供应商总数70%且影响框架协议执行,并经过框架协议约定的补充征集程序外,不得增加入围供应商	在框架协议有效期内,愿意接受协议条件的供应商可以随时申请加入
入围供应商退出	入围供应商无正当理由,不得主动放弃入围资格或者退出框架协议	入围供应商可以随时申请退出框架协议
确定成交供应商	直接选定、二次竞价、顺序轮候	直接选定
竞争情况	第一阶段必须公开竞争,第二阶段可以有竞争,也可以没有竞争	第一阶段没有竞争,第二阶段由采购人或者服务对象"用脚投票"
成交结果公告	须发布成交结果汇总公告,其中以二次竞价或者顺序轮候方式确定成交供应商的,还应逐笔发布成交结果公告	无须发布成交结果公告

(四)框架协议采购的程序

框架协议采购包括两个阶段,第一阶段是框架协议的订立,也就是征集人通过征集程序确定入围供应商并订立框架协议,因而也称为入围阶段;第二阶段是采购合同的授予,即采购人或者服务对象按照框架协议约定的规则,从入围供应商中确定成交供应商并订立采购合同,因而也称为合同授予阶段。

1. 第一阶段的采购程序

(1) 封闭式框架协议。

为了促进公平竞争,优化营商环境,110号令规定所有框架协议采购第一阶段都必须采用公开征集程序。同时,为了提升社会接受度和操作便利性,精简立法资源,110号令明确封闭式框架协议的公开征集程序,总体上按照政府采购公开招标的规定执行,但由于框架协议采购的特点,公开征集程序的有些要求与公开招标不完全相同,主要表现在:

第一,征集公告和征集文件的内容与招标公告和招标文件有所不同。征集文件既有拟签订的采购合同文本,还有框架协议文本;既有第一阶段的入围评审方法,又有第二阶段确定成交供应商的方式;由于框架协议有效期较长,还涉及入围产品升级换代规则和入围供应商的清退、补充规则;有用户反馈和评价机制等。

第二,入围评审方法与公开招标不同。公开招标采用最低评标价法和综合评分法,每个采购包(或者合同项)只能由一个供应商或者一个联合体中标,而框架协议入围评审方法采用价格优先法和质量优先法,每个采购包可以由一个到多个供应商入围。由于允许多供应商入围,为了保证竞争性,价格优先法和质量优先法必须要事先确定入围淘汰率或者入围供应商的数量上限。需要指出的是,确定入围供应商数量上限的,必须同时满足法定最低入围淘汰率要求(即采用价格优先法和质量优先法,淘汰率分别不得低于20%和40%)。

第三,对竞标供应商的数量要求与公开招标不同。框架协议采购第一阶段,提交响应文件和符合资格条件、实质性要求的供应商不少于两家即可。而现行政府采购法律法规对公开招标、邀请招标、竞争性谈判和询价等竞争性采购方式,都要求竞标供应商不得少于3家(在特殊情形下,竞争性谈判和竞争性磋商的竞标供应商可以为两家),否则应当废标。

第四,入围结果公告内容与中标公告有所不同。入围结果公告要列明入围供应商的排序,采用价格优先法的还要列明最高入围价格,采用质量优先法的要列明最低入围分值。

第五,签订框架协议与公开招标的签订合同有所不同。框架协议由集中采购机构或者主管预算单位与入围供应商签订。集中采购机构或者主管预算单位可以与所有入围供应商共同签订框架协议,也可以与每个入围供应商分别签订框架协议。对于封闭式框架协议来说,不管是共同签订一份框架协议还是分别签订多份框架协议,都意味着集中采购机构或者主管预算单位是与所有入围供应商共同达成了一个框架协议。因为集中采购机构或者主管预算单位对全体入围供应商负有一项共同协议义务:除 110 号令第 37 条规定的可以向协议外供应商采购的例外情形外①,框架协议项下的采购合同不得外流,凡是属于框架协议约定范围内的所有采购合同,都应当授予这些入围供应商。

(2) 开放式框架协议。

与封闭式框架协议不同的是,开放式框架协议在开展公开征集之前,要事先确定好付费标准。确定付费标准分为 3 种情况:一是有政府定价的,执行政府定价。比如核酸检测服务、基础电信服务等。二是没有政府定价,但采购标的市场竞争充分、有市场公允价格的,由征集人结合采购预算、需求标准和需求调查情况,合理确定付费标准。比如,政府通过购买服务,为老年人提供体检、理发等服务,单次服务费用由征集人根据市场公允价格统一确定。三是没有政府定价,且相关采购市场缺乏竞争的,由征集人与供应商协商确定付费标准。比如,购买相关软件、具有垄断性质的数据库的使用权等。实际上就是针对单个采购人或者服务对象面对垄断供应商缺乏议价能力的情况,由专业机构统一与供应商进行议价,然后实行固定价格(最高限价)采购,防止因没有竞争而出现"店大欺客"现象。

相对封闭式框架协议,开放式框架协议的公开征集程序更为简化。开放式框架协议将征集公告与征集文件合二为一,无须再单独编制征集文件。供应商也无须提交响应文件,在征集公告发布后至框架协议期满前,只要按照征集公告要求,向征集人提交加入框架协议的申请即可。征集人应当在收到供应商申请后 7 个工作日内完成审核,并将审核结果书面通知申请供应商。主要是审核供应商是否符合资格条件,以及供应商是否申明接受征集公告载明的协议条件。只要这两点都符合,审核就应予以通过。在审核通过后两个工作日内,发布入围结果公告,公告入围供应商名称、地址、联系方式及付费标

---

① 采购人证明能够以更低价格向非入围供应商采购相同货物,且入围供应商不同意将价格降至非入围供应商以下的,可以将合同授予非入围供应商。采购项目适用前款规定的,征集人应当在征集文件中载明并在框架协议中约定。采购人将合同授予非入围供应商的,应当在确定成交供应商后 1 个工作日内,将成交结果抄送征集人,由征集人按照单笔公告要求发布成交结果公告。采购人应当将相关证明材料和采购合同一并存档备查。

准，并动态更新入围供应商信息。集中采购机构或者主管预算单位与入围供应商可以签订、也可以不签订书面框架协议，不签订书面框架协议的，发布入围结果公告即视为已签订框架协议。

2. 第二阶段的采购程序

(1) 封闭式框架协议。

第二阶段采购程序主要有以下3个环节：

第一，确定成交供应商。适用框架协议的采购人或者服务对象有了具体采购需求后，就可以从入围供应商中选定具体成交供应商。确定成交供应商的方式包括直接选定、二次竞价和顺序轮候，其中，直接选定方式是确定第二阶段成交供应商的主要方式。这些方式还可以组合使用，例如，对单笔成交在一定金额以下的采用直接选定方式，对达到一定金额以上的采用二次竞价方式。

一项具体的框架协议，究竟采用哪一种或者组合方式确定成交供应商，由征集人根据框架协议采购项目特点和绩效管理等要求，事先在征集文件中载明并进而在框架协议中约定。适用框架协议的采购人或者服务对象应当按照框架协议约定的方式，确定具体的成交供应商。

采用直接选定方式的，采购人或者服务对象根据自身采购需求，依据入围产品价格、质量以及服务便利性、用户评价等因素，从入围供应商中直接选定成交供应商。将直接选定方式作为确定成交供应商的主要方式，主要是讲求实效，避免形式主义。因为国内协议供货、定点服务采购实践表明，封闭式框架协议第二阶段的竞争多数时候效果不佳。所以110号令制度设计的思路，是将竞争重点放在框架协议采购的第一阶段。关于采购人直接选定"怎么选"以规避采购风险的问题，在强化采购人主体责任的深化改革背景下，可由采购人通过其内控制度加以规范。

采用二次竞价方式的，采购人在明确第二阶段竞价需求（不得低于第一阶段的最低需求标准）后，必须选择所有符合竞价需求的入围供应商、而不是自主选择3家以上供应商参与二次竞价，并给予供应商必要的响应时间。例如，采购人从集中采购机构建立的打印机品目框架协议中采购打印机，采购人确定了A4幅面、黑白、双面、激光打印以及打印速度、打印分辨率、内存配置等采购需求后，入围的打印机产品中凡是符合其采购需求的，都应有同等的机会参与二次竞价。二次竞价的适用范围比较广，除了执行政府统一定价以及入围供应商数量极其有限的采购项目外，几乎都可以使用。

采用顺序轮候方式的，轮候规则应当公平、事先确定并书面告知所有入围供应商。例如，采用供应商入围评审时的排序作为合同授予轮候顺序，或者所有入围供应商抽签确定轮候顺序等。轮候顺序一经确定不得随意调整，每个入围供应商在一个顺序轮候期内，只有一次获得合同授予的机会。顺序轮候方式既没有二次竞争，又限制了采购人的自主选择权，在适用上有一定的限制性。一般适用于同质性的服务项目，即采购人无论选择谁都不会实质性影响采购效果的项目。

第二，公告成交结果。框架协议第二阶段成交结果公告有两种形式：汇总公告和单笔公告。所有封闭式框架协议都要发布汇总公告，其中，采用二次竞价或者顺序轮候方式确定成交供应商的，除汇总公告外，还要逐笔发布成交结果公告。汇总公告在框架协议有效期满后10个工作日内发布，需要公开框架协议项下所有成交供应商的名称、地址及其成交合同总数和总金额。单笔公告要在确定成交供应商后两个工作日内发布，需要公开成交标的明细、数量、单价以及成交供应商名称和成交金额等。以二次竞价或者顺序轮候方式确定成交供应商，要及时发布单笔成交结果公告，主要是为了保障其他入围供应商的质疑投诉救济权，并强化社会监督，确保所有入围供应商机会公平，促进竞争。

第三，签订采购合同。框架协议采购应当订立固定价格合同。固定价格合同包括固定总价合同和固定单价合同，由于订立采购合同时采购标的已经确定，为防范合同价的"敞口"风险，一般来说应当订立固定总价合同。极少数需要先用后结算、实际数量在合同订立时难以确定的项目，可以订立固定单价合同。例如车辆租赁服务，要在用车结束后才能确定实际用车时间。根据实际采购数量和协议单价确定合同总价的，合同中应当列明实际采购数量或者计量方式，包括服务项目用于计算合同价的工日数、服务工作量等详细工作量清单。采购人还应要求供应商提供能证明其按照合同约定数量或者工作量清单履约的相关记录或者凭证，作为验收资料一并存档。这主要是为了防止框架协议采购第一阶段与第二阶段脱节、经过入围竞争产生的协议单价对合同价格的形成失去约束，促进合同价格透明。

（2）开放式框架协议。

开放式框架协议第二阶段采购程序，同样是封闭式框架协议的"简化版"。采购人或者服务对象从入围供应商中直接选定成交供应商，供应商履行合同后，依据框架协议约定的凭单、订单以及结算方式，与采购人进行费用结算。

与封闭式框架协议相比,开放式框架协议第二阶段采购程序作了以下简化:

第一,确定成交供应商程序简化,确定成交供应商方式由三种简化为直接选定这一种。

第二,发布成交结果公告程序简化,开放式框架协议无须发布成交结果公告,包括汇总公告和单笔公告均无须发布。因为开放式框架协议的采购需求标准和付费标准等合同条件都是公开透明的,符合条件的供应商随时可以申请加入或退出,而且成交供应商由采购人或服务对象自行选定,合同授予没有什么争议。为了简化程序,提高效率,故对开放式框架协议的合同成交结果公告未作强制性要求。

第三,签订采购合同的形式简化,适用凭单制、订单制。即由框架协议中约定的采购合同文本,加上框架协议所约定形式的凭单、订单,共同构成采购合同。公共服务项目一般可以适用凭单制,例如,对于再就业培训服务,框架协议建立后,适用框架协议的服务对象(需要再就业的相关人员)可以凭政府发放的培训通知或者其他凭单,根据培训机构的专业特色、培训质量、培训效果评价、距离远近等因素,自行选定培训机构并接受培训。培训机构在完成培训后,直接依据所收到的凭单,与框架协议采购主体进行费用结算。随着数字社会的发展,凭单的形式可以灵活多样。例如,对核酸检测服务,检测机构凭能证明其检测数量的人员采样和检测信息,就可以与政府相关部门进行费用结算。非公共服务项目一般可以适用订单制,例如,对集中采购目录内的某种设备或者软件,因执行政府采购政策原因不宜淘汰供应商,建立了开放式框架协议,采购人自行选定成交供应商后,直接向该成交供应商发送订单即可,供应商根据订单履约后,凭订单与采购人结算。

(五)我国框架协议采购制度的独特性

如前文所述,框架协议作为一种新兴的采购工具,在国际政府采购领域得到广泛运用。需要说明的是,根据我国政府采购实践,为促进竞争,提高绩效,防止框架协议泛滥,冲击单一项目采购,110号令在定义、适用范围、竞争机制等诸多方面对框架协议采购进行了严格规范,对封闭式框架协议和开放式框架协议都进行了许多"定制"改版。例如,《公共采购示范法》也将框架协议分为封闭式框架协议和开放式框架协议,要求开放式框架协议必须有第二阶段竞争(因为其第一阶段没有竞争),而封闭式框架协议可以有、也可以没有第二阶段竞争;要求开放式框架协议必须通过互联网建立和维持运行,而对封闭式框架协议则没有电子化采购的强制要求。另外,国际上的开放式框架协议一般适用于市场竞争充分、供应商数量众多的采购项目,第一阶段放开入围,通过第二阶段竞争保证绩效,而我国将开放式框架协议定位为框架协议采购的例外情形,只有特殊情形下才可应用,并且开放式框架协议第一种适用情形与国际上恰恰相反,适用于供应商数量极少且不宜淘汰供应商的采购项目,需求标准和成交价格都事先确定而非通过竞争产生。因此,在学习和运用框架协议采购方式时,需要注意我国框架协议采购制度的这些特点。

三、大学能否进行框架协议采购

(一)大学能否成为框架协议采购主体

前文已介绍,为了严格框架协议采购的应用,110号令规定,框架协议采购的主体一般仅限于集中采购机构和主管预算单位。按照我国目前的预算管理体制,无论是中央高校还是地方高校,都不属于主管预算单位。不过,在110号令起草过程中,考虑到主管预算单位之外的其他预算单位量大面广,有些其他预算单位,如大学、医院等,其采购体量甚至比一些主管预算单位还要大。对这些预算单位的实际需求,应当实事求是地予以考虑。因此,110号令特意针对它们开了个口子:其他预算单位确有需要的,经其主管预算单位批准,可以采用框架协议采购方式采购。所以,大学开展框架协议采购,在主体适格性方面不存在问题。

(二)大学哪些采购项目可以实施框架协议采购

如前文所述,110号令对采用框架协议采购方式的采购项目范围同样是严格限制的。就大学而言,哪些采购项目可以实施框架协议采购呢?

1. 属于政府采购范畴的项目

政府采购项目包括列入集中采购目录的集中采购项目和未列入集采目录、但达到政府采购限额标准以上的分散采购项目,集中采购目录内品目的框架协议采购由集中采购机构负责实施,大学可以实施框架协议采购的是分散采购项目。根据110号令规定,可以实施框架协议采购的分散采购项目,仅限于"自采自用"的鉴证、咨询类服务项目和"自采他用"的政府购买服务项目。除此之外的分散采购项目,只能采用招标、竞争性谈判、询价等其他法定采购方式进行采购,而不能采用框架协议方式采购。例如,假设学校有一校车租赁服务项目,年度采购预算为200万元,该采购项目属于分散采购项目,由于不符合框架协议采购的适用情形(既不属于"自采自用"的鉴证、咨询类服务项目,又不属于"自采他用"的政府购买服务项目),因此不能采用框架协议方式进行采购,而只能采用招标等其他采购方式,按照单一项目进行采购。需要两家以上供应商提供车辆租赁服务的,可以通过按校区、按运营线路等划分采购包的方式实现;如果需要乘车人个人支付部分费用的,还可以通过招标、竞争性谈判等确定票价,各供应商按照实际承运的人数进行结算。

大学的其他分散采购项目,例如110号令提到的检测、实验等仪器设备,如果的确需要采用框架协议采购方式,怎么办呢?目前来看,可能的路径有两条:一是对高校系统基于业务需要有特殊要求,可以统一采购的项目,可由主管预算单位通过规定程序,将其列入部门集中采购目录,这样就可以依法对这些项目实施框架协议采购。二是利用110号令规定的框架协议采购适用兜底情形,报请财政部认可后开展框架协议采购。对于中央高校来说,可以通过"一事一议"的采购方案备案形式,报请财政部同意。

2. 政府采购之外的项目

对于非政府采购项目,则不受品目等限制,各种货物、工程和服务,如有需要都可以开展框架协议采购。因为这些项目不属于现行《政府采购法》的适用范围,其采购不受政府采购法规制度约束,这就意味着,对于这类项目的采购管理和实施,高校有着充分的自主权,只要符合财经纪律和高校采购内控制度即可。为了规范这类项目的采购行为,提高采购效率,高校完全可以自我"高标准、严要求",主动参照政府采购的法定采购方式进行采购。其中适宜进行框架协议采购的项目,当然可以采用框架协议采购方式。这类项目具体包括:

第一,集采目录外且未达到政府采购限额标准的小额项目。例如实验室耗材,笔墨信封等办公用品,小额零星工程,采购代理服务,等等,只要年度采购预算未达到100万元,都可以实施框架协议采购。需要注意的是,年度采购预算未达到政府采购限额标准(100万元),是指同一品目或者同一类别的货物、服务年度采购预算未达到政府采购限额标准,而不是指单项采购的预算金额。另外,需要提醒的是,对小额零星工程开展框架协议采购的,要尽量避免采用前文所述的"费率招标"模式。

第二,不使用财政性资金的项目。例如高校餐饮服务招商,由就餐者付费的食堂各类食材采购,由学生付费的洗理、宿舍空调服务等。

四、大学如何实施框架协议采购

为了依法规范开展采购活动,大学在组织实施框架协议采购中需注意以下方面:

(一)报请主管预算单位批准

如上文所述,大学不属于主管预算单位,确有需要采用框架协议方式采购的,应当事先报自己的主管预算单位批准。关于主管预算单位的批准程序,110号令没有具体规定,因此,主管预算单位可以根据内控管理要求自行掌握。鉴于大学的采购项目众多,为了减负提效,可以考虑对年度适用框架协议采购的项目实行一揽子审批的方式。如果主管预算单位下属高校比较多,甚至可以考虑以制订高校框架协议采购项目清单的形式进行管理。

(二)框架协议采购方案备案

根据110号令规定,集中采购机构采用框架协议采购的,应当拟定采购方案,报本级财政部门审核后实施。主管预算单位(包括经批准的其他预算单位)采用框架协议方式采购的,应当在采购活动开始前将采购方案报本级财政部门备案。

1. 为什么框架协议采购要实行事前审核备案管理

现行政府采购法律法规对于招标、谈判等其他竞争性采购方式,并无事前审核、备案的管理要求。在"放管服"改革的大背景下,110号令确定对框架协议采购实行事前审核、备案管理,主要是考虑到框架协议采购在实操中容易"形至而实不至",担心在框架协议采购制度化以后,以往各种形式的供应商资格库以及协议定点采购中价格虚高等乱象,在披上合法的外衣后又卷土重来。

首先,框架协议采购比单一项目采购更具复杂性。如何根据不同采购对象的特点和市场供应状况,科学策划框架协议采购方案,是一项专业性极强的工作,包括确定框架协议采购的形式、采购需求、采购包、报价方案、淘汰机制、合同授予规则等,特别是如何设计框架协议采购的竞争机制,事关框架协议采购的成败,也是最大难点。其次,框架协议采购天然的竞争性弱。要是采购方案不科学,很容易导致竞争失效、定价机制无约束力,又回到程序合规、结果不佳的老路上。例如笔者曾看过的一些计算机、打印机等办公设备协议供货案例,不知道是为了减少划分采购包的麻烦还是为了方便价格评审,采购文件让生产厂商以所谓出厂价或销售指导价为基准,对其旗下所有同类产品报一个综合性折扣率。这种报价方式的效果可想而知。一些厂家报出的折扣率非常之高,在入围评审时大占便宜,反正"出厂价"或销售指导价还不都"操之在我"。这样粗线条的做法不仅弱化了竞争,且有失公平,影响政府采购形象。还有的服务项目如物业服务,仅要求供应商报人工单价,对日用耗材、日常小修等,既未列明所涉产品的需求量、质量标准等,也未明确费用结算规则(如要求供应商将其折算入人工综合单价,或者约定按实结算的具体规则)。采购方案的科学与否,只有结合具体采购项目才能判断。因此,110号令对框架协议采购提出了事前审核、备案管理的要求。考虑到集中采购机构实施的框架协议采购规模大、影响面广,因而对其实行审核管理,对主管预算单位(包括经批准的其他预算单位)实施的框架协议采购,则实行备案管理。

需要说明的是,上述批准和备案要求都是针对属于政府采购范畴的项目,非政府采购项目进行框架协议采购的,既无须主管预算单位批准,采购方案也不需要备案。

2. 编制框架协议采购方案

了解框架协议采购审核、备案管理的初衷,有助于我们有针对性地编制好采购方案。

(1) 采购方案的内容。

框架协议采购方案一般包括以下内容:

第一,征集人概况:征集人名称、单位性质等基本情况。

第二,采购项目(品目)概述:拟采用框架协议采购方式的采购项目或采购品目基本情况。

第三,适用情形:采用框架协议采购方式所适用的法定情形。

第四,框架协议采购类型:采用开放式框架协议还是封闭式框架协议,采用开放式框架协议的,其所适用的法定情形。

第五,竞争机制:包括适用框架协议的采购人或者服务对象范围;供应商资格条件;框架协议期限(货物项目一般不超过1年,服务项目一般不超过2年,可根据工作需要和采购标的市场供应及价格变化情况确定);采购包划分情况,每个采购包的标的及最高限制单价;报价方式(包括怎样报单价,单价的构成,是否实行量价关系折扣等);封闭式框架协议还需包括:确定第一阶段入围供应商的评审方法,淘汰率或者入围供应商数量上限;确定第二阶段成交供应商的方法；入围供应商的清退、补充规则；是否适用向协议外供应商采购的规则等。

第六，落实政府采购政策情况：采购项目落实的政府采购政策，如促进中小企业发展、节能环保、支持创新等，以及政策执行措施。

第七，履约管理措施：对第二阶段产品和服务价格、质量的管理，对确定成交供应商的管理，协调框架协议履行中的纠纷等。

第八，采购时间安排。

第九，其他需要说明的事项。

从内容和作用来看，采购方案其实很像《政府采购需求管理办法》（财库〔2021〕22号）中所称的采购实施计划①。之所以称之为采购方案，而不直接采用采购实施计划这个名称，主要是由于框架协议采购具有两阶段等特点，采购方案实际上是框架协议采购项目的整体采购策划，其所包含的内容比采购实施计划更广。比如：框架协议的类型及适用情形，采购项目概况及每个采购包的采购标的情况（属于采购需求的内容），落实政府采购政策安排等。

（2）采购方案的重点。

竞争机制是采购方案的核心，而竞争机制的重点，一是淘汰机制，二是定价机制。淘汰机制主要包括封闭式框架协议确定入围供应商的评审方法，淘汰率或者入围供应商数量上限；确定第二阶段成交供应商的方法；入围供应商的清退、补充规则；是否适用向协议外供应商采购的规则等。淘汰机制容易理解，不再赘述。而如何根据项目特点有针对性地设计框架协议采购定价机制，并确保执行到位，这是框架协议采购最大的难点。定价机制的有效性，主要取决于以下3方面：

第一，采购需求的明确程度。采购需求是供应商优选响应产品进而进行精准报价的前提。但框架协议采购（尤其是服务项目）的一大特点就是，在框架协议采购的第一阶段，第二阶段将要实际成交的一个个采购项目，多数还是不确定的。鉴于框架协议采购的这一特点，110号令要求在第一阶段，要按照《政府采购品目分类目录》，将采购标的细化到底级品目，并细分不同等次、规格或者标准的采购需求，合理设置采购包，明确每个采购包的具体技术和商务

---

① 《政府采购需求管理办法》第十三条："采购实施计划主要包括以下内容：（一）合同订立安排，包括采购项目预（概）算、最高限价，开展采购活动的时间安排，采购组织形式和委托代理安排，采购包划分与合同分包，供应商资格条件，采购方式、竞争范围和评审规则等。（二）合同管理安排，包括合同类型、定价方式、合同文本的主要条款、履约验收方案、风险管控措施等。"

要求，而不是笼统地针对某一类采购项目。实际上，就是要我们通过需求调查，预设好采购需求，然后从确定入围供应商到确定成交供应商、达成合同，都是针对具体采购标的、具体产品进行竞争。货物项目预设采购需求相对容易，例如采购打印机，先区分激光、喷墨、针式打印机，再根据彩色、黑白、打印幅面、打印速度等，分设采购包，然后再对每个采购包一一拟定参数配置等具体需求。这样，供应商就可以对照采购需求，每个采购包用一个具体产品进行响应。而不能不分设采购包，或者只是粗放地设置激光、喷墨、针式3个采购包。当然，在采购包设置上，要结合市场调查情况科学把握，既要防止品目过粗带来的需求难以明确、竞争不公平等问题，也要注意品目拆分过细可能带来的竞争不充分问题。服务（工程）项目预设采购需求相对复杂，但同样有路径可循。比如，大学对政府采购范围以外的小额零星维修工程实施框架协议采购，最好不要简单地让供应商进行费率报价。笔者建议的做法是，首先按专业工程分设采购包，如室内维修、外墙修补、屋顶修缮、路面维修、管道维修等。然后对每个采购包，要尽可能细地列出经常性的维修项目清单，如室内维修采购包，列出室内粉刷墙面修补、地砖修补等清单项目，让供应商对每个清单项目进行报价。实际上这就是预设采购需求。这样等有了具体维修项目时，就能根据实际发生的维修内容和工程量，更加精确地确定合同总价。

第二，供应商报价的可比程度。报价具有可比性是公平竞争的基础。在单一项目采购中，由于采购标的是既定的，只要采购需求明确，报价可比性一般不是问题。但在框架协议采购中，由于采购标的众多，并且服务项目和工程项目的采购标的在入围竞争阶段还有某些不确定性，要使不同供应商的第一阶段响应报价公平可比，有时候并不那么简单。报价可比性主要建立在两个基础上：

一是不同供应商响应的标的要公平可比。对采购标的众多的框架协议采购来说，重点是要建立供应商及其响应产品与采购需求（采购包）之间的一一对应关系。根据110号令要求，对货物项目，每个供应商对每个采购包只能用一个产品进行响应，不允许用同类型的多款产品进行响应。因为在多款同类产品混合报价的情况下，容易导致价格竞争失真。由于最终必须按征集文件规定的评审价计算规则形成一个评审价，这样就给了产品线丰富的供应商不平衡报价的机会（如对热销产品报高价、对冷门产品报低价）。为了满足采购人多样化需求，需要多款同类产品入围的，那就多分设采购包。同一个采购包需要供应商进行多个分项报价的，货物项目如打印机，要求同时对产品的选配件、耗材进行报价,服务项目如信封印刷,要求对多种规格和材质的信封进行报价,工程项目如前述的室内维修,要求同时对墙面粉刷、瓷砖修补等多个清单项目进行报价,则要根据需求调查情况,合理设置计算评审价时的各分项报价权重。

　　二是报价方式要使不同供应商的响应报价公平可比。所谓报价方式,就是告知供应商对什么进行报价、怎样进行报价。可以说,报价方式直接决定了框架协议采购的定价机制是否真正有效,即能否实现有效的价格竞争,以及经过第一阶段竞争产生的协议价对第二阶段合同价格的形成能否具有有效约束。框架协议采购的一大特点是需要多次重复采购、采购数量不确定,所以框架协议采购采用单价报价。报价方式的关键是要明确对何种标的报单价,以及单价的呈现形式、单价的价格构成等。货物项目一般就按照单台(套)货物投报单价,其中包含售后服务等相关服务费用。服务项目报价的标的和价格构成则要根据采购项目特点而定,根据服务内容的标准化和确定程度,一般可以采用"计件"(即单位采购标的)或"计时"(即人工综合单价)方式报单价。例如,印刷服务可以按照品种、规格报单价,即"计件"报价;工程监理、咨询等服务可以按照不同规模的工程项目报单价,同样也是"计件"报价;会计、审计、法律等服务项目,一般采用"计时"方式按不同工种报人工综合单价,服务内容和标准明确、服务工作量易于估算的,也可以采用"计件"方式报单价。服务项目中涉及货物的,货物费用能够折算入服务项目单价的应当折入,例如印刷服务,纸张、油墨等货物费用折入印刷单价;需要按实结算的,一定要在第一阶段就明确结算规则,包括所涉及的货物的质量标准和价格结算方式等,例如物业服务中的物料和耗材,是让供应商在响应文件中进行报价,还是将来合同履行过程中实报实销。关于单价的呈现形式,最好直接报确定的价格,尽量避免采用以折扣率、优惠率等形式报价。当然,并不是只有具体数字才是确定的价格,以项目采购预算、工程投资额等确定数据为基础报取费比率,同样也是确定的价格。比如,采购代理服务以所代理项目中标、成交金额的比率形式进行报价,工程监理服务以工程项目投资额为基准报取费比例。如果项目确有必要采用折扣率、优惠率等形式报价的,基准价一定要具有权威性或者公开透明,否则,"皮之不存,毛将焉附"。一般有政府指导价或者行业公认的收费标准的采购项目,可以以此为基准采用折扣率、优惠率等形式报价,如车辆加油、保险、工程咨询服务等项目。而像前面介绍的办公设备协议供货案例,让生产厂商以各自的出厂价、销售指导价为基准价报折扣率的做法,是不可取的。

第三，定价机制的约束力度。对于开放式框架协议来说，由于采购需求标准和付费标准都是确定的，定价机制的问题主要在于所确定的付费标准（也就是最高限制单价）是否合理。既不能"豪华采购"浪费公帑，也不能"有价无市"，供应商不愿参与。110号令将开放式框架协议定位为框架协议采购的特殊情形，应用场景十分有限。就大学而言，运用开放式框架协议的机会不多。

对于封闭式框架协议，由于价格竞争主要在第一阶段，且第一阶段是预设采购标的，第二阶段才确定具体合同标的，两阶段又分别涉及征集人与采购人（服务对象）等不同主体，之间容易形成脱节，框架协议与采购合同变成"两张皮"。如某市政府采购中心在2019年和2020年对该市物业服务、会计服务等服务定点采购项目履约情况开展的专项检查中，发现采购人通常是从入围供应商中挑选一家中意的供应商，然后自行与该供应商协商确定合同价格等具体合同条件，实际合同价格普遍高于按照协议单价计算得出的价格。一些采购人不知道、或者说根本就不关心入围供应商的入围价格以及响应文件中有什么优惠承诺，框架协议到底约定了哪些内容，第一阶段的价格竞争完全失去了意义。定价机制要真正有约束力，需要把握以下两点：

一是要管住单价。首先要了解各种单价之间的逻辑关系。框架协议采购的"最高限制单价—入围单价（协议价格）—实际成交单价"，之间是一种递进和约束关系。最高限制单价相当于单一项目采购中的采购预算或最高限价，供应商第一阶段响应报价不能超过最高限制单价，否则响应无效。入围单价是各入围供应商第一阶段的响应报价，在框架协议签订后，也就是协议单价，有量价关系折扣的，还要包括量价关系折扣。比如，某款打印机入围单价为3 000元/台，同时框架协议约定，单笔采购数量达到50台以上的，价格折扣率为1%，则协议单价应为：3 000元/台（1～49台）；2 970元/台（50台以上）。成交单价是第二阶段采购人将合同授予某个成交供应商时的实际成交价格，成交单价必须低于（小于或等于，下同）协议单价，在采用直接选定和顺序轮候方式确定成交供应商的情况下，成交单价一般就是该成交供应商的协议单价（除非采购人与成交供应商进行议价，且成交供应商同意降价），在采用二次竞价方式确定成交供应商的情况下，成交单价取决于二次竞价结果，但同样必须低于成交供应商的协议单价。在这些价格中，协议单价是框架协议采购价格的中枢，是确定最终合同价格的主要依据。其次是要合理确定最高限制单价。协议单价的合理性主要是通过竞争来保障，但不可因此而忽视最高限制单价的作用。最高限制单价既是控制，也是引导，既可以避免价格虚高，还要能鼓励供应商积极参与竞争。没有最高限制单价的约束,有些项目供应商报价可能会天马行空,特别是供应商数量众多且淘汰率不高的项目。比如某市 2021 年度会计、审计等定点服务采购项目,采用人工综合单价方式进行报价,报价结果基本都呈正态分布,多数供应商报价集中在每人每日 2 000~4 000 元,但也有少数供应商报价在 4 万~5 万元,甚至还有更高的。最高限制单价首先取决于报价方式,例如,同一个服务项目,采用"计件"还是"计时"方式报价,最高限制单价将截然不同。因此,要在确定报价方式的基础上,再确定每个采购包的最高限制单价。确定最高限制单价要实事求是,定得太高起不到应有作用,太低则供应商不愿参与。因此,最好事先进行市场调查,综合考虑历史价格并进行市场研判,做到最高限制单价与采购需求标准相匹配,贴近市场行情。

二是要管住数量。对于货物项目和"计件"性质的服务项目,管住采购数量相对简单,但对于"计时"性质又含有货物的服务项目,管住采购数量并不容易。比如物业服务项目,除了各种岗位的管理和服务人员数量,还包括项目所涉及各种物料、耗材等的价格和数量。根据 110 号令要求,框架协议采购要根据协议单价和实际采购数量确定合同总价,订立固定价格合同。合同中要列明实际采购数量或者计量方式,包括服务项目用于计算合同价的工日数、服务工作量等详细工作量清单。另外,采购人还应当要求供应商提供能证明其按照合同约定数量或者工作量清单履约的相关记录或者凭证,作为验收资料一并存档,以备监督检查,防止合同价格成为一笔糊涂账。

(三)组织实施框架协议采购

与其他单一项目采购一样,对于框架协议采购项目,大学作为采购人,可以自行开展采购,也可以委托采购代理机构代为组织实施。框架协议采购必须实行电子化采购,许多大学都已建立有电子采购系统,可以在进行功能升级扩展后,开展框架协议采购活动。没有电子采购系统的,可以借助第三方电子采购平台开展框架协议采购活动。在框架协议采购方案确定后,只要根据采购方案编制征集文件,并按照框架协议采购程序组织实施即可,就不再赘述了。

【参考文献】

[1] 蒋守华.采购人如何选择代理机构[N].中国政府采购报,2017-11-17(4).

［2］ 吴小明. 政府采购法律法规实务操作与案例解析［M］. 北京：经济科学出版社,2018.

［3］ 张志军,白如银,冯君. 政府采购全流程百案精析［M］. 北京：中国法制出版社,2019.

［4］ 李志生,付冬云. 建筑工程招投标实务与案例分析(第2版)［M］. 北京：机械工业出版社,2014.

［5］ 阳光时代律师事务所. 工程建设项目招投标法律事务问题解答与案例评析［M］. 北京：中国建筑工业出版社,2012.

［6］ "采购学园"微信公众号.

第七章　大学采购的未来

以上章节从理论基础、体系建设和管理思路等方面对大学采购进行了详细阐述,本章围绕大学采购的未来可能发展方向,以及提升大学采购能力和治理水平的可行路径上进行一些探索,旨在为读者提供一些思考的方向和角度。

过去几年,"数字经济""数字化"成为大家关注的热词。《中国数字经济发展白皮书》显示,我国 2020 年数字经济规模为 39.2 万亿元,占 GDP 比重为 38.6%,预计至 2025 年,中国数字经济规模将达到 60 万亿元,占 GDP 比重将提升到 50.3%。数字经济在逆势中加速发展,而未来数字化采购正呈现 3 大发展趋势:一是以更注重数据为核心,以服务转型和流程重构为手段,与互联网、物联网深度融合,应用大数据与算法、进行智能决策与运行,实现绩效与竞争力的根本性提升;二是更注重供应链协同,利用数据联通性,共建区域采购一体化,维护供应链稳定性、连续性;三是更注重采购全生命周期合规管理,并利用高科技手段和智慧工具进行风险识别与预警,全链条强化风控水平。以下就从采购智能化、采购一体化、采购防火墙 3 方面畅想大学采购的未来。

第一节　采购智能化

以人工智能、量子信息、移动通信、物联网、区块链为代表的信息技术加速应用,正在改变采购治理的未来走向,促使大学采购实现从电子化到数字化再到智能化的转型升级。各大学也都紧跟科技发展的脚步,积极推进新一代信息技术同采购管理深度融合,例如通过采购数据分析,构建结构化的采购知识图谱,打造采购大脑,在采购过程中准确分析采购需求,提供全局智能决策服务。充分应用新技术驱动服务方式重塑,精准高效服务学校重点建设项目,为师生提供采购全周期、个性化、高质量的服务。下面我们就从采购数字化转型、采购数据智能化应用、AI 采购管家 3 个方面进行构想。

一、采购数字化转型

（一）采购数字化转型进展

政府采购从 2003 年开启数字化转型新阶段，根据政府采购的数字化发展程度可以分为信息化、电商化和平台化 3 个阶段。大学采购的数字化转型进程紧跟政府采购的步伐，但由于大学采购项目的繁杂性以及资源限制，整体进展较慢。从大学采购数字化的产品形态看，信息化阶段，大学采购管理部门开始创建采购管理系统，把以往纸质化的流程审批搬到电脑上流转，或将采购数据备份至线上系统。在电商化阶段，按公开招标数额标准划分有不同的交易场所，政府采购业务有地区统一的采购管理系统及电子卖场等服务。在大学自主采购业务方面，根据采购货物或服务的特殊性，各大学也开始通过自有技术部门及第三方技术支持辅助搭建电子卖场，或直接与市场上专业平台取得合作，引入成熟资源。部分大学还形成了电子招投标系统（项目电子化交易系统），用于承载政府采购限额标准以下的货物、工程和服务项目。平台化阶段，同区域的大学可通过标准化的途径，开发统一的采购平台，整合区域资源，通过智能手段多维度监管，通过采购数字化转型实现采购一体化、智能化采购。

（二）大学采购数字化转型阻碍

目前大部分大学的采购业务仍处于电商化或电商化向平台化转型的阶段，而国企采购已大部分进入平台化。大学采购数字化转型的主要障碍有两方面，一方面是采购行为从传统本地部署的交易平台向电商化采购递进过程中，大学之间没有形成统一的数字化升级路径，由于平台化成熟度不统一产生了信息壁垒。另一方面，由于大学信息化水平参差不齐或提供技术支持的第三方协作机制不足，建成的采购平台功能局限或未能完全解决采购痛点，不利于实现线上交易和管理协同。此外，少部分大学尚未完全转换采购的管理理念，仍沿用传统管理模式和交易渠道，没有运用数据进行科学决策和优化资源配置，同样成为制约采购数字化转型的原因之一。

（三）大学采购数字化转型趋势

国家"十四五"规划中提出推进政府治理数字化，同时因疫情导致的线下采购受阻以及政策导向的双重影响,高校采购平台将会加速建设并完善。具体表现在平台搭建更加完善,采购活动的线上场景设计更加合理,采购生态更加完整,采购管理平台将实现精细化管理,提供更加周全的服务,如预算智能编制、采购订单维护、采购合同管理、收付款管理等,形成完整的采购生态管理服务;服务流程更加规范,通过嵌入规范流程进行数字监管,采购全流程可视化留痕。

大数据采购平台将打破区域信息不对称,实现跨区域资源共享、交易协同,通过充分竞争提升资源配置效率,推动大学数字治理和数字监管,推动区域内大学及供应商、评审专家的信用体系建设,辅助规范市场秩序、优化营商环境。

采购行为的移动化也是未来重点发展趋势,使采购动作不局限于固定设备或固定场所,满足多元化的便捷办公需求。

二、采购数据智能化应用

大数据分析作为实现智能化的有效途径,陆续被各大学采购管理部门重视,但受限于专业水平和各方面资源相对欠缺,目前还普遍处于起步阶段。中央深改委在《深化政府采购制度改革方案》中明确提出,加快形成技术支撑先进的现代政府采购制度。大数据思维和技术在大学采购中的应用,是一流大学采购治理发展的必然要求。

上海大学利用新一代信息技术建设专业的采购大数据监管平台,设置采购异常监测与预警机制,提高对采购全流程的实时和预测管控能力,为重点项目采购的高效执行提供了有力支撑。例如第五章介绍的上海大学采购大数据监管平台,形成并夯实业务及数据中台,将各业务流程和模块以驾驶舱方式全面可视化展示,实时监控采购全生态。通过直观的界面展示全校采购的运行状态,显著提高采购监管的时效性和精准度。上海大学采购挂图作战平台通过对采购项目信息的录入和更新,构建动态高效的采购管理和可视化展示,破除以往纸质挂图作战存在的数据庞杂、更新滞后等弊病,具有项目进度收集、预警、督办等功能,达到对采购执行进行指导服务、检查督促的功效。同时,上海大学通过构建大学采购知识图谱,将离散的数据变成结构化的信息,并将这些信息进行可视化呈现,可展示各学院、供应商之间的结构化信息,有利于对采购信息的全方位排查,以及对各学院(部门)采购情况整体趋势的把控。同时,利用知识图谱技术将采购预警前置,对采购拆单信息进行可视化呈现,规避采购风险。供应链数据知识图谱的呈现,可以为高校采购决策提供参考信息,提高大学智慧化治理能力。除了基于传统数学建模方法进行数据处理,未来还可以通过面向知识图谱的知识推理,如基于路径约束随机游走的推理方法等,对采购知识图谱的功能进行进一步的扩展。下面就来探讨一下大数据思维应用场景的其他可能性。

（一）采购智慧大脑

随着采购数字化转型的不断深入,一系列新问题、新挑战也相继涌现。一个典型问题就是,虽然很多大学搭建了线上采购平台,引入了大量供应商、品牌商,却没有匹配的平台治理能力,例如一些产品管理、监管手段、品控、履约管理等方面的问题逐渐显现,依靠传统人工处理的解决方案成果不佳,用户的决策成本通常由于不够明晰的依据而持续增长。怎样通过大数据手段解决采购痛点、减少决策成本,成为采购者的普遍需求。某电商此前推出了企业采购智能决策体系"采购大脑"。通过应用人工智能、大数据、区块链等技术,"采购大脑"能够在商品管理、价格管理等数字化采购商城运营的核心环节提供数智化服务模块,有效帮助采购管理摆脱人力束缚,实现数智化运营。

目前较多大学都在自己的采购管理平台上引入第三方电子卖场,但实际在使用过程中也存在需求个性化、多渠道比价烦琐、沟通成本高等不少问题,如果大学采购大平台上可以设计开发一个智慧大脑,对接入系统的多个平台进行智慧管理,通过大数据分析,根据用户老师个性化需求,通过产品性能、价格、客户反馈等多维度迅速找到符合要求的最优解,实现更快、好、省的服务体验,让用户体验升级。同时,在全过程数据链的支持下,智慧大脑可以对合同、订单、收发货、运单、结算等多种数据进行分析,建立不断完善的交易规则体系,成为精细化管理和智能化管理的有力助手,帮助高校进行采购平台治理,实现商品治理、智能运营、智能合规风控、辅助决策等。

（二）采购大数据驾驶舱

知识图谱技术在近几年的发展,为大数据的研究开辟了新途径,它在大数据时代是一种表达和集成知识的高效方式。知识图谱可以描述实体、概念、事件、属性以及它们之间的关系,它能够从结构化、半结构化和非结构化的数据源中抽取实体及实体之间的关系,并且以图谱的形式呈现。知识图谱的可视性很强，能将庞大且碎片化的数据以结构化的形式系统规范地表现出来，展示数据内部的关联性。相较于以往的传统的数据呈现形式，它更加清晰，可以为大数据研究提供有价值的参考。

在此背景下，许多大学都将大数据技术应用到了学校管理中，满足了学校在工作方面的需求，提高了工作质量和办事效率，让工作更加科技化、智能化，推动了学校的现代化发展。而大学历年来的采购数据中蕴藏着大量有价值的信息，值得挖掘、分析。通过数据可视化系统以规范化、系统化、信息化的方式来管理、展示这些采购数据，可以及时发布、更新采购申请信息，可以全面掌握采购物品的需求数量和资金支出情况等，以满足采购部门的管理需求。此外，知识图谱可视化系统是展示采购数据的新途径。知识图谱弥补了传统数据库技术的缺陷，管理知识的能力更加出类拔萃，它既能梳理出数据之间的结构化关系，又能丰富数据之间的层次联系，极大地帮助使用者了解数据蕴含的信息知识。因此，设计采购数据可视化系统具有一定的现实意义和实用性。

上海大学正在设计并开发一个采购管理系统的可视化智慧大脑，暂且称作采购大数据驾驶舱。其将系统地从时间与空间的角度出发，采用动态与静态相结合的方法，将采购数据进行可视化，以地图、折线图、柱状图、饼图等方式展示出来。将会方便采购管理人员从数据中了解采购情况，同时帮助风控管理、辅助决策。未来可以丰富数据可视化图表的展示类型，根据数据特性选用雷达图、桑基图、旭日图等展示采购数据，并且进一步增加图表的交互性，提升用户体验。知识图谱的规模也可进一步扩大，还可以从半结构化、非结构化的数据中提取更多的实体与关系，创建更多的三元组，不断扩大、完善采购知识图谱的规模。还可以将采购知识图谱可视化系统与智能问答系统结合，以问答的形式展示知识图谱，实现采购关系的智能问答。

三、AI 采购管家

大学采购管理工作是一项集法律、材料、工程、信息化、金融、管理等多学科的综合性工作，政策性和专业性都很强，并需要很强的沟通协调、组织计划能力。因此大学采购管理部门是一个需要有专业人员进行专业管理的部门，需要专门研究采购政策、采购市场、采购态势，也需要有丰富的实操经验，精通采购策划、采购组织以及采购评估，同时还需要钻研信息化、大数据，挖掘未来发展方向。但由于种种原因，目前高校采购管理部门编制紧，采购人员专业化程度参差不齐,二级单位的采购人员普遍是身兼数职,对制度的理解和政策的落实堪忧,因此大学采购管理的一大痛点便是在落实深化"放管服"改革时,想"放"却"放"不下去。

AI 技术的发展似乎为我们找到了一条出路。人工智能试图了解智能的本质,创造出匹敌人类智慧,模拟人类思考方式,利用大数据分析做出快速决策的智能机器。随着 AI 理论和技术逐渐发展,应用场景也不断扩展,不难预测,未来 AI 技术带来的科技产品,将会是人类智慧的集合,超过单个人的智慧,可以突破人类思考的种种局限。设想一下,人工智能创造的模拟采购管家如果运用在大学采购领域,可能有如下运用场景:

采购管理部门的政策顾问。大学采购管理部门每年花费大量人力、时间对采购相关政策进行学习、解读、培训等工作,而 AI 采购管家具有实时更新数据、快速学习的能力,它可以通过大数据研究采购政策、采购市场、采购态势,完全可以胜任采购管理人员的政策顾问,有助于减少采购管理人员的工作量,也有助于保证政策理解的准确性。

二级管理部门的采购助手。AI 采购管家可以根据往年采购数据及当年采购计划及时提醒相关二级单位及时操办相关采购程序,指导编制采购需求文件,辅助完成采购流程,整理相关资料,实现全过程服务升级。

风险预警监督员。AI 采购管家通过采购管理平台大数据的分析,识别并预警相关采购风险,与相关人员智能沟通及时纠偏,真正做到事前监管。

采购进展跟踪员。AI 采购管家可实现一天 24 小时跟踪采购进展,与申请和审核节点的操作人员语音沟通并辅助审批,例如某审核节点到 A 老师了,A 老师根据自己设置的提醒方式,可能会收到 AI 采购管家的电话或信息,介绍该采购情况及需要审批的事项,A 老师可以和 AI 采购管家进行交流后授权 AI 采购管家进行审批的操作,大大提高了采购流程流转和沟通效率,保证采购进展更顺畅。

大数据全能秘书。AI 采购管家通过其自主学习能力,完全可以胜任一部分人的工作。未来发展更加先进,每人配置一台 AI 机器人,我们可以通过语音等方式呼叫、操控,全面降低采购管理人员的工作量,解决采购管理痛点。

AI 采购管家的运用场景远远不止以上提到的内容,希望通过科技发展让智能化时代的大学采购管理工作更高效,让老师们的采购体验更便捷。

第二节 采购一体化

以信息化推进采购结构治理创新,构建资产全生命周期一体化管理平台,打通立项管理、预算控制、采购管理、资产入库、绩效管理等各个环节,推动跨部门、跨学科、跨层级联动,形成内外双循环,打造采购协同治理新格局。未来,应从管理链条有效联动上着力,协同校内相关职能部门建设大资产管理系统,实现采购与预算、资产、绩效管理全方位一体化,打通信息孤岛,优化资源配置,实现全流程闭环管理。同时应着力探索区域采购一体化建设,通过成立区域高校采购联盟,共享优质供应商和评审专家资源,加强采购数据协同应用,探索联盟联采,助力区域高校采购治理能力提升。

以下就从大学内部采购管理上下游一体化及大学外部区域采购一体化两方面提供一些想法。

一、采购管理上下游一体化

本书第四章中详尽介绍了我国大学内部采购一体化建设的现状,但目前仍存在较多待解决的问题,表现在数据一体化、采购协调机制等方面缺乏统一谋划;各个独立的管理系统之间再开发、再兼容的条件不佳;系统开发、迭代工作劳民伤财,效果惨淡。导致职能部门之间沟通成本居高不下,高校治理水平大大受限。

针对以上问题,大学采购管理上下游一体化建设仍值得我们探究,如何进一步落实采购人主体责任、一体化大资产平台整体设计等多个方面值得从业人员认真思考。未来趋势或是立足高点,从整个采购生态链出发,完善采购管理上下游一体化的制度体系、责任分工以及信息化配套系统,以提高现代化大学采购治理水平。

(一)明确牵头机构组织跨部门协同

大学采购过程中的主体责任体现在每个采购工作流程,涉及前期调研、项目立项、预算编制及审核、采购需求论证、采购计划编制、采购申请及审核、采购代理委托、采购文件编制及审核、开定标、合同签订与履行、资产入库、履约评估、合同付款与结算、采购监督、档案管理等所有环节。大学如何落实采购人主体责任,则要根据项目特点,形成既要明确各部门之间的工作界面,又能调动、协调各环节参与人员高效沟通配合、协同履职的项目管理工作机构,才能真正担当起采购人主体责任。采购管理工作其实是一个贯通上下、内外的大系统,为了使大系统高效运转,各子系统需要协同履职,互相促进、补位,而如何能实现所有参与部门不掉链子齐头并进,一个明确的、有权的牵头机构在其中的沟通协调将会大大提升采购项目执行的效率和质量。

（二）充分利用供应商资源

目前大学采购活动中普遍存在项目论证"重程序、轻实质"等问题,例如申报项目时市场调研不充分,需求论证环节程序化,预算不合理等。很多用户老师在采购货物、服务或工程的时候,普遍存在对采购政策不了解,对市场不熟悉等问题。用户老师抱怨没有合适的供应商渠道去调研,或为了避嫌故意排斥与供应商接触,时间紧、任务重的情况下需求调研避免不了形式主义。笔者则认为采购管理工作中很重要的一环是供应商的管理(简称供方管理)。作为采购管理上下游中的不可缺少的一环,供方经常被忽略或被过分排斥与其接触。然而供应商作为生产制造商或者工程施工方,在其领域中可谓专家甚至权威,采购方需求调研时最应该充分与市场上符合要求的多家供方沟通交流,这样才有可能产生完善的项目需求,合理的项目预算,为后期整个采购执行奠定重要的基础。如果学校设立了立项管理系统,则应该对所有潜在供应商开放,让供应商成为大学采购一体化大系统中的重要成员,采购管理人员应设专人专岗管理供方库,多方寻源,动态维护,使供方库"活起来",不仅在需求调研时为用户老师提供服务渠道,还可组织供方为采购管理人员及有需要的用户老师进行日常的专业知识培训,真正实现采购上下游一体化的管理思路。

二、区域采购管理一体化

数字经济时代,区域的协同发展模式和资源配置方式正逐渐跨越地理条件限制,城市之间的交互距离在不断缩短。《2021中国数字经济城市发展白皮书》中提出,目前全国有19个城市群,10个2 000万人以上的大都市圈。14个1 000万~2 000万人的大都市圈,随着区域协同的地理空间不断扩大,数字技术的重要性愈发凸显。从城市群发展来看,目前长三角、粤港澳大湾区、成渝等城市群,已经成为推动中国数字经济发展的重要力量。同时数字经济也成为城市群内部互联互通、一体化发展的重要驱动力。例如,在长三角地区,众多城市已实现医保"一卡通",有轨道交通的城市实现"一码通行",116项政务服务事项可以跨省通办,身份证、驾驶证等30类电子证照实现互认应用,数字惠民一体化成效逐渐显现。从都市圈发展来看,数字经济加深了中心城市与周边城镇的联动,加强了信息的交互以及科技资源、市场空间的共享,中心城市对周边的带动、辐射作用得以更好地发挥,区域协同度大为提高。数字经济的发展同时也推动了区域采购一体化建设的步伐。

(一) 政府采购一体化建设

政府采购近年来在区域采购一体化的建设方面不断发力,以长三角一体化建设为例,2018年11月5日,习近平总书记在首届中国国际进口博览会上宣布,支持长江三角洲区域一体化发展并上升为国家战略,从此长三角一体化进程按下"加速键"。为贯彻落实上海市人民政府与浙江省人民政府于2020年6月签署的《推进沪浙政府采购一体化发展框架合作协议》(以下简称《合作协议》),上海市财政局与浙江省财政厅2021年编制出台了《推进沪浙政府采购一体化发展三年行动计划》(以下简称《三年行动计划》)。《三年行动计划》提出了5个方面重点任务:一是共建一体化制度体系,推动区域政府采购"规则统一、标准一致",包括共同完善电子化采购管理制度、健全内控制度协同体系、构建一体化标准体系等。二是共创一体化采购新模式,构建政府采购"区域一张网",包括建设一体化电子采购平台,打造电子卖场"区域一张网"等。三是共筑一体化监管系统,提高区域政府采购透明度,包括协同完善政府采购行政裁决处理机制,共同推动数字化智能监管等。四是要共享一体化信息,打造区域最优政府采购营商环境,包括推进政府采购交易信息一体化,共同优化政府采购营商环境等。五是要推动长三角区域政府采购高质量协同发展。上海市财政局与浙江省财政厅将积极对接江苏省、安徽省财政部门,推动一体化发展"扩围",共同研究落实深化政府采购制度改革要求,协同推进长三角区域三省一市政府采购一体化发展。

将来,长三角地区会不断健全完善合作机制,加速推进区域政府采购一体化建设,合力打造全国领先的政府采购营商环境。从我国区域分布来看,京津冀、长三角、粤港澳代表了全国数字经济发展最高水平。中部及西部地区也在形成区域联盟,其中成渝双城近几年也在着力推动政府采购区域一体化,积极落实成渝地区双城经济圈建设,积极推动成渝两地政府采购资源共享、机制互鉴,探索政府采购专家库、代理机构库、供应商库等互通共享,共同研究政府采购异地远程评标的标准办法,共同推进政府采购供应商入库等政务服务事项跨省通办等。下一步,两地将继续细化和完善监督规则,建立健全远程异地评标制度,形成远程异地评标常态化合作;探索评审专家库等资源共享,促进要素有序自由流动,提高资源配置效率,进一步推进成渝地区双城经济圈区域合作。

(二)大学采购联盟搭建

强化采购人主体责任是落实《深化政府采购制度改革方案》的必然要求,采购人只有通过不断提升自身业务能力,才能真正把政府采购主体责任落到实处。一方面,从大学采购管理部门的角度出发,如何在既有的岗位上培养专业人才是普遍需求。另一方面,如何加强行业管理、促进行业自律,建立沟通交流平台,拓展教育培训工作,扩大政府采购参与程度,提高透明度,推进政府采购制度改革,构建区域采购一体化,也是整个行业的需求。

采购联盟性质的各种平台和组织应运而生。据了解,广东、海南、河南、湖南、辽宁、四川、厦门等多个省市都已成立地方政府采购协会,中国政府采购协会及其他地方政府采购协会也在紧锣密鼓地筹建中。在教育部政府采购主管部门的支持下,2017年5月9日在广州中山大学成立了"中国教育会计学会高校政府采购分会",成为高校采购管理人员的主要交流平台。在成立大会上,教育部全国学生资助管理中心时任副主任马建斌介绍了高校政府采购分会成立的背景。同时指出"教育部通过多种形式积极推进相关政策的落地与规范各部属院校的政府采购行为。但是由于高校采购内部的管理水平参差不齐,工作中呈现出来的许多问题亟待解决。所以成立高校政府采购工作的研究会,组织高校采购同行研讨工作理论和探索实践成为当务之急"。马建斌还对高校政府采购分会成立提出了三点要求,一是分会要在高校政府采购政策研究方面发挥积极作用,充当理论与实践的骨干,为教育主管部门提供决策支持;二是在高校政府采购培训方面发挥支撑作用,分析政府采购项目管理和执行中各高校存在的共性问题和政府采购典型案例,做到高校采购人员规范和有效率地完成工作;三是在高校政府采购交流方面发挥桥梁作用,做好"面向高校、联系政府、服务社会"的工作要求。截至目前,全国范围内已有153个会员单位。

高校政府采购分会的成立是高校采购领域的里程碑,让高校采购管理人员有了自己的"组织",改变了单打独斗的模式,而高校政府采购分会的目标正是把高校政府采购分会打造成为政策研究的阵地,经验交流的场地,工作实践的基地,成为上级主管部门的参谋和助手。

此外,江苏、四川等地也相继成立了省属范围内高校政府采购的分会,为高校采购管理人员提供了更多的学习交流机会。2019年12月5日,我国首个省级高校采购联盟——江苏高等学校采购联盟由南京大学牵头成立。联盟的成立标志着江苏省率先搭建起江苏高校采购的理论学习和实践交流平台,对提升采购人员业务素质和能力水平,提高采购效率,推动高校采购预算开展都有极大的促进作用。由联盟牵头推动的高校专家和供应商库共享、采购结果互认、形成联采目录等创新举措,使高校老师能减少繁杂的采购事务,更多投身教学科研工作。联盟的成立将更加有利于形成良性发展的高校采购市场和氛围,用好国家给予的政策红利,让采购人在采购过程中拥有更多的体验感和获得感,进而实现高校政府采购工作的高质量开展。

江苏高校采购联盟的业务范围中提出了促进资源共享,"建立联盟成员资源共享机制,推动评审专家库、供应商库资源共建共享;拟定联采目录,构建联盟联采机制;组织供需对接,推动采购标准化建设。"省级联盟具有成员单位地域接近、政策一致性的优势,因而江苏高等学校采购联盟宗旨中提出的探索联盟联采、资源共享相对易实现一些,该探索是顺应高校政府采购发展的趋势,是整合高校采购资源、形成规模效益、降低采购成本的重要举措。

将来,各地成立功能或者主体细分的分会组织,比如政策研究分会、培训教育分会、代理商分会、采购人分会、地区性分会等。各分会可形成不同的运作机制,通过各分会的发展壮大,维护各方主体的权益和意思表达,同时推动总会的发展壮大。

(三)通过标准化建设实现信息数据共享

为了实现跨越式高质量一体化协同发展的美好愿景,要从采购资源共享入手,通过对数据共享、人才共享、设施共享的不断探索,突破"信息封锁",串联"信息孤岛",打破区域壁垒,形成信息互通、资源共享的新局面。

良好的软硬件环境是采购资源共享的前提,有了它才能真正实现一张数据信息共享网络。推进标准化工作是搭建高水平协同发展系统的前提,标准的统一让共享网络的开发有据可依,才能真正推动区域采购一体化建设中流程改造和各个环节中信息数据的共享。

标准化建设需要打破区域间相关领域政策方面的差异所导致的障碍,从而完成各因素在区域内流动,运用统一的标准来规范及指引。就大学采购而言,采购项目具有小且多、繁而杂的特点。不管是工程、货物还是服务采购,规范化、标准化是保障工作效率和质量的有力"武器",同时还使得采购工作透明、公开,大大降低采购风险。目前大部分大学已在采购流程、工具表单、采购文件、合同等方面进行规范化和标准化建设,但标准化程度普遍偏低,精细化程度不够,因此如何推行区域间的标准化建设值得广大专业人士进一步探索。

以采购文件标准化举例,我国工程招投标领域在推行标准文本方面发展相对领先。建设部、国家工商行政管理总局在2005年就联合编制了《工程建设项目招标代理合同示范文本》(建市〔2005〕90号)。《建设工程施工合同(示范文本)》在2013年印发并在2017年进行了修订。在政府采购方面,浙江、辽宁等省也开始推行政府采购本地小范围、部分专业的示范文本。各区域政府采购方式不同、采购需求复杂、区域间市场竞争环境不均衡,导致推行统一的专业细分、完整全面的政府采购标准文本难度较大。但随着大数据技术和知识图谱的发展,运用信息化手段智能编制采购文件不再触不可及。

智能编写采购文件首先要有足量的样本信息,不管是作为前期机器学习的训练集或作为后期样本数据库的矫正,都不可或缺。大学或者采购代理机构存有大量的采购文件,但如何对采购文件进行分析利用,通过传统方式的人力分析显然效率低下。智能编写采购文件的原理就是将文本信息抽取与结构化,文本聚类处理,完成了采购文本的结构化和聚类处理过程以后,实际就建立起了采购文件样本数据库。由于采购文件的文本要素构成千变万化,必须选择包容度高、适应性强的算法才能实现文本高效聚类的目的。另外,样本文件的汇集、分类、拆分、标定过程,各省都难以独立承担这个复杂艰巨的任务,需要国家层面汇聚各方力量才能完成。技术进步和政策合力是实现采购文本规范化、智能化目标的必经之路。

第三节 采购防火墙

采购防火墙可以理解为采购风险防控的一套生态系统构建,即以风险识别和应对为导向,通过资源共享、联动防御、实战检验,打造一套应对采购风险的安全能力框架体系,构建抵御采购风险新常态的大安全生态,为高水平大学建设保驾护航。目前各大学在风险防控方面从制度建设、信息化建设、负面清单警示等多方面、多维度进行部署,但由于采购风险类型繁多,试图通过传统方法守护大学采购安全还不能满足大学对阳光采购零风险的追求。未来如何进一步构建铜铁壁般的采购防火墙呢?我们从以下方面进行探讨。

一、智慧监管模式

采购全生命周期管理系统以监督管理系统为核心,与需求管理、预算管理、履约管理、合同管理等系统的无缝连接,可实现从采购计划编制,到采购执行,再到项目履约验收和资金支付的全流程实时监控、操作留痕和动态预警,推进采购监管向智能化转型升级。

(一)智能监管采购业务流程

监督管理系统是区块链、AI技术、大数据等新技术、新模式在大学采购领域的深化应用,通过高科技手段改进采购监管模式。针对不同采购模式设计流程节点自动监控预警,降低人的影响因素,使采购行为更加合规。另外,利用大数据对价格进行监管,对供应商诚信、履约能力能进行客观评估,提升监管效能,减少监管成本。通过设计精准的风险监控点,达到实时报警的功能,为了快速传递信息,可模拟红灯、黄灯、绿灯进行可视化显示,对采购过程中违规、违法、前后矛盾、遗漏、超时等行为及时爆灯。

(二)智能落实政策执行

搭建智能监督系统,根据采购方式,设计紧跟政策要求的关键点位,将大学采购相关法律法规和制度要求嵌入系统业务全流程,例如面向中小企业预留份额、金额拆分、规避集市采购、供应商围标串标报警、评审分数异常分析等若干节点进行智能预警监测,系统自动抓取数据进行分析、监督、预警,大大降低了人力监管成本,为采购活动合法合规开展、政策有效落实、招标投标工作公平公正保驾护航。

(三)智能实现互联互通

采购全生命周期管理系统还可与政府采购平台、招投标平台实现无缝对接和业务自动化流转,打通与中国政府采购网、公共资源交易平台等外部系统的连接,建立协同监管机制,全面提升大学采购管理智能化水平。

二、区块链监督

随着招标采购领域全流程电子化交易的广泛应用,通过对大数据技术不断深入研究,对采购数据完整性、真实性的质疑开始变多,但大学采购部门却往往无法自证清白。通过区块链技术的深入研究,似乎可以解决不可篡改和不可伪造的数据真实性问题。采购领域是近几年才有区块链的研究出现,试图利用区块链技术解决采购流程中电子数据易篡改、存储不完整、保密性要求高等普遍性难题,从而确保交易数据的真实性与完整性,以期规划构建招标采购平台的应用。

构建交易过程存证体系:对于招标采购交易中各角色在关键环节的结果数据,运用区块链技术、安全存储的特点,可以在任意时间节点提供数据存在性、真实性的证明,有效为数据增信,实现对交易过程的可信追溯。

构建公开透明的信用体系:所有参与方在交易过程中有任何违规、违法的行为将记录在链上,保证信息真实有效和不可篡改,提高违法违规的成本,构建公开透明的信用体系。

构建交易智能监管体系:根据区块链的信息存证、共享账本、可溯源的特性,建立智能监管体系,保证交易流程合法合规。

构建资信共享与协同体系:通过共享账本,让招标文件、投标文件、中标通知书、电子合同等信息上链资信库,实现多方的信息共享、真实可验、协同交易。

目前市场上的应用项目少之又少,在这方面希望各高校及专业机构能不断创新,深入研究采购智能化前景,逐渐推动区块链模式下的大数据智能化招标采购行业新生态。

三、风险可视化

本书第三章中介绍了大学采购风险管理措施,其中较多高校制定了采购负面清单,但仅仅是列出精细化的负面清单,似乎还未充分利用数据的可用性。设想将所有的禁止行为按照风险等级划分,设计出采购管理风险指标,通过计算机算法实现可视化的"采购健康度"模块（如附图13所示），采购监管人员只需要一台电脑或手机，便可在"采购大数据驾驶舱"中实时查看当前学校或二级管理部门的"采购健康度"分数，从而确保采购活动健康安全运行。同时，"采购健康度"也可作为管理评价的重要抓手，建立成体系的考核评价机制，推行绩效管理、动态管理，完善考核评价机制，定期对采购管理工作进行量化评估，为指导管理绩效改进提供科学依据。此外，便于落实采购全流程监管问责机制，将有效地提高学校防治腐败的预警能力和科技含量。

当前，大学正处于高质量发展的关键时期，对采购机制、管理创新、专业服务、智能化等采购建设提出了更高的要求。这既是机遇也是挑战，高校采购人需要紧跟时代步伐，勇担重任，积极谋划，既要向管理要效能，也要向技术要效率。一是加强总体设计，发挥制度体系的引领作用。二是加快新技术应用，优化计算模式，深挖数据潜力，从采购项目管理向前后端延伸。三是推进资源整合，搭建从预算到资产的全流程、全周期一体化管理大平台。通过信息技术赋能采购治理，实现采购运行数据的态势分析、科学辨别，我们将逐步勾勒大学采购数字图景，提升科学决策水平，助力高水平大学建设。

【参考文献】

［1］ 赛迪顾问数字经济产业研究中心.2021中国数字经济城市发展白皮书[J].数字经济,2021(Z2).

［2］ 苟燕楠,王林军,王瑞,花永盛.贯彻新发展理念　探索提升大学采购治理能力[J].中国财政,2021(11).

［3］ 艾瑞咨询.中国政企采购数字化转型白皮书[C].艾瑞咨询系列研究报告（2022年第5期）,2022.

［4］ 黄巨永.系统论视角下高校数字化治理机制建设：基于浙江省15所"双高"学校采购制度分析[J].天津中德应用技术大学学报,2022(2).

［5］ 广东省财政厅政府采购监管处.远程不见面开评标项目亮点多：广东政府采购智慧云平台完成首个远程不见面开评标项目[J].中国政府采购,2021(5).

［6］ 朱达君.长三角一体化背景下,政府采购资源共享的探索[J].中国政府采购,2021(10).

［7］ 汤骏.基于大数据和知识图谱技术的政府采购文件智能化编制[J].中国政府采购,2021(5).

［8］ 黄山.构建流程数字化、监管智能化、服务生态化的政府采购平台[J].中国政府采购,2021(12).

附　　图

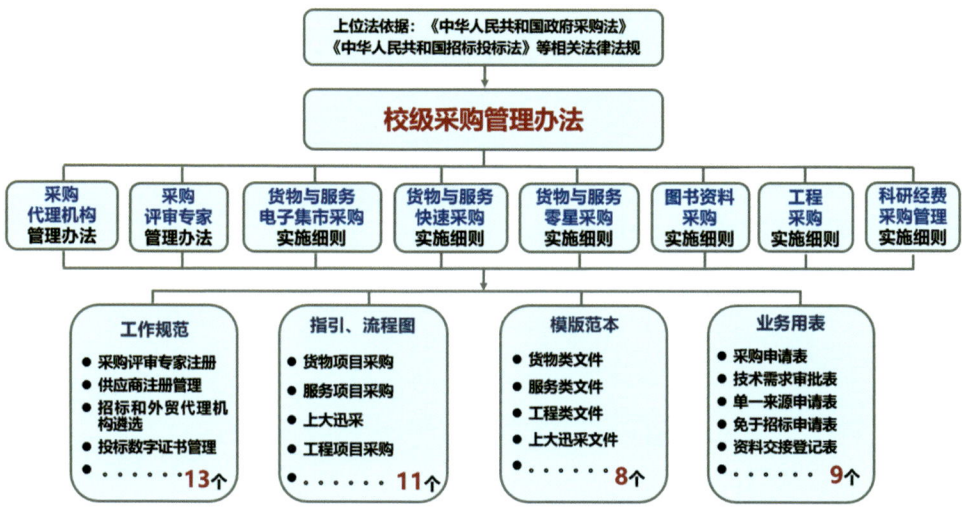

附图 1　上海大学采购管理制度体系

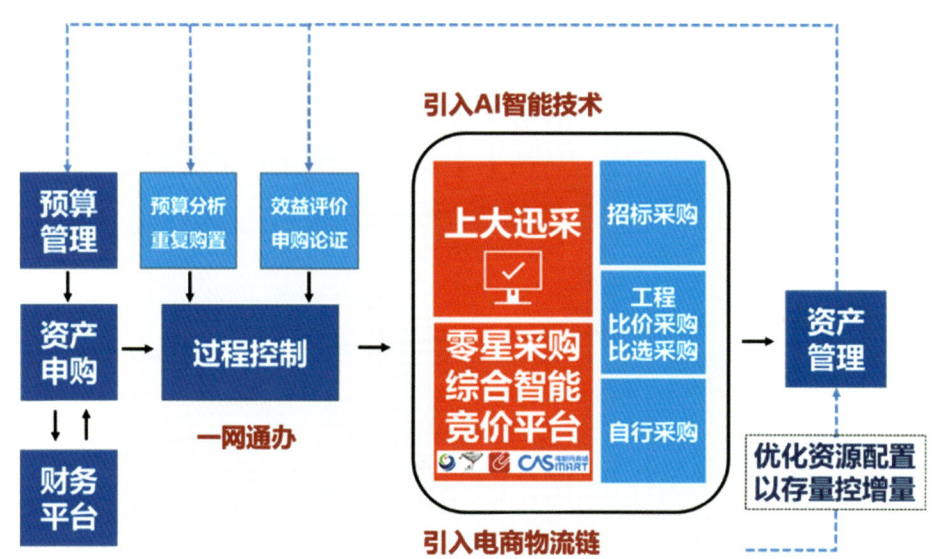

附图 2　多位一体阳光采购解决方案

管理办法 & 实施细则		重点内容
管理办法	采购管理办法(试行)	明确归口管理部门职责,落实采购主体责任,优化采购方式,统一限额标准
	采购代理机构管理	动态管理、优胜劣汰、定期考核、有进有出
	采购评审专家管理	随机抽取、抽选结合
实施细则	货物与服务电子集市采购	明确50万~400万元的电子集市采购流程
	货物和服务快速采购	明确10万~50万元的采购流程:计算机智能评审、用户初选和专家评审相结合
	货物与服务零星采购	明确10万元以下的采购流程
	图书资料采购	图书馆、各学院部门资料室的图书资料采购
	工程采购	比价、比选、招标多种采购方式

附图3　采购管理办法与实施细则

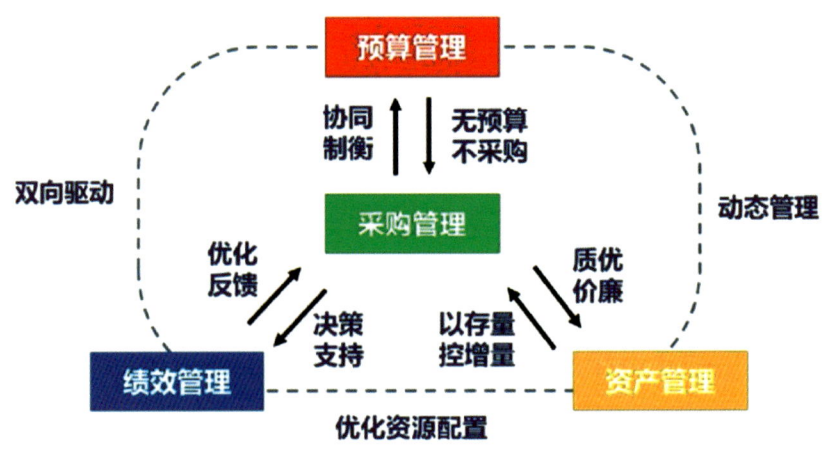

附图4　采购与财务、资产一体化管理[①]

---

① 苟燕楠,王林军,王瑞,花永盛.贯彻新发展理念　探索提升大学采购治理能力[J].中国财政,2021(11):67—68.

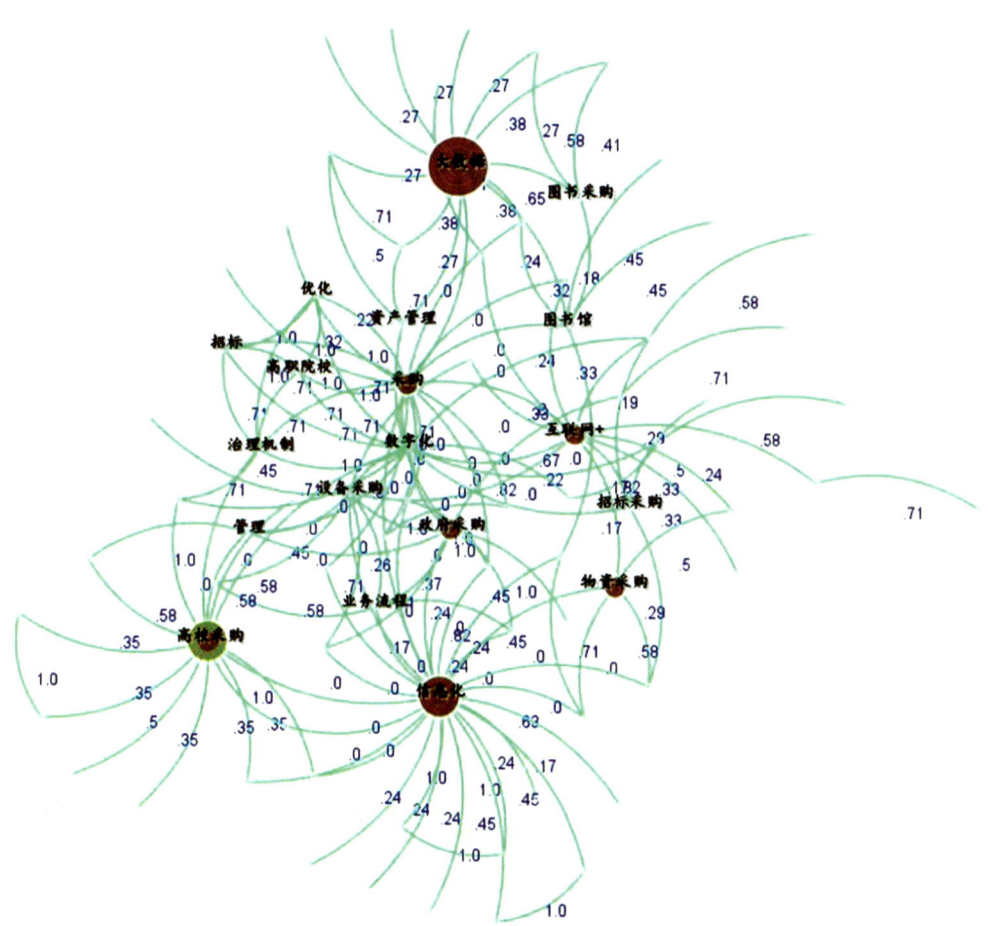

附图 5 关键词共现网络分析图

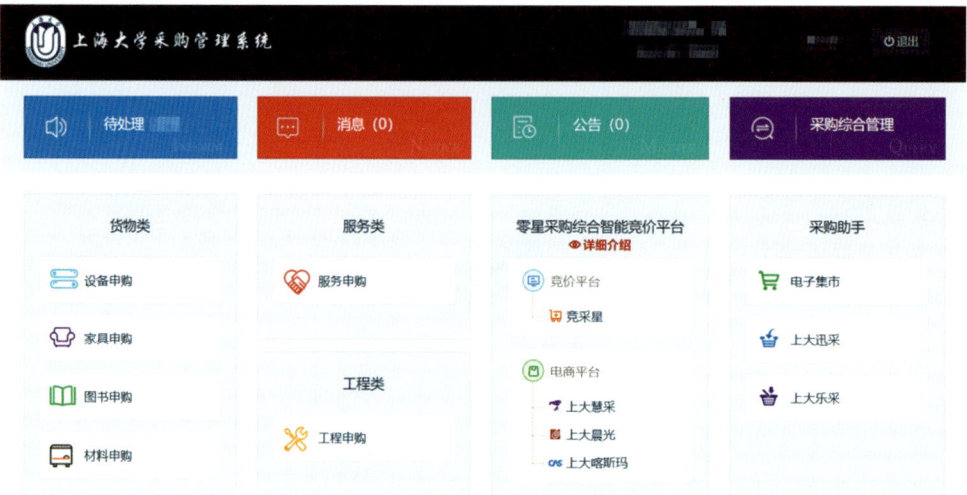

附图6　上海大学采购管理系统

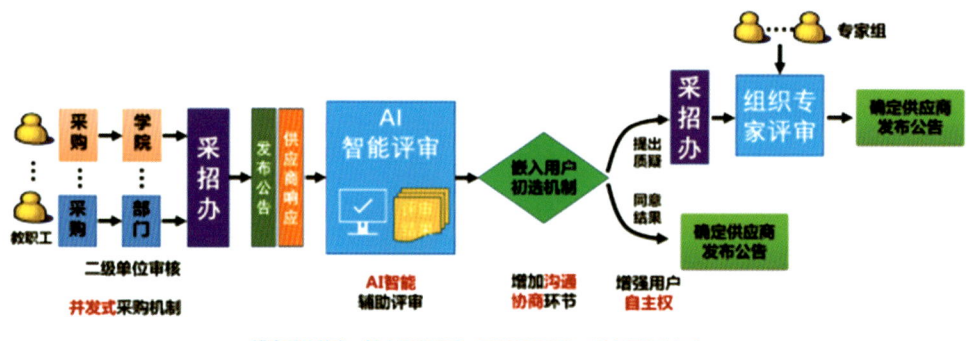

附图7　电子化快速采购流程图[①]

[①] 苟燕楠，王林军，王瑞，花永盛.贯彻新发展理念　探索提升大学采购治理能力［J］.中国财政，2021（11）：67—68.

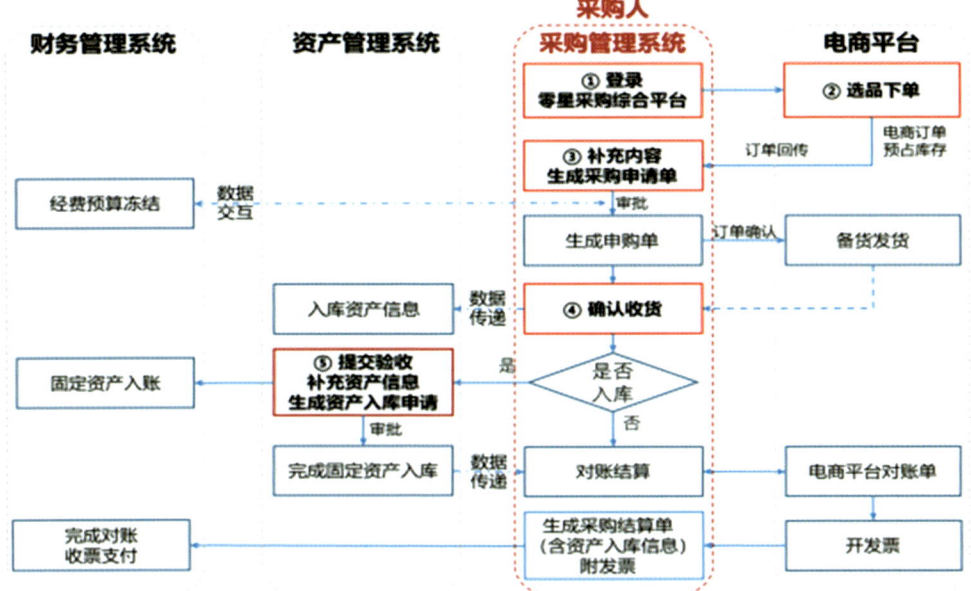

附图 8 零星采购综合智能竞价平台流程图

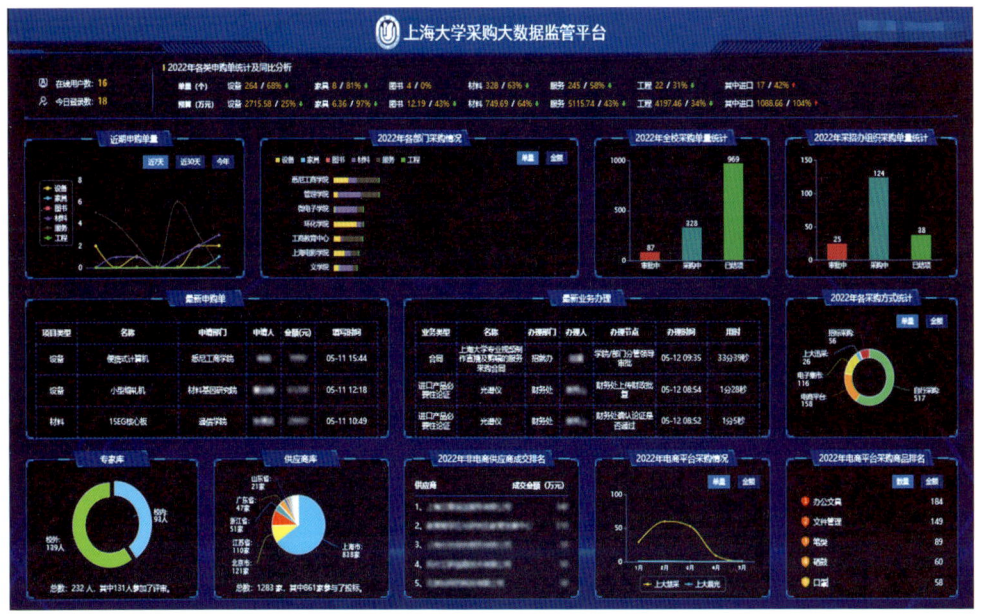

附图 9 采购大数据监管平台界面

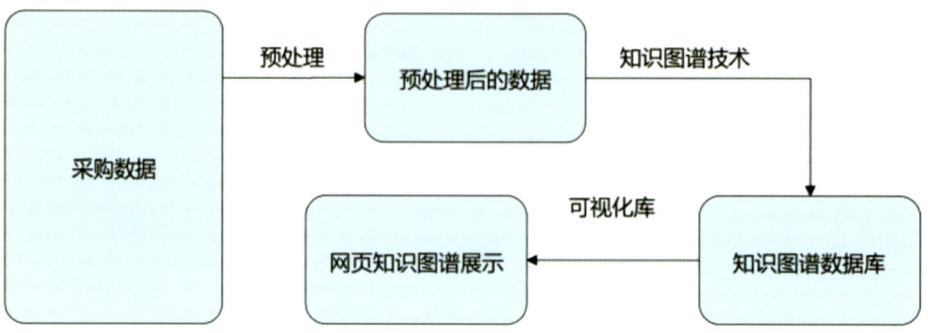

附图 10　采购知识图谱构建流程

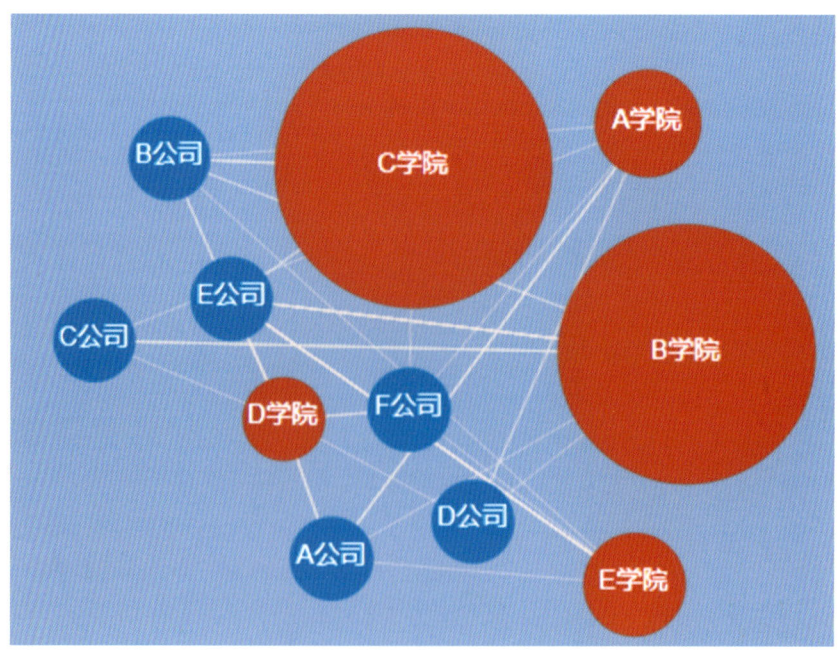

附图 11　D3 库网页化展示

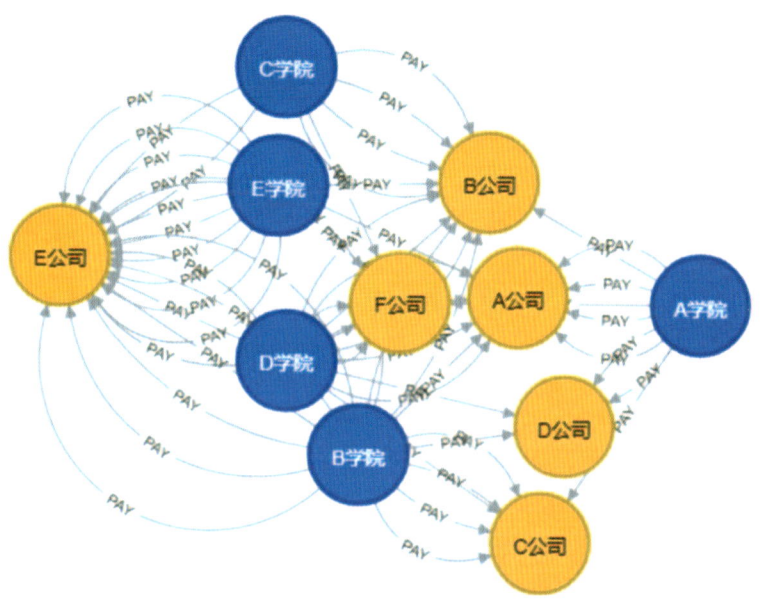

附图 12　Neo4J 可视化展示

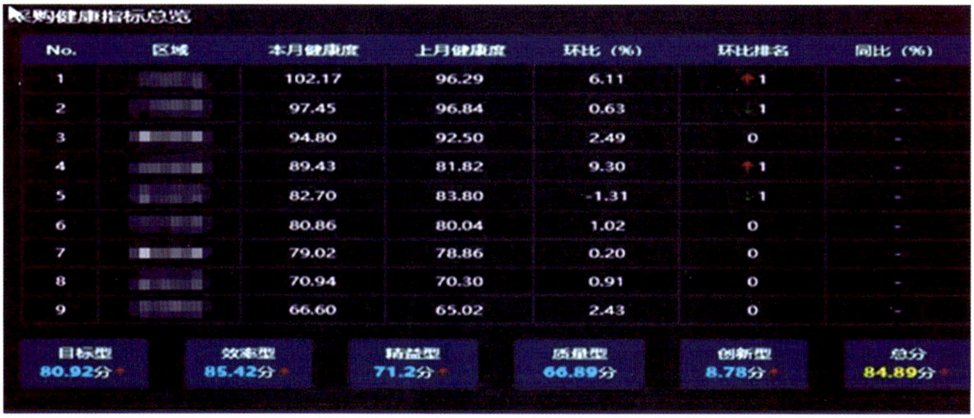

附图 13　某企业"采购健康度"可视化指标